C. Favret
I. Gallego
E. Muguruza

Oh là là ! 2

Guide pédagogique

CLE

INTERNATIONAL

Direction d'ouvrage : Catherine Favret

Édition : Martine Ollivier
Maquette et mise en pages : Nicole Sicre – Lo Yenne
Couverture : Grégoire Bourdin
Illustration : René Cannella

© CLE International/VUEF – 2003
ISBN : 209-033627-7

Avant-propos

Cette méthode est une méthode communicative d'apprentissage du français, conçue pour des adolescents et préadolescents débutants complets.

Pour les auteurs, il s'agit d'apprendre aux élèves à communiquer à l'oral comme à l'écrit et de développer les compétences qui y sont associées.

Dans ce sens, les objectifs et les contenus de la méthode ont été déterminés à partir de la réflexion et des travaux du Cadre européen commun de référence.

I. Méthodologie

1. Le public : motivation et apprentissage

a) Le monde des adolescents

À 11 ou 12 ans, les apprenants n'ont pas choisi d'apprendre le français. C'est une matière qui leur est imposée et qui a plus ou moins de valeur à leurs yeux selon les pays où ils se trouvent. Enseignants et méthodologues cherchent donc constamment des moyens de motiver les élèves, par exemple avec une communication réelle avec des francophones, sous forme de correspondance ou d'échanges scolaires.

De notre côté, nous avons insisté sur les points suivants :

– **des personnages et des situations proches du monde adolescent**. Les dialogues déclencheurs présentent des situations de communication qui mettent en scène des personnages aux personnalités marquées et diverses (Manon la gourmande, Marco le clown, Bastien le fort en gym, Flore la snob, etc.) et proches de la réalité des apprenants. Il y a toujours dans une classe, quel que soit le pays où l'on se trouve, des adolescents qui ressemblent à ces personnages ;

– **des genres et des situations divers**. Les situations présentées, parfois gaies, parfois conflictuelles, sont des situations auxquelles les apprenants sont habitués et qu'ils peuvent reconnaître : les discussions avec les parents, les retards en classe, les rapports filles-garçons, les fêtes… Nous avons pu ainsi mélanger les genres les plus divers : la caricature, le comique, l'humour, le suspense…

Nous avons aussi intégré, outre les situations dialoguées, de petits récits et des jeux (rébus, tests « Je-sais-tout », charades) proches de ceux que lisent et utilisent les adolescents de divers pays. De cette façon, on cherche à **décloisonner les connaissances**. Ce que l'apprenant connaît hors école, et *a fortiori* hors cours de français, lui sert pour comprendre, apprendre, apprécier le français ;

– **la langue des « ados »**. Par ailleurs, nous avons mis un point d'honneur à ne pas trop nous éloigner de la langue parlée des adolescents français, de façon que les apprenants qui ensuite échangeront avec des adolescents francophones puissent les comprendre.

b) Apprendre à apprendre

À 12 ou 13 ans, les apprenants ont encore beaucoup à apprendre, et pas seulement en français. On sait que l'apprentissage des langues étrangères permet de développer une réflexion sur la langue en général et, en particulier, sur la langue maternelle. On sait aussi qu'apprendre à communiquer, c'est mettre en œuvre des stratégies de communication et des **stratégies d'apprentissage** utiles ensuite dans divers domaines.

Dans cette méthode, on aidera les apprenants à acquérir ces différentes stratégies, en particulier toutes les stratégies relatives à la compréhension, essentielles pour avancer dans l'apprentissage d'une langue (supporter l'ambiguïté et contourner les difficultés, deviner le sens global d'un texte, le sens d'un mot par son contexte, etc.). Dans le **cahier d'exercices**, la rubrique « Pour apprendre » permet aux apprenants et enseignants de s'arrêter sur ces stratégies.

Par ailleurs, nous avons tenu compte de la diversité des apprenants, tant dans leurs goûts que dans leurs profils d'apprentissage : supports écrits ou graphiques pour les « visuels », supports oraux et travail sur le son pour les « auditifs ». Les index à la fin du **livre de l'élève** permettent aux apprenants plus lents ou plus appréhensifs de trouver la solution à de nombreux exercices et, dans le guide pédagogique, les activités de « prolongement » permettent aux apprenants plus rapides de ne pas rester à rien faire lorsque leurs camarades sont encore en train de travailler.

c) Les interactions dans la classe : jeu et affectivité

La classe telle qu'elle est conçue dans cette méthode est une classe dynamique, où les modes d'interactions sont variés, et où l'affectif et le jeu entrent en ligne de compte.

Les interactions

La communication dans la classe ne sera pas seulement verticale, de l'enseignant à un élève ou de l'enseignant à tous les élèves et vice versa, mais aussi – et bien souvent – horizontale : les élèves communiquent entre eux.

Les interactions que l'on pourra créer sont :
– soit deux à deux dans les échanges par paires ou binômes (« *Et toi ? Demande à ton copain/ta copine* »);
– soit en relais (reprise des questions-réponses, comme par exemple, élève 1 : « *Comment tu t'appelles ?* »; élève 2 : « *Moi je m'appelle David, et toi comment tu t'appelles ?* »; élève 3 : « *Moi je m'appelle Sarah* »);
– soit à l'intérieur d'un groupe de 3 ou 4 élèves;
– soit de groupe à groupe, puis du groupe à l'ensemble de la classe, chaque groupe ayant alors un porte-parole.

Les activités en binôme ou en relais sont très nombreuses dans la partie *Leçon*, alors que les activités de groupes seront l'apanage des différents jeux et des activités proposées dans les *Projets* et en général dans la partie *Échos*.

Cette variété des interactions dans la classe, ainsi que des questions personnelles sur des sujets et situations proches des élèves (« *Et toi, qu'est-ce que tu aimes ?* », etc.) permettent de faire entrer l'affectif dans la classe, qui est une des composantes essentielles de la motivation : apprendre le français pour « se dire » un peu, pour parler de soi et de ce qu'on aime ou déteste est plus intéressant que d'apprendre le français pour des raisons uniquement fonctionnelles comme indiquer un chemin ou remplir une fiche…

Parce qu'il parle de lui à différentes occasions, parce qu'il utilise le cœur et le corps autant que l'esprit dans les jeux et les activités de *projet*, chaque élève, quel que soit son niveau de connaissance en français, trouve sa place dans la classe, qui devient un lieu de communication et d'intégration. Et la langue française devient alors un outil au profit de la communication dans la classe.

Jeux et règles du jeu

De nombreux jeux oraux sont proposés dans le livre, permettant aux élèves de systématiser une ou plusieurs structures grammaticales sans même s'en rendre compte.

Nous attirons l'attention sur le fait que, pour que le jeu fonctionne dans la classe, il faut qu'il reste à tout moment un jeu et ne se transforme pas subrepticement en exercice de grammaire. Pour ce faire, nous rappelons que pour tout jeu il faut :
– des règles du jeu : claires et prédéfinies, qui sont différentes de la correction linguistique. Ces règles du jeu doivent toujours primer sur la correction linguistique, ou alors l'intégrer, comme c'est le cas dans certaines de nos activités;
– un enjeu : c'est-à-dire quelque chose à gagner, comme un bonbon, une image, ou tout simplement le droit de commencer ou de choisir le jeu suivant;
– des joueurs concurrents et des gagnants : le jeu cimente l'esprit de groupe et la solidarité à l'intérieur du groupe. Ainsi, les « porte-parole » peuvent avoir des « souffleurs », timides, mais efficaces…

Pour chaque jeu, des explications supplémentaires seront données dans le **guide pédagogique**, qui contient lui-même d'autres propositions de jeux.

2. Les compétences de communication

a) Les composantes de la communication

Les trois composantes de la communication, telles qu'elles sont définies dans le Cadre européen commun de référence, apparaissent de manière systématique dans l'apprentissage avec cette méthode.

La composante pragmatique est mise en avant : c'est pour réaliser **des tâches de communication** (langagières ou non) que les apprenants étudient et manipulent le français.

Notre méthode propose un travail constant à partir de la réalisation d'actes de parole, donnés comme objectifs en début de chaque unité. Les activités de communication interactive présentées ici comprennent des suites structurées d'actions effectuées par les apprenants sous leur forme la plus simple. De fait, on trouve des paires telles que :

– demander la permission/donner la permission ;
– question/réponse ;
– accord/désaccord ;
– proposition/acceptation, etc.
Par ailleurs, les volets discursifs (par exemple : écrire une adresse) et fonctionnels (répondre à un questionnaire, expliquer un itinéraire), ainsi que l'importance de la gestuelle sont soulignés.

La composante linguistique, qui a trait aux savoirs et aux savoir-faire relatifs au lexique, à la phonétique, à la syntaxe, à la sémantique et à la morphosyntaxe, est en quelque sorte le *squelette* de la communication et de l'apprentissage. Si l'on apprend pour réaliser telle ou telle tâche de communication (*proposer/accepter*, par exemple), celle-ci entraîne à son tour des savoirs et des savoir-faire linguistiques à maîtriser.
Dans notre méthode, la composante linguistique est clairement repérable grâce à des rubriques comme *Grammaire, Conjugaison, Mots et expressions, Prononciation*. Mais ce n'est pas parce que ces rubriques s'appellent *Grammaire* ou *Conjugaison* qu'elles sont traitées de façon traditionnelle. En accord avec les travaux du Cadre européen commun de référence, chaque outil linguistique a été choisi en fonction des besoins langagiers à acquérir, et il est toujours clairement rattaché aux objectifs communicatifs de la leçon. Cette option permet de relier naturellement et simplement la composante linguistique à la composante pragmatique.

La composante sociolinguistique, qui renvoie aux conditions socioculturelles de la langue d'apprentissage, est constamment présente. Dès le niveau 1, les apprenants sont sensibilisés aux normes sociales (formules de politesse) et aux registres de langue, qui leur permettent de savoir que l'on s'adresse différemment à la mère d'un copain, à un copain, à un inconnu.
Par ailleurs, dans la partie *Échos,* les auteurs ont volontairement fait en sorte que l'apprenant puisse identifier la réalité française ou francophone dans une approche interculturelle. Les thème retenus (loisirs, système éducatif, villes...) font l'objet d'une comparaison avec le pays de l'apprenant et permettent de prendre en compte la dimension sociolinguistique.

b) La compétence linguistique et la réflexion sur la langue

Une grammaire inductive explicite

La réflexion sur la langue dans cette méthode correspond à une approche communicative dans laquelle, à partir d'exemples pris **dans un contexte communicatif donné** (les dialogues déclencheurs, etc.), l'apprenant découvre et induit la règle, qu'il explicite ensuite avec l'aide de l'enseignant. Les différentes phases d'appropriation de la règle se font ainsi :
– **exposition** au point de langue donné, dans des dialogues, textes authentiques, etc. L'apprenant en comprend globalement le sens, sans réfléchir ou s'arrêter sur son fonctionnement ;
– quelque temps plus tard, nouvelle exposition suivie de **repérage et conceptualisation** permettant de réfléchir sur le fonctionnement de la langue. Ici, vu l'âge des élèves, nous proposons pour cette phase de conceptualisation des questions fermées et des tableaux à compléter à partir de supports textuels et sonores ;
– **réemploi et systématisation** à l'oral et à l'écrit, par le biais de jeux, d'exercices, d'activités d'expression écrite et orale. On ira de l'exercice le plus contraignant (exercices à trous) à l'exercice le plus libre (activités d'expression). Le cahier d'exercices permettra de reprendre de manière systématique les points de langue travaillés, et par là de les consolider.

Apprentissage en spirale

La progression proposée ici est une progression en spirale : on n'apprend pas d'emblée toute une conjugaison ou toute la complexité d'un point de grammaire, ou encore tout le vocabulaire de la nourriture, de la maison, etc. Comme dans la vie, on apprend les choses au fur et à mesure, selon les besoins, et on rassemble ensuite les connaissances lors des moments de réflexion sur la langue. Pour éviter de donner une impression de contenus linguistiques trop morcelés et afin d'assurer toute sa portée pédagogique à la progression en spirale, on fera spécialement attention, dans cette méthode, à la reprise des points de langue travaillés avant leur élargissement. Pour vérifier les acquis, les points de langue sont repris de manière récurrente dans d'autres leçons, et ce afin de lier un problème traité à un autre nouveau problème (par exemple, la complexité du passé composé).

Par ailleurs, dans le guide pédagogique, des fiches « Le point sur la langue », à travailler toutes les deux unités, permettront aux élèves de faire le point sur ce qu'ils ont appris et de rassembler les connaissances mises en œuvre par la progression en spirale.

c) Compréhension et expression

Dans cette méthode, la compréhension et l'expression sont travaillées à parts égales. Cela ne veut pas dire que « tout ce qui est compris est à apprendre par cœur », ou « tout ce qui est compris peut être répété », mais que les compétences de compréhension écrite et orale sont développées au même titre que les compétences d'expression. Or, on sait que lorsque que l'on apprend une langue étrangère, on comprend beaucoup plus que ce que l'on peut, dans un même moment, répéter, reproduire ou acquérir. Ici, le travail réalisé pour le développement des compétences de compréhension permet à l'apprenant de comprendre plus de mots, d'expressions, de point de langue que ceux qu'il aura réellement à acquérir.

Les textes et les dialogues présentés, avant tout **porteurs de sens**, et accessoirement de point de langue à travailler, permettent aux élèves de développer différentes stratégies de compréhension à l'oral et à l'écrit, à commencer par la première : **supporter de ne pas tout comprendre**.

Compréhension orale

Les dialogues déclencheurs du début de chaque leçon, transcrits et enregistrés, entraînent les élèves à comprendre à l'oral, en se servant avant tout du support iconographique ou des indices sonores.

Ce ne sont pas pour autant les seuls moments de compréhension orale. La méthode propose aussi des moments de compréhension **sans transcription** dans le livre de l'élève : réponses aux questions de compréhension, mini-dialogues dans le cadre des leçons et dans les *Bilans*, et enfin les tests qui sont associés à chaque unité. Au niveau 2, les activités de compréhension sans transcription sont plus nombreuses.

Les activités de compréhension orale sont variées (compréhension à partir de questions à choix multiples, questions ouvertes, exercices de repérage de mots clés, etc.) et visent à diriger les apprenants vers la compréhension globale : saisir la situation de communication, le message principal. Des exercices de discrimination phonétique et de repérage des différences écrit-oral (par exemple, pour entendre le pluriel des noms ou des verbes) sont intégrés dès le début de l'apprentissage dans la mesure où l'accès au sens est étroitement dépendant du système phonologique de la langue étrangère.

Compréhension écrite

Outre les dialogues transcrits, la méthode comprend des textes qui visent essentiellement la compréhension écrite. La **troisième leçon** de chaque unité est tout d'abord un texte à prendre comme tel : des messages électroniques, une affiche, un mode d'emploi… Après « reconnaissance » du type de texte et de la **situation écrite** que ce texte implique, l'apprenant verra ici comment « supporter l'ambiguïté » et comprendre globalement. Ensuite seulement, il travaillera la relation écrit-oral.

Les jeux, blagues et tests interdisciplinaires « Je-sais-tout » de fin de leçon sont de vrais « documents écrits » qui ont pour but de fomenter la compréhension autonome et de décloisonner les connaissances des élèves.

La *BD* incite les élèves à lire par eux-mêmes. Pour cette raison, elle apporte toujours un point final à l'histoire de l'unité et n'est l'objet explicite d'aucune activité. L'enseignant pourra cependant trouver des propositions d'exploitation dans le guide pédagogique.

Dans la cadre de la *Civilisation*, des documents semi-authentiques ont été introduits, certes, pour apporter un volet culturel à l'apprentissage, mais encore pour développer les compétences en compréhension écrite et en lecture. Selon les documents, les apprenants s'entraîneront à la compréhension globale ou à la lecture sélective.

Tant dans les leçons que lors des différents moments d'évaluation formative (les parties *Bilan* dans le livre de l'élève, la *Compréhension écrite* de la partie *Échos* dans le cahier d'exercices, le test du livre du professeur), on propose des documents écrits variés, conçus dans l'objectif de développer les compétences de lecture et compréhension écrite.

De la compréhension à l'expression

Qu'est-ce que les élèves doivent « retenir » de ces dialogues et textes compris ?
S'ils doivent tout d'abord profiter du sens de la situation proposée, les élèves, ensuite, retravaillent ces « déclencheurs » à différents niveaux.

• *Répète !* : des extraits de ces dialogues sont proposés dans le **support audio** pour retravailler des structures, des expressions figées, des intonations.
• *Prononciation* : c'est à partir de différents sons spécialement récurrents dans les dialogues que l'on travaillera la prononciation dans une unité.
• *Mots et expressions* : le vocabulaire important du dialogue est le plus souvent repris dans les tableaux de la leçon et il est toujours retravaillé dans différents exercices. La répartition entre vocabulaire *actif* (à apprendre) et vocabulaire *passif* (à comprendre) est explicitée dans le guide pédagogique, ce qui permet à l'enseignant de guider les élèves dans l'apprentissage. Les élèves, quant à eux, disposent, dans le cahier d'exercices, d'une liste du vocabulaire actif par unité.
• *Grammaire* et *Conjugaison* : la langue est bien évidemment travaillée à partir de ces dialogues, qui servent au repérage et à la conceptualisation grammaticale.
C'est en retravaillant ces différents points qu'apparaissent les activités d'expression écrite et orale.

Expression orale

Dès les premières leçons du livre, les apprenants sont confrontés :
– **à la communication en français dans la classe.** La rubrique *Pour communiquer en classe,* que l'on trouve dans chaque page *Projet,* fournira aux apprenants les outils nécessaires pour communiquer en classe : comprendre les consignes du professeur et du livre, se faire comprendre de l'enseignant et des autres élèves. Ainsi, l'utilisation de la langue étrangère fera partie intégrante de la classe dès le début de l'apprentissage ;
– **à des situations simulées vraisemblables.** Les apprenants peuvent jouer le rôle des personnages de la méthode en rejouant la scène proposée, une ou deux répliques de dialogues, la BD, etc.
Ils sont aussi incités à utiliser les situations simulées pour parler d'eux-mêmes (par exemple, situations simulées pour parler d'eux-mêmes : « *Ton père/ta mère te demande de faire les courses, la vaisselle, tu demandes de l'argent en échange* » ;
– **à des situations de communication réelle.** Chaque apprenant est invité à prendre la parole pour parler de lui : se présenter, présenter sa famille, exprimer ses goûts, parler de ses loisirs...
La rubrique *Prononciation* permettra aux apprenants de travailler sur le son, le ton, le débit, et cela le plus fréquemment sous forme de jeux.
Ces jeux, phonétiques ou autres, permettent une communication réelle – entre joueurs – à l'intérieur du groupe-classe.

Expression écrite

Les activités écrites sont nombreuses dans ce manuel, qu'il s'agisse d'exercices contraignants ou de réelles activités d'expression écrite.
Le livre de l'élève et le cahier d'exercices contiennent diverses activité représentatives d'une situation de communication écrite vraisemblable (lettres, messages, cartes, etc.).
L'acquisition de cette compétence se situe en général dans la continuité :
– **d'une compréhension écrite** : l'élève découvre le fonctionnement et les mécanismes de la typologie retenue, le lexique et les points de langue à utiliser pour les reproduire dans le cadre d'une activité contextualisée (par exemple : « *Tu écris à un ami, à un correspondant...* ») ;
– **d'une situation orale** : par exemple, après écoute d'un dialogue où un personnage se présente à sa conseillère d'éducation, rédaction d'une fiche de scolarité dans laquelle l'apprenant se présente lui-même. Signalons aussi que la méthode souligne fortement (rubrique *Son-graphie* à l'intérieur de *Prononciation*) la différence entre l'oral et l'écrit, chacun étant présenté comme un code spécifique.
Outre des activités d'expression écrite en situations simulées (« *Tu as fait une sortie avec ta classe. Écris une carte postale à ta grand-mère* »), que l'on retrouve dans le livre de l'élève, dans le cahier d'exercices et dans les **tests** d'évaluation, la méthode propose également des situations réelles de communication. Elles sont plus particulièrement abordées lors des séquences *Projet* : rédiger la revue de la classe, le programme d'une sortie, etc., mais on les retrouve également dans le livre de l'élève (devinettes, jeux sur les mots) ou dans le cahier d'exercices (mots croisés, etc.).

3. L'évaluation : vers un « niveau 1 »

a) La référence du Cadre européen commun

Le niveau 1 défini dans le Cadre européen commun de référence (dit « faux débutant ») correspond à environ 100 heures de français, ce qui n'est pas le cas de nos apprenants qui peuvent avoir 120 heures de français à la fin du niveau 2. Si l'on tient compte de la situation scolaire (apprenants captifs, motivation relative, peu d'heures par semaine, etc.), on peut penser que le niveau 1 défini dans le Cadre européen commun de référence sera acquis à la fin de ce niveau 2.

De fait, à part ce qui concerne l'emploi des temps du passé (opposition imparfait/passé composé) et de certains indicateurs temporels (*il y a*, *depuis*, etc.), le niveau 2 de la méthode non seulement recouvre le niveau 1 ou « faux débutant » du Cadre européen commun de référence, mais aussi une partie non négligeable du niveau 2 ou « niveau seuil », qui devra être totalement atteint, et acquis, en fin de niveau 4 de notre méthode (240 heures de français). À la fin de notre niveau 2, les élèves sont capables de :

– **compréhension écrite** : se repérer sur un plan et suivre des indications simples ; comprendre une recette de cuisine simple, un mode d'emploi ; repérer des informations simples dans un document simple ; comprendre des titres de revues pour adolescents ; reconnaître différents types d'écrits : messages, articles de journaux, affiches, publicités, faits divers, etc. ; faire la différence entre la langue standard et la langue familière ; reconnaître et sélectionner des informations importantes dans un texte simple ;

– **compréhension orale** : comprendre des ordres simples ; des explications et informations simples ; des dialogues simples de la vie courante ; une petite histoire ; une conversation entre plusieurs personnes sur un sujet de la vie quotidienne ;

– **expression écrite** : rédiger un message simple pour donner à une personne une information, un mode d'emploi ; décrire physiquement une personne ou une chose en utilisant adjectifs, verbes *être* et *avoir* ; situer des actions dans le temps en utilisant des expressions comme *pendant*, *avant*, *après* ; raconter des suites d'actions ou des événements dans le temps en utilisant le temps convenable (présent, passé composé, futur proche, passé récent, présent progressif) et des connecteurs comme *d'abord*, *ensuite*, *alors* ; exprimer la quantité en utilisant *assez*, *peu*, *beaucoup*, *trop*, etc. ; expliquer à quelqu'un ce qu'il doit faire (impératif, *il faut*, *devoir* + infinitif) ; dire où on habite ou décrire brièvement un lieu ;

– **expression orale** : se présenter, dire qui on est, ce qu'on fait ; présenter sa famille et ses amis ; décrire une personne physiquement et moralement ; décrire un objet, l'endroit où on vit ; raconter une journée ; demander et donner un renseignement simple ; demander et donner des explications simples ; proposer à quelqu'un de faire quelque chose ; exprimer ses goûts et ses préférences ; accepter ou refuser une invitation ; raconter ce qu'on a fait le week-end dernier ; donner son opinion ; raconter et expliquer des suites d'événements ou d'actions ; donner un conseil (avec l'impératif, *devoir* + infinitif, *pouvoir* + infinitif).

b) L'évaluation dans la méthode

En situation scolaire, avec des apprenants captifs, l'évaluation institutionnelle et sommative est une réalité incontournable. Néanmoins, elle peut aller de pair avec une évaluation formative et une autoévaluation qui favorise la motivation et aide le jeune apprenant à prendre conscience de ses atouts et de ses faiblesses, et par conséquent à prendre en charge son apprentissage. C'est pourquoi l'évaluation comprend ici différents volets et différentes phases.

• *La page Bilan*

Dans le **livre de l'élève**, à la fin de chaque unité, avec la page *Bilan*, apprenants et enseignant verront ensemble ce qui a été acquis et pourront ainsi avoir un « instantané » des connaissances et savoir-faire de la classe. Ces pages *Bilan* sont faites pour vérifier les acquis et non pas pour réviser avant un examen. Elles partent d'actes de parole dont la réalisation (en compréhension et en expression) dépend des élèves.

• *Le portfolio*

Pour les enseignants qui le souhaitent, nous proposons, dans le **guide pédagogique**, un portfolio propre à cette méthode, semblable au portfolio du Cadre européen, et reprenant unité par unité les compétences de communication mises en œuvre.

Dans la même perspective que le portfolio européen, le portfolio de cette méthode permet à l'élève de faire, après le bilan réalisé en classe, une autoévaluation de ses compétences, autoévaluation qui lui servira pour se préparer à l'évaluation sommative que l'on retrouve chaque trimestre en contexte scolaire !

• *Le cahier d'exercices : les pages Échos*

C'est après avoir fait ce bilan, à la fois personnel et de la classe, que chaque élève pourra revoir, soit simplement avec le livre de l'élève, soit en travaillant la partie *Échos* du **cahier d'exercices**, les points de langue et compétences de communication essentiels à leur apprentissage.

• *Les tests d'évaluation*

Si l'évaluation est formative, elle n'en est pas moins, à certains moments, sommative. Nous proposons aux enseignants, dans le **guide pédagogique**, un test d'évaluation complet par unité, reprenant chacune des compétences travaillées : compétence linguistique (grammaire et vocabulaire), compréhension et expression écrites, compréhension et expression orales. Un barème et des corrections sont proposés dans le guide.

Suite à cette dernière évaluation, on peut suggérer aux apprenants de reprendre leur portfolio et de comparer leur autoévaluation avec l'évaluation réalisée par l'enseignant.

Dès lors, une négociation peut avoir lieu qui permettra à l'apprenant de mieux s'engager et de trouver les bonnes stratégies pour développer les compétences dans lesquelles il est le plus faible...

II. Description de la méthode

Chaque niveau de la méthode est constitué :
– d'un livre pour l'élève ;
– d'un support audio à utiliser en cours par le professeur ;
– d'un cahier d'exercices ;
– d'un guide pédagogique pour l'enseignant.

1. Le livre de l'élève

Il est constitué de :
– une leçon 0 ;
– quatre unités contenant chacune trois leçons et une partie *Échos* (*Civilisation, Projet, BD, Bilan*) ;
– des pages de référence : des pages « Pour communiquer », des index de prononciation, grammaire, conjugaison et civilisation ;
– une carte de France et une carte de la Francophonie.

La leçon 0

Elle a pour objectif de rappeler aux apprenants ce qu'ils ont appris l'année précédente, tant en termes communicatifs (« *Tu sais communiquer en français* ») que linguistiques (« *Tu sais conjuguer en français* ») ou culturels (« *Tu connais la France et les pays francophones* »).

Les unités

Chaque unité comprend une partie *Leçon* (trois leçons) et une partie *Échos*.

À chaque unité correspond une petite histoire mettant en scène deux ou trois personnages de l'association culturelle 13e J, Paris 13e. L'histoire se conclut avec une *BD*.

La page d'ouverture de l'unité

Chaque unité débute par une page d'ouverture donnant le titre de l'unité – et de l'histoire – ainsi que les objectifs communicatifs de chaque leçon. L'élève est ainsi amené à émettre des hypothèses sur l'histoire qu'il va suivre durant l'unité, et en même temps à prendre connaissance des objectifs de cette unité, ce qui l'implique dans une sorte de contrat d'apprentissage.

Dans la partie Leçon

Compréhension

Ce sont les rubriques « déclencheur » de chaque leçon. Il peut s'agir de compréhension orale (dialogues enregistrés) ou de compréhension écrite (documents semi-authentiques).

Ces compréhensions sont suivies de questions et les réponses aux questions sont enregistrées sur le **support audio** (« *Écoute la bonne réponse* »), ce qui permet de travailler la compréhension orale sans le support écrit.

En dehors de la rubrique *Compréhension*, il y a des compréhensions orales *cachées* derrière des activités de vocabulaire, et l'on développe aussi la compréhension écrite dans la partie *Échos*.

C'est à partir de la rubrique *Compréhension* que l'on aura, dans un ordre toujours différent, afin de tenir les élèves en alerte, les rubriques suivantes :

Grammaire

On y trouve des activités de repérage et conceptualisation avec des tableaux à observer et compléter. On y fait du repérage à l'oral (avec support audio) comme à l'écrit. On compare avec la langue maternelle ou d'autres langues.

La rubrique *Grammaire* contient des exercices de réemploi et des activités de systématisation à l'oral comme à l'écrit.

Conjugaison

On y trouve les mêmes activités que dans la rubrique *Grammaire*. On compare des conjugaisons entre elles et on tient compte de la prononciation. On étudie dans cette rubrique non seulement la morphologie, mais aussi l'emploi d'un temps verbal.

Mots et expressions

On y trouve :
– des tableaux « boîtes à outils » qui reprennent les mots et expressions des dialogues à mémoriser, réemployer ;
– des tableaux « thématiques » qui reprennent et élargissent le vocabulaire des dialogues ;
– des activités de compréhension orale à partir de ces tableaux de mots ;
– des activités de classement ;
– des activités de réemploi, écrites et orales.

Prononciation

On y trouve :
– des activités de discrimination phonétique ;
– *Son-graphie* : une sous-rubrique permettant de s'arrêter sur l'orthographe ;
– des *Virelangue* ;
– des rimes ;
– des chansons ;
– des jeux phonétiques.

En dehors de la rubrique *Prononciation,* dans le **support audio**, à la suite de la *Compréhension,* on propose de faire répéter/prononcer certaines parties de dialogues ou expressions courantes.

Expression

À tout moment, même en dehors des rubriques explicitement nommées *Expression*, l'élève est sollicité pour parler de lui, de ses copains, de ses parents, de ses goûts.

Dans les rubriques nommées *Expression écrite* ou *Expression orale*, on s'attardera plus longtemps et plus particulièrement sur le développement de ces deux compétences de communication.

Expression écrite : remplir des fiches, décrire des personnes, faire des lettres, cartes postales, mini-articles, etc.

Expression orale : questions-réponses en binômes, jeux de rôles, jeux par groupes ou classe contre un (un élève, le professeur).

Rébus/Je-sais-tout/Virelangue/Charade/Blague

Chaque leçon termine par un « cadeau » pour l'élève : quelque chose qui n'est pas de l'ordre de la leçon mais de la découverte, de l'utilisation du français pour le plaisir personnel.

Ces petits jeux, à caractère **interdisciplinaire** (histoire, géographie, sciences de la vie, etc.), sont là pour que l'apprenant s'entraîne à l'autonomie et puisse décloisonner ses connaissances.

La variété dans les leçons

Si toutes ces rubriques existent, elles n'apparaissent pas toutes de façon systématique dans chaque leçon, et surtout, pas dans le même ordre. Elles servent à l'enseignant et à l'apprenant à savoir où ils vont, mais ne les entraîne pas dans un parcours prévu. Ce sont là les surprises du livre et un moyen de motiver l'apprenant en brisant la routine de la classe.

La partie Échos

La partie *Échos* reprend et élargit les points de langue, communication et civilisation évoqués durant les leçons. Elle comprend une page *Civilisation*, une page *Projet*, une page *BD* et s'achève par une page *Bilan*.

Civilisation

L'objectif de la page *Civilisation* est de fournir à l'apprenant un certain nombre d'informations sur la culture et la société françaises, les habitudes des jeunes de son âge ainsi que quelques points sur la francophonie. Par ailleurs, le volet interculturel/intercivilisation y est systématiquement rattaché, puisque chaque approche est finalisée par une comparaison avec le pays de l'apprenant. Les thèmes retenus pour le niveau 2 sont : les fêtes de fin d'année, la cantine, les revues pour adolescents, les sorties en région parisienne.

Ils sont appréhendés par le biais de documents authentiques ou semi-authentiques (photos, extraits de textes tirés de différents sites Internet simplifiés ou raccourcis). Leur compréhension est sous-tendue par des activités dont le niveau de difficulté n'est pas très élevé. De fait, il s'agit avant tout d'ouvrir à la culture de l'autre et non pas d'évaluer des compétences spécifiques.

Projet

Le *Projet* prend appui sur la page *Civilisation*. En témoignent les thèmes retenus pour le niveau 2 : la fête de classe, une classe de cuisiniers, la revue de la classe, la sortie de la classe. Il permet de rassembler la classe autour d'activités d'expression écrite et orale correspondant aux points de langue traités en classe. Son aspect ludique, prenant en compte le corps et la vitalité des préadolescents (on dessine, on écrit, on cuisine, on chante, on danse), rend ce réinvestissement plus attrayant et motivant pour les apprenants.

Ce contrat collectif dans lequel s'intègre la classe permet à chacun d'exprimer sa créativité, sous-tendue par des contraintes. Ici, les consignes qui encadrent la démarche de l'apprenant facilitent son intégration à l'ensemble du groupe.

L'enseignant s'efforce de créer une situation de classe favorable aux échanges, en utilisant ou faisant utiliser les expressions puisées dans la rubrique *Pour communiquer en classe*.

BD

C'est la suite et fin des aventures des personnages mis en scène dans la partie *Leçon*.

Cette page en fin d'unité vise avant tout à donner à l'apprenant l'envie de lire un texte en langue étrangère « tout seul ». Dans ce sens, la BD n'est pas conçue pour être exploitée d'un point de vue linguistique : elle est là pour être lue.

Aussi, mis à part l'activité d'écoute et de compréhension qui lui est systématiquement associée, aucune autre exploitation n'est imposée dans le livre de l'élève. Néanmoins, l'enseignant, s'il le souhaite, trouvera des suggestions d'exploitation supplémentaire dans le guide pédagogique.

Bilan

La page *Bilan* permet aux apprenants et à l'enseignant d'avoir un « instantané » des connaissances et savoir-faire de la classe à la fin de l'unité, et ce, préalablement au test d'évaluation de l'unité. Il s'agit d'une page d'activités reprenant la plupart des objectifs de l'unité, donnés sous forme d'actes de parole. Pour aider l'apprenant, on ajoute les points de langue qui y sont liés. Chaque *Bilan* comprend une « vraie » compréhension orale, sans transcription (la transcription est dans le guide pédagogique).

2. Le support audio

Il est indispensable au bon fonctionnement de la méthode. Il contient :
- les enregistrements des dialogues et des questions de compréhension ;
- les enregistrements des réponses à ces questions ;
- des extraits de dialogues ou de tableaux du livre de l'élève, à travailler en prononciation ;
- quelques exemples de grammaire orale (par exemple, différence *le/les*) ;
- quelques dialogues ou mini-textes transcrits seulement dans le guide pédagogique, pour travailler la compréhension orale ;
- la phonétique (rubrique *Prononciation*) ;
- les chansons ;
- la compréhension orale du *Bilan* ;
- la compréhension orale du test d'évaluation proposé dans le guide pédagogique.

3. Le cahier d'exercices

Le cahier d'exercices, totalement indépendant du support audio, est le lieu idéal du « passage à l'écrit ».

Il a un caractère autonome et complémentaire au livre de l'élève.

Il est complémentaire du point de vue des contenus linguistiques et communicatifs : il reprend l'organisation du livre de l'élève (les unités, les leçons, et la partie *Échos*) ainsi que les noms des rubriques.

Dans la partie *Leçons*, il permet de systématiser à l'écrit les points de langue vus en classe et s'arrête sur les problèmes d'orthographe, à travers les rubriques *Grammaire et conjugaison*, *Mots et expressions*, *Son-graphie*. On y trouvera des exercices en contexte, variés et gradués, allant du plus contraignant au plus libre, ainsi que des activités ludiques.

Dans la partie *Échos*, il permet de consolider les acquis de **l'ensemble de l'unité**, y compris la partie *Échos* du livre de l'élève.

On y trouve, outre les rubriques précédentes, une *Compréhension écrite* et une *Expression écrite*.

La rubrique *Pour apprendre* a pour objectif de faire comprendre à l'apprenant qu'il existe des techniques susceptibles de l'aider dans son apprentissage ; elle lui signalera les stratégies et des savoir-faire scolaires à mettre en œuvre.

Le *lexique :* un index lexical, par unité, est situé à la fin du cahier.

Il contient le vocabulaire actif que l'élève pourra, au choix, dessiner ou traduire et choisir ainsi sa façon de mémoriser le mot.

4. Le guide pédagogique

Le guide pédagogique contient, par unité :
– des objectifs d'enseignement et d'apprentissage ;
– un tableau des contenus par unité et par leçon ;
– la totalité du vocabulaire de chaque leçon (actif et passif) ;
– une exploitation pédagogique, rubrique par rubrique, activité par activité, dans laquelle :
• il explicite les objectifs activité par activité,
• il donne à tout moment des informations socioculturelles nécessaires à la partie *Civilisation* mais également à l'interprétation des textes, activités intégrées dans les leçons,
• il donne des informations sur les registres de langue et les normes linguistiques,
• il donne les transcriptions des textes enregistrés qui ne figurent pas dans le livre de l'élève,
• il propose des activités complémentaires de *prolongement* que l'enseignant peut utiliser soit pour revoir un point qui lui semble essentiel ou non acquis par les apprenants, soit pour faire travailler les élèves plus rapides,
• il cite les exercices du cahier d'exercices au moment où il est souhaitable de les faire,
• il donne les corrigés des exercices du livre de l'élève, y compris le *Bilan*.

Et en fin d'ouvrage, on trouve :
– les corrigés du cahier d'exercices ;
– pour chaque unité, un test photocopiable complet comprenant :
• des exercices de grammaire et vocabulaire, suivis d'une compréhension écrite,
• une compréhension orale, une expression orale, une expression écrite ;
– le corrigé et le barème de ces tests ;
– « Le point sur la langue », pages photocopiables à travailler toutes les deux unités et permettant aux apprenants d'intégrer les connaissances les unes aux autres ;
– le portfolio.

LEÇON 0

Tu connais le français...

→ Tu révises ton français.

➤ *Livre de l'élève : p. 7 à 12*
➤ *Cahier d'exercices : p. 4 à 7*

Objectifs d'enseignement/apprentissage

- Reprendre la communication en français dans la classe
- Faire le point sur les compétences acquises au préalable, en particulier en compréhension et expression orales.
- Réactiver les connaissances (linguistiques, civilisationnelles) et compétences développées au niveau 1.
- Faire prendre conscience à l'apprenant du niveau acquis l'année précédente.
- Encourager la réflexion sur la langue.
- Encourager l'expression orale par le jeu et l'engagement affectif.
- Encourager l'auto et l'hétéro-évaluation.

Communication	Phonétique	Grammaire	Vocabulaire	Civilisation
• Saluer • Se présenter • Présenter quelqu'un • Donner et demander des renseignements sur quelqu'un • Décrire quelqu'un • Parler de ses goûts • Raconter sa journée/des faits habituels • Situer un objet • Demander un service • Accepter/refuser	• L'intonation et l'accentuation des mots et des phrases	• **Déterminants** : définis, indéfinis, contractés, possessifs et démonstratifs • **Féminin/masculin** • **Singulier/pluriel** • **L'interrogation** : *qui ? quel ? où ? comment ? est-ce que ? qu'est-ce que ?* • **La localisation** • **La négation** : *ne... pas, ne... pas de* • *C'est/il est* • *Pouvoir, vouloir* + infinitif • L'impératif **Conjugaison** : – *être, avoir, faire* – verbes en -*er* – *vouloir, pouvoir aller, venir* – verbes pronominaux	• Description : l'âge, la taille, etc. • Les vêtements • Les couleurs • L'heure • L'adresse • Les nombres : de 1 à 100	• La France et la francophonie • Personnages célèbres

Thèmes transversaux : interculturel.
Interdisciplinaire : littérature, géographie, histoire.

Le vocabulaire n'est pas détaillé, étant donné qu'aucun mot nouveau n'apparaît obligatoirement.

Il s'agit ici de « rafraîchir » la mémoire des apprenants après un temps de vacances plus ou moins long. De cette manière, ils seront prêts à aborder ensuite les points nouveaux. Les enseignants qui le désirent peuvent en profiter pour enrichir le vocabulaire des apprenants sur les actes de parole proposés. Nous donnerons quelques pistes en ce sens dans la rubrique « Prolongement ».
Les activités qui suivent peuvent être faites en individuel, à deux, à l'oral, à l'écrit, etc.

Préalables

Rentrée, entrée en matière
Avant même d'ouvrir le livre, on pourra procéder aux rituels de la classe en français, qui permettent de reprendre les salutations et quelques consignes :
« *Bonjour* », « *Ça va ?* », « *Asseyez-vous* », « *En silence* », etc.

Découverte du livre
On demandera ensuite aux apprenants de sortir et manipuler leur livre pour découvrir ressemblances et différences par rapport au livre de l'année précédente (les index, les cartes, les personnages, la partie *Échos*, etc.).
– À la question « *Qu'est-ce qui est pareil ?* », on pourra avoir les réponses suivantes : les cartes, l'ordre du livre, *Échos*, l'index, les personnages…
– À la question « *Qu'est-ce qui est différent ?* », on pourra avoir : les personnages. En effet, il y a des personnages connus et des personnages inconnus,
C'est à partir de cette découverte, qui peut attiser la curiosité, que l'on entrera dans la leçon 0.

p. 7
1. Tu sais... communiquer en français

→ *Reprise de contact : actes de parole.*

Saluer

Remplis les bulles.

→ *Expression écrite et orale.*

Demander aux apprenants de répondre à l'écrit individuellement, puis de comparer entre eux. On fera ensuite une mise en commun.

Correction possible :
• Dessin 1 : *Salut, ça va ?* ou *Bonjour, ça va ?* ou *Ça va ?* et *Oui, ça va, et toi ?*
• Dessin 2 : *Bonjour madame, bonjour Bastien.* Il sera intéressant de voir si les élèves se souviennent de ce personnage.
• Dessin 3 : *Au revoir madame.*

> **Cahier d'exercices**
>
> Exercice 1 (à faire à la maison).
> On peut dramatiser et faire des jeux de rôles.

Te présenter, présenter quelqu'un

Présente-toi à ton voisin/ta voisine, puis présente ton voisin/ta voisine à la classe.
→ *Expression orale.*

Travail par paires, puis mise en commun. Il s'agit de réactiver : *Je m'appelle… J'ai… ans. Je suis blond, sympa…*
Et, si les apprenants se prêtent au jeu : *J'aime, j'adore…*
Lors de la mise en commun, qui implique une bonne compréhension et mémorisation de ce qu'a dit le voisin, on aura : *Il/elle s'appelle… Il/elle a… ans*, etc.

Poser des questions

Tu ne connais pas ce garçon, tu es comme Manon, très curieux(se), tu veux tout savoir sur lui...
→ *Expression : l'interrogation.*

Correction possible :
• Qui *c'est* ?
• Comment *il s'appelle* ?
• Quel *âge il a* ?
• Où est-ce qu'il *habite* ?
• Est-ce qu'il est *sympa (ou marrant, ou sérieux...)* ? Est-ce *qu'il va au collège Jacques-Prévert* ?
• Qu'est-ce qu'il *aime, fait comme sport* ?

Rappel : au niveau 1 (et de fait au niveau 2 aussi), on a délibérément écarté l'interrogation avec inversion du sujet.

Cet exercice se fera individuellement ou par deux, à l'écrit. Puis on comparera les réponses lors de la mise en commun.

Cahier d'exercices

Exercice 10 (à faire en cours, avec fiche préalable à la maison).
Mini-jeu de rôles, à faire par deux : à la maison, chaque élève rédigera sa propre fiche cartonnée qu'il apportera en cours. Le lendemain, les élèves mélangeront et échangeront leurs fiches. L'élève A, jouant le rôle du professeur, ne saura donc pas à qui (à quelle fiche) il aura affaire avec l'élève B. C'est en posant des questions à l'élève B qu'il pourra deviner... et réaliser une fiche semblable !

Exercice 15 (à faire en cours).
On lira plusieurs productions des élèves et on en écrira une ou deux au tableau.

---

p. 8
Décrire quelqu'un

Complète la lettre de Manon.

→ *Expression écrite guidée.*

Correction possible :
Il s'appelle Karim, *c'est* le frère de Leïla, (il *a 14 ans*), il est *grand/beau/brun*, et *il est* sympa ! Il porte des *baskets blanches* et un (*pantalon de*) *survêtement noir* : il adore le sport !

Faire faire à l'écrit et corriger collectivement, car tout le monde n'aura pas remarqué et écrit la même chose.
L'âge de Karim imaginé par les auteurs est 14 ans (le même que celui de Bastien, le redoublant) mais il peut être intéressant de voir ce qu'en pensent les apprenants...
Karim est grand, brun et mince ; sa beauté est bien sûr relative.

Prolongement

→ *Expression : réactiver et enrichir le vocabulaire de la description.*

En insistant sur les différentes façons dont les élèves perçoivent et décrivent Karim, on pourra introduire du vocabulaire nouveau.
– Par rapport à la beauté, on pourra jouer sur les gradations suivantes : *beau, pas très beau, pas beau, laid* (le mot familier « *moche* » peut être introduit ici ; il apparaîtra en unité 3).
– Plus mince que *mince = maigre,* qui s'oppose à *gros.*
– Les cheveux de Karim sont *courts* et *frisés* – qui s'opposent à *longs* (et *mi-longs*) – et *lisses* ou *bouclés.* On pourra ensuite voir dans la classe qui a les cheveux *bruns, blonds, courts, longs, mi-longs, frisés, bouclés, lisses.*
L'enseignant pourra, s'il le désire, écrire et faire apprendre/revoir ces mots.

Parler de ses goûts

Regarde Karim, c'est le copain de Bastien.

À ton avis qu'est-ce qu'il aime, qu'est-ce qu'il déteste ?

→ *Émission d'hypothèses à l'oral.*

À ce niveau-là, les apprenants doivent déjà s'être remémoré un certain nombre de particularités de Bastien : « cancre », bon en sports, etc. Un copain de Bastien a des chances d'être comme lui, surtout si, comme lui, il est habillé en survêtement.

On aidera les élèves à se rappeler le comportement de Bastien (il n'a jamais ses affaires en classe, il redouble, il s'entraîne au lieu de faire ses devoirs, etc.), puis on les amènera à deviner et imaginer les goûts de Karim.

Correction possible :
Il aime le sport, le foot, le basket. Il aime faire du foot, danser, se promène…
Il déteste les maths, le français.

Certaines de ces hypothèses se verront ensuite infirmées ou confirmées dans les histoires qui accompagnent les leçons.

Et toi, qu'est-ce que tu aimes ?

➔ *Expression orale.*

Pour cette dernière question comme la précédente, réponse collective spontanée, à l'oral. On pourra aussi solliciter des élèves plus timides des commentaires comme « *pas moi* » ou « *moi aussi* » (appris au niveau 1).

Raconter ta journée ou celle de quelqu'un

Karim est encore en vacances.
À ton avis, qu'est-ce qu'il fait le matin, l'après-midi, le soir ?
Et toi, qu'est-ce que tu fais ?

➔ *Expression orale.*

Expliquer aux élèves que les dessins sont à titre indicatif, Karim faisant beaucoup d'autres choses. Chaque élève essaiera de rajouter une activité qui lui semble plausible et dont il se souvient.

Correction possible :
• À 9 heures, il se lève, il se lave.
• Le matin, il fait du foot.
• L'après-midi, il danse, il regarde la télé et il fait ses devoirs (de vacances).

Prolongement

➔ *Expression : réactiver et enrichir le vocabulaire.*

On pourra parler des *devoirs de vacances*, des différents sports évoqués en unité 4 du niveau 1, et en rajouter quelques-uns (*musculation, tennis, jogging, ski, basket, course,* etc.). Introduire l'expression « *jouer au foot* », à côté de « *faire du foot* ».

Cahier d'exercices

Exercice 12 (à faire à la maison).

Situer un objet

Manon a perdu ses six stylos-feutres de couleur dans sa chambre. Retrouve-les.
➔ *Expression orale à partir d'observation de dessin.*
Correction :
• un feutre rose *entre* les pages d'un livre
• un feutre vert *dans* les cheveux de Manon
• un feutre bleu *sur* la table
• un feutre orange *sous* le lit
• un feutre violet *à côté de* la lampe
• un feutre jaune *sur* la chaise/*entre* les pattes du chat

Activité à faire collectivement et rapidement.
On peut aussi la transformer en jeu : diviser la classe en deux groupes, puis faire lire la consigne. Le groupe qui aura trouvé les feutres le plus rapidement (et donné les bonnes descriptions !) aura gagné.

Attention : le mot *lampe* n'est pas un mot connu, et les élèves découvrent dans le dessin la particularité de *stylo-feutre*.

Prolongement

➜ *Expression : réactiver et enrichir le vocabulaire.*

À partir de ces deux mots nouveaux, on pourra retravailler l'ensemble des affaires de classe et introduire des mots comme *stylo-plume, compas, cahier* ou *feuilles de brouillon, classeur...* En se servant du dessin, on pourra aussi retravailler le vocabulaire de la chambre : *lit, bureau*, etc., et rajouter des éléments autres que *lampe*, comme *chaîne hi-fi* ou *lecteur de CD, posters...*
De nouveaux mots relatifs à la maison apparaîtront dans l'unité 2.

> **Cahier d'exercices**
>
> Exercice 13 (à faire en cours).

p. 9
Demander un service/accepter/refuser

Manon n'arrive pas à retrouver ses stylos.

Jouez la scène !

➜ *Jeu de rôles.*

Travail par paires : une paire joue Manon et Leïla, une paire joue Manon et sa mère, une paire joue Manon et Thomas.
L'enseignant passe dans les rangs et écoute une partie des interventions ; il aide si nécessaire. Si le temps le permet, il fait jouer au moins trois paires.

Correction (phrases types) :
Marion : • Je ne trouve pas mes stylos. Je n'arrive pas à retrouver mes stylos. Mais où sont mes stylos ?
• Maman/Thomas/Bastien : tu peux m'aider à retrouver mes stylos ? Tu veux bien m'aider... ?
Réponses : • D'accord. Oh non, je ne peux pas. Oh, non, pas question !

> **Cahier d'exercices**
>
> Exercice 14 (à faire en cours).

Reconnaître les nombres et compter

🔊 **Écoute les trois situations, retrouve les chiffres et dis à quoi ils correspondent.**

➜ *Compréhension globale orale et reconnaissance de chiffres.*

Transcription audio :
1. « Sa mère est jeune, elle a 37 ans ! – Jeune ? Elle est vieille ! »
2. Mon numéro de téléphone ? C'est le 01 45 84 18 72.
3. *(Manon écrit la nouvelle adresse d'Alex. On entend le stylo sur le papier) :* Alexandra Chaumont, 18, rue de la Paix, 13007 Marseille.

Correction :
1. l'âge
2. un numéro de téléphone
3. une adresse

Procéder à une correction collective. Si les élèves ont eu du mal, on passera à l'activité suivante pour leur rafraîchir la mémoire, puis on ajoutera l'exercice de prolongement qui suit.

Maintenant, compte jusqu'à 100.

➜ *Expression orale.*

Afin de donner du rythme au « comptage », l'enseignant commencera en frappant des mains et en disant : « *un et deux et...* ». Il passera le relais à un autre élève pour le « *et 3* », et un autre élève, toujours en rythme, dira « *et 4* », et ainsi de suite. À partir de *14*, on conseille d'enlever le « *et* » qui sert de béquille au début.

Prolongement

Jeu : le loto du téléphone

➜ *Compréhension orale.*

➜ *Reprise d'éléments mal assimilés : reconnaissance des nombres.*

L'enseignant met les élèves par paires. À chaque paire, il donne un papier sur lequel se trouve un numéro de téléphone à 10 chiffres.

De ces différents numéros de téléphone, qui se ressemblent, l'enseignant garde copie de six (ici, en gras). Il dira donc ces six numéros de téléphone à haute voix (deux par deux : zéro un, quarante-trois, etc.), les élèves soulignant chaque nombre (à 2 chiffres) qui correspond au sien. Lorsque les 5 nombres/10 chiffres sont dits, ils correspondent obligatoirement à une paire d'élèves qui disent alors : « *Allô allô ?* », et ont gagné un loto !

Bien évidemment, la paire peut ne pas avoir reconnu les nombres, ou bien une autre paire peut croire reconnaître ces nombres. Dans les deux cas, on fera alors dire les nombres à haute voix par les deux membres de la paire, voire par un tiers...

Par exemple :

– 01 43 26 75 11,	01 33 26 75 11,	01 43 86 75 11,	01 43 26 75 71
– 02 45 82 31 24,	02 85 82 31 24,	02 45 42 31 24,	02 45 82 31 84
– 03 47 91 56 12,	03 47 91 56 72,	03 87 91 66 12,	03 47 81 56 12
– 04 32 18 89 22,	04 32 98 89 22,	04 32 18 49 22,	04 32 18 89 82
– 05 47 78 29 90,	05 47 18 29 90,	05 87 78 29 90,	05 47 78 29 10
– 06 87 91 53 73	06 87 91 53 13	06 87 81 53 73	06 27 91 53 73

Note culturelle : comme on l'a dit au niveau 1 (unité 3), les numéros de téléphones fixes en France correspondent à des zones géographiques particulières (Paris : 01, Marseille, 04, etc.). Les téléphones portables commencent tous par 06...

Cahier d'exercices

Exercice 16 (à faire à la maison).

Communiquer en classe

En classe, ton professeur pose des questions, donne des ordres et des conseils. Qu'est-ce qu'il/elle dit ?

➜ *Expression orale : situations de classe.*

Il s'agit ici de recenser rapidement et simplement à l'oral toutes les consignes dont se souviennent les élèves, et toutes les expressions dont ils ont besoin pour s'expliquer.

Par exemple : « *Écoutez, répétez, vous comprenez ?* »

« *Vous pouvez répéter, s'il vous plaît ?* »

« *Je ne comprends pas, comment on dit en français... ?* »

Prolongement

On peut à cette occasion réactiver l'essentiel en faisant réécouter et rechanter la chanson de la classe, apprise en leçon 0, niveau 1.

Cahier d'exercices

Exercice 3 (à faire en cours). Insister sur le fait qu'il n'y a pas de pronom sujet.

2. Tu sais… conjuguer en français !

→ *Réflexion sur la langue*

Verbes en « -er »

Cherche tous les verbes en *-er* que tu connais et conjugue avec tes amis !

Beaucoup de verbes en *-er* sont déjà apparus lors des activités précédentes, ce qui aidera les élèves à les « rassembler » oralement. L'enseignant écrira les propositions au tableau et, ensemble, les élèves conjugueront. Lorsque plusieurs conjugaisons auront ainsi été dites oralement, on pourra, si on le juge nécessaire, réécrire la conjugaison au tableau.

« Être » et « avoir »

Retrouve la conjugaison entière à partir de ces deux exemples.

À partir du premier dessin (« *Je suis content, j'ai des bonbons !* »), travailler le singulier, et à partir du deuxième (« *Vous êtes trois frères ! Et vous avez une sœur ?* ») travailler le pluriel. Questionner indivi-duellement et procéder à une correction collective si nécessaire.

Correction :
1. Tu es content, tu as des bonbons.
Il est content, il a des bonbons.
Elle est content**e**, elle a des bonbons.
On est contents, on a des bonbons.

2. Nous sommes trois frères et nous_avons une sœur.
Ils sont trois frères et ils_ont une sœur.

Insister sur les marques orales du féminin et du pluriel, et sur les différences graphiques qui ne s'en-tendent pas à l'oral (*est/es*).

p. 10

« Faire »

🎧 Écoute

→ *Compréhension orale et repérage grammatical.*

Transcription :
Manon à Marco : Je fais mes devoirs, et toi, tu fais des bêtises !
(Voix de la mère de Manon, lointaine) : Les enfants, vous faites la vaisselle ?
Marco : Non, on fait les devoirs !
(Bruit de la bouteille de lait qui tombe et se casse, pas de la mère qui approche) : Mais qu'est-ce qu'ils font ?
Manon : Des bêtises !

Première écoute

Demander : « *Qu'est-ce qu'il se passe ?* » À partir du dessin, les apprenants retrouvent Manon et lui découvrent un petit frère, Marco. Le petit frère semble clairement faire « des bêtises », ce qui aidera à la compréhension. Avant même de travailler la conjugaison, on s'arrêtera sur le dialogue : « *Que se passe-t-il ? Qui parle ? Quel est le problème ?* » (Le petit frère fait des bêtises, il casse quelque chose et la maman demande ce qu'ils font. Manon répond : *des bêtises.*)
Ensuite seulement, on procédera à la deuxième écoute.

Deuxième écoute pour repérage

Combien de fois on entend le verbe *faire* ? À quelles personnes ?

On complète d'abord les cinq personnes entendues, avec correction au tableau ; puis, à l'oral, les élèves rajoutent la seule personne manquante.

Correction :
On entend cinq fois le verbe *faire* :
- Je *fais*
- Tu *fais*
- Il/elle/on *fait*
- Nous *faisons*
- Vous *faites*
- Ils/elles *font*

🎧 **Écoute et récite la conjugaison comme une chanson.**

➜ *Systématisation à l'oral.*

On écoute et on fait réciter une ou deux fois.

« Aller » et « venir »

Complète.

➜ *Exercice à trous, réflexion.*

Il s'agit ici de retrouver, individuellement et par écrit, les deux conjugaisons, mais aussi de travailler l'opposition de sens et l'emploi de chacun des verbes. Une correction collective sera ensuite nécessaire. On rappellera la ressemblance « *ils vont* » et « *ils font* », comme moyen mnémotechnique pour mémoriser ces conjugaisons.

Correction :
1. Karim : Je vais au cinéma, tu *viens* ?
Manon : Tu *vas* au cinéma ? Je viens !

2. Il *va* à la bibliothèque.
Il vient du collège.
Elle va au collège.
Elle *vient* de la bibliothèque

3. Thomas et Manon : Où est-ce que vous *allez* ?
Lou et Karim : On *va* au Centre 13e Jeunes !
Thomas et Manon : Nous aussi, nous *allons* au centre, nous venons avec vous !
Vous *venez* ?

4. La mère de Manon : Ah, ces enfants ! Ils *vont* et ils viennent !

Cahier d'exercices
Exercices 2 et 11 (à faire à la maison).

p. 11
3. Tu sais jouer en français

L'aveugle

Tu as les yeux bandés…

➜ *Expression orale : reprise des éléments de la localisation.*

Il s'agit ici d'une version particulière du jeu de colin-maillard, appelée « L'aveugle et ses guides ». Patrice Julien, dans *Activités ludiques* (CLE International, 1988), en avait fait une fiche d'exploitation pédagogique.
On divise la classe en deux groupes, par exemple, les Rouges et les Verts.
Un membre des Verts sort de la classe. Les Rouges lui préparent un parcours semé d'embûches. Le Vert qui était sorti de la classe revient les yeux bandés, aidé de ses camarades du groupe. Ce sont eux qui vont le guider en lui disant : « *À droite, à gauche.* » En principe, la personne qui fait le parcours ne doit pas se cogner, ou le moins possible. On comptera les fois où il se cogne.
Puis on reprendra le jeu avec un Rouge qui sort de la classe, et des Verts qui préparent un parcours. Le gagnant sera celui qui se sera le moins cogné.

Tu connais d'autres jeux ?

Au cours de l'année dernière, beaucoup de jeux ont été appris, depuis le simple « Il ou elle » (jeu des portraits), jusqu'au jeu de cache-tampon ou la bataille navale des conjugaisons. Peut-être les élèves en ont-ils le souvenir et c'est l'occasion de faire une pause après le travail sur les conjugaisons et avant celui sur la grammaire.

Prolongement : jeu

➜ *Expression orale : reprise des conjugaisons en « -er », de l'interrogation, des parties du corps, des moments de la journée...*

On peut aussi décider de présenter un nouveau jeu, par exemple le jeu de schtroumpher.
Les schtroumphs sont ces petits hommes bleus a bonnet blanc qui utilisent comme seul verbe « schtroumpher » à la place de tous les verbes existants.
L'enseignant cherche un verbe que les apprenants connaissent, comme *sauter*, *danser* ou *écrire*.
Les apprenants doivent retrouver de quel verbe il s'agit en posant des questions commençant par « est-ce que » :
« *Est-ce que tout le monde schtroumphe ?* »
« *Est-ce qu'on schtroumphe avec les pieds ? les mains ? un objet ?* »
« *Est-ce qu'on schtroumphe le soir ? le matin ?* »
« *Est-ce que vous schtroumphez à la maison ?* »
L'activité peut être reprise à tout moment et permet de systématiser l'interrogation avec « est-ce que » et de reprendre une bonne partie du vocabulaire vu au niveau 1.

4. Tu connais... les règles de grammaire

➜ *Réflexion sur la langue.*

Travail en individuel avec correction collective.

Le féminin et le masculin

Trouve le féminin de...

Correction :
• sérieux : *sérieuse*
• italien : *italienne*
• marocain : *marocaine*
• nouveau : *nouvelle*
• roux : *rousse*
• gros : *grosse*
• content : *contente*

Comment on forme le féminin en général ?

On rappellera que la règle principale, c'est le « -e », et on pourra signaler d'autres exemples de formation irrégulière : *sportif-sportive* ; *blanc-blanche*.

Le singulier et le pluriel

Trouve le pluriel de...

Correction :
• jolie : *jolies*
• sérieux : *sérieux*
• gros : *gros*
• nouveau : *nouveaux*

Comment on forme le pluriel en général ?

On rappellera qu'en général, on forme le pluriel en rajoutant un « -s ».
Cependant :
– la plupart des mots se terminant en *eu*, *eau*, *au* font leur pluriel en « -x » (exception connue : *bleus*) ;
– lorsque les mots se terminent par un « s » ou par un « x » au singulier, on n'ajoute rien.

Cahier d'exercices

Exercice 8 (à faire à la maison).

Les déterminants

Complète le tableau.

Correction :

	Masculin	féminin	pluriel
Indéfinis	un	*une*	des
Définis	*le*, l'	la, l'	*les*
Possessifs	mon	*ma*	mes
Démonstratifs	ce/cet	cette	ces

On rappellera que tous les déterminants pluriels ont la même forme au masculin et au féminin, et que ce sont tous des monosyllabes (prononciation /e/).

> **Cahier d'exercices**
>
> Exercices 4, 5, 6 et 7 (à faire à la maison).

La négation

Ils ne sont pas pareils. Mets à la forme négative.

Correction :
- Leïla *n'aime pas danser.*
- Thomas *n'a pas de frères.*
- *Thomas n'a pas de trousse rose.*
- Dans le placard de Thomas, *il n'y a pas de jupes.*

> **Cahier d'exercices**
>
> Exercice 9 (à faire à la maison).

p. 12
5. Tu connais... la France et les pays francophones

Dessine le drapeau français et le drapeau suisse.

Tu connais un autre drapeau de pays francophone ?

→ *Intégration et reprise d'éléments culturels francophones.*

→ *Utilisation des cartes et des index.*

→ *Décloisonnement des connaissances.*

Le dessin des deux drapeaux permet de revoir les couleurs. Ensuite, après la consultation de la carte, les apprenants auront plusieurs propositions.
Les drapeaux dessinés leur permettront de faire des choix (« *La feuille rouge, c'est l'Algérie, le Cameroun, le Canada ?* »).
La connaissance des drapeaux et de leurs pays n'est pas vraiment importante, mais plutôt les discussions que cela entraîne.

Note culturelle : les trois drapeaux dessinés p. 12 correspondent, de gauche à droite : au Canada, au Sénégal, au Maroc.

Endroits célèbres

Reprise d'informations contenues au niveau 1.
Les élèves répondront à ce test rapidement et la correction collective sera le moment de discuter, se remémorer des informations.

Correction :
• Paris est la capitale de la France, et dans Paris il y a 20 *arrondissements*.
• Le jardin des Plantes est à *Paris*.
• Le carnaval de Binche est *en Belgique*.
• Le zoo de Vincennes est *en France*.

Lors de la correction collective, on rappellera :
– la forme d'escargot de Paris, avec son fleuve, la Seine, la tour Eiffel, le Sacré-Cœur, Notre-Dame de Paris, etc. ;
– les nombres cardinaux correspondant aux arrondissements : premier, deuxième, etc. ;
– les Gilles de Binche, le carnaval de Dunkerque, les diables des Antilles ;
– le jardin des Plantes et son Muséum d'histoire naturelle (ses squelettes de dinosaures) ;
– le zoo de Vincennes et ses bêtes sauvages.

Personnages célèbres

Le jeu des syllabes.

Tous les personnages proposés ont été cités d'une manière ou d'une autre au niveau 1, et se trouvent par ailleurs dans l'index de *Civilisation*. En revanche, les photos de Victor Hugo et de Prévert sont présentées pour la première fois.
À partir de ce jeu, d'abord individuel, puis par petits groupes pour comparer, enfin en correction collective, on développe la capacité de jouer avec les syllabes, on apprend à se servir de l'index et du dictionnaire, et on peut prolonger la discussion en parlant d'autres personnages célèbres francophones :
– un autre footballeur célèbre du moment ;
– un nouvel acteur ou chanteur ;
– un auteur classique dont on a entendu parler dans d'autres cours, ou parce qu'un de ses livres a été adapté au cinéma ;
– un homme politique dont on entend parler à la télévision… ou en cours d'histoire !

Correction :
• Victor Hugo   • Haddock
• Jacques Prévert • Zidane
• Obélix

Après cette leçon 0, étalée sur plusieurs séances, on aidera les élèves à procéder à leur propre évaluation, à l'aide du *Portfolio* correspondant au niveau 1.

Par ailleurs, sans doute que nombre d'entre eux auront éprouvé des difficultés à se souvenir de choses apprises l'année précédente. Afin de les aider à mieux se rappeler, et aussi à mieux mémoriser, on les laissera lire le « Pour apprendre » du cahier d'exercices, durant les séances correspondant à la leçon 0, puis on le reprendra collectivement à la fin de cette leçon 0.

Cahier d'exercices : Pour apprendre

Quelques commentaires permettant à l'enseignant d'expliciter la démarche : comment se rappeler une structure ou une conjugaison.

• *« Utilise le contexte »*
Les auteurs de ce livre se sont particulièrement attachés à inventer des dialogues et des exercices « en contexte », c'est-à-dire à l'intérieur d'une situation donnée, pourvue de sens. En s'appuyant sur le sens des expressions dans un contexte donné (X rencontre Y, se fâche avec Z, etc.), les apprenants ont plus de chances de les mémoriser que dans une liste de vocabulaire. De même, ils ne se souviennent peut-être pas d'une conjugaison « à sec » (ex. : la 3e personne du pluriel du verbe *s'entraîner*), mais sont capables de se rappeler ce que font les personnages à tel ou tel moment (« *Sékou et Bastien ? Ils s'entraînent !* »).

• *« Rappelle-toi : est-ce que cette structure est dans une chanson, un virelangue, un jeu ? »*
Les jeux, chansonnettes ou virelangues ont l'intérêt d'exiger des répétitions et, par conséquent, une systématisation des structures employées. Ils permettent aux apprenants – en particulier les « auditifs » – de bien fixer ces structures. Se rappeler (ou rappeler à l'élève) dans quel jeu, virelangue, chanson se trouvait la structure demandée peut aider à la réactivation des connaissances.

• « *Apprends une conjugaison comme une chanson et cherche les verbes qui se conjuguent pareil. Chante-les le matin sous la douche.* »

Alors que, durant les exercices précédents, on a privilégié l'aspect réflexion sur la langue (à l'oral comme à l'écrit) pour travailler les conjugaisons, on rappelle à l'élève qu'il est une autre manière de les mémoriser, plus « auditive » et moins réflexive. Plus ludique aussi pour les apprenants qui chantent sous la douche. Afin de donner tout leur attrait à ces conjugaisons chantées, nous proposons aux apprenants de les réciter sur des airs de chansons qu'ils apprécient, comme celles de Britney Spears, par exemple…

LEÇONS 1 à 3

➤ *Livre de l'élève : p. 13 à 26*
➤ *Cahier d'exercices : p. 8 à 15*

Objectifs d'enseignement/apprentissage

- Entraîner l'élève à comprendre à l'oral avec support graphique et/ou iconographique.
- Entraîner l'élève à comprendre à l'oral sans autre appui que les indices sonores.
- Renforcer la perception et la prononciation du son /ʀ/, travailler les intonations.
- Travailler la liaison et le rapport son-grammaire.
- Entraîner l'élève à comprendre à l'écrit avec ou sans support iconographique.
- L'aider à retrouver des éléments appris et des situations de communication travaillées l'année précédente.
- L'aider à prendre confiance dans ses acquis.
- L'aider à se servir d'éléments connus pour appréhender les éléments inconnus.
- Développer les stratégies de mémorisation des mots et des structures.
- Encourager l'élève à s'exprimer à l'oral, à parler de sa famille et des fêtes.
- L'aider à relier oral et écrit.
- L'encourager au travail coopératif et à la recherche documentaire.
- L'encourager à décloisonner ses connaissances.

Communication	Phonétique	Grammaire	Vocabulaire	Civilisation	Projet
• Présenter quelqu'un • Situer quelqu'un • Se situer dans une ville • Situer les villes et les pays dans le monde • Parler de sa famille et des fêtes • Donner et demander des informations sur les traditions culinaires • Lire / rédiger une invitation, une carte de vœux • Lire de petits messages électroniques (méls, chats) • Rédiger de courtes lettres	• /ʀ/ • **Rappel :** – la liaison avec /t/ et avec /z/ – /ɑ̃/, /ə/, /ɛ/	• **Pronoms COD** (1) : – *me, te* – *le, la, les* • **Partitifs** (1) • **Négation :** *ne... pas* *ne... pas de* *ne... rien* **Localisation :** prépositions de lieu + villes, pays et régions • **Conjugaisons :** *connaître, prendre, manger, boire* **Rappel :** passé récent, futur proche	• La famille • Les transports • Les noms des pays et des continents • La nourriture et les boissons • Les fêtes de fin d'année • Les nombres et les distances : centaines et milliers	• Quelques villes européennes et leur distance par rapport à Paris • Les Antilles françaises, le Québec	• Fêtes traditionnelles • La fête de la classe

Thèmes transversaux : interculturel ; éducation à la paix ; éducation routière ; égalité des sexes.
Interdisciplinaire : géographie, histoire.

LEÇON 1

La cousine de Genève

→ **Tu présentes quelqu'un. Tu parles de quelqu'un. Tu te situes dans la ville.**

➤ *Livre de l'élève : p. 14 à 16*
➤ *Cahier d'exercices : p. 8-9*

Communication	Phonétique	Grammaire	Vocabulaire
• Présenter quelqu'un • Situer quelqu'un • Se situer dans une ville • Rédiger de courtes lettres	• **Rappel** : la liaison (*c'est_à...*) • /ɔ̃/ et /ɔn/ • le /ʀ/ : première approche	**Pronoms COD** : *me, te, le, la* (remplaçant des personnes) • **Rappel** : passé récent/ futur proche • **Conjugaison** : *connaître, reconnaître*	• **Divers** : Boucherie Connaître/reconnaître Cousin/cousine Kilomètre, mètre Mignon/mignonne Présenter Snob Timide Viande • **Expressions** Alors Attends ! Au coin de... Je l'aime bien/beaucoup Je te le présente Qu'est-ce qu'il y a ? Tu la/le trouves comment ?

VOCABULAIRE PASSIF

Mots
Autrement
Beaucoup
Bise
Clown
Déjà
Distance
Ensemble
Ludothèque
Poète
Premier Ministre
Président de la République

Expressions
Lien de parenté
Un peu plus tard
Cher/chère/chères
Mille bises

Civilisation :
la Suisse

p. 14
Compréhension

Comme on l'a remarqué au cours de la leçon 0, de nouveaux personnages apparaissent dans la méthode, alors que certains présents au niveau 1 disparaissent. En leçon 0, on a connu *Karim*. Ici, on retrouve *Thomas* et on découvre sa cousine : *Flore*. Encore une fois, l'idée est de motiver les apprenants en suscitant la curiosité et en proposant des histoires vraisemblables.

🎧 a. Écoute.

→ *Compréhension orale globale.*

Avant l'écoute

On regarde le dessin et on demande : « *Est-ce qu'on reconnaît des personnages ?* » (comme en leçon 0, le verbe *reconnaître* est ainsi introduit). On peut aussi jouer à faire dire : « *Lui, je le connais.* » On commence donc, en grammaire implicite à faire fonctionner le verbe *connaître* et le COD).
« *Qui est-ce qu'on connaît ? Qui est-ce qu'on ne connaît pas ?* »
« *Et la rue, on la reconnaît ?* »
« *Qu'est-ce qui se passe ?* » (Des jeunes se rencontrent.)
« *À votre avis, ils se connaissent ?* »

Écoute à la suite des situations 1 et 2

À partir des hypothèses émises lors du travail sur le dessin :
– Reconnaissance des personnages connus : « *Quels noms on entend ?* » (Thomas Pichon, Karim, Flore.)
Les élèves qui ont reconnu Thomas et Karim ont donc vu juste.
– Parmi les personnages connus, qui connaît qui ? L'enseignant pourra poser les questions suivantes :
« *Qui est le grand à côté de Karim ? Qui est la fille ?* »
« *"Ma cousine", à votre avis, qu'est-ce que ça veut dire ?* » (*ma* représente un lien de parenté ou de possession).
– Demander de retrouver les noms de lieux : *Paris, rue de Tolbiac, Genève, Suisse.*

Avant de corriger les réponses lors de la mise en commun, on demande aux élèves de cocher les bonnes réponses dans **b. Réponds**, mais sans faire écouter. Essayer de répondre oblige les apprenants à se centrer, entre autres, sur les noms de lieux. C'est ce qu'ils feront lors de la deuxième écoute, au cours de laquelle ils vérifieront leur compréhension globale et les réponses aux questions du texte.

Réécoute des situations 1 et 2, écoute de la situation 3 (à la suite)

À la fin de l'écoute des trois situations, on demandera aux élèves si les réponses aux questions du livre ont changé. On écoutera leurs propositions, toujours sans prendre parti.
Puis on continuera avec la mise en commun de la troisième situation, en posant les questions suivantes :
« *Qu'est-ce que ça peut bien vouloir dire : "un peu plus tard" ?* »
« *Quand est-ce que ça se passe ?* »
« *De qui on parle ?* »
« *Le frère de Karim dit deux choses sur la fille : une positive, une négative. Laquelle est positive, laquelle négative ?* »
Explicitation de *snob* (lever le nez en l'air et prendre un air pincé, beaucoup plus que celui de Flore) et *mignon/mignonne* (jolie).
Écoute des questions et des bonnes réponses, puis correction.

🎧 b. Réponds.

→ *Correction de la compréhension, compréhension détaillée.*

On ne s'arrête pas sur cette écoute, puisque, à deux occasions déjà, les apprenants ont lu les questions. En revanche, on commentera les réponses données par le support audio.

🎧 c. Écoute la bonne réponse (sur support audio seulement).

• Karim et son frère rencontrent Thomas dans la rue.
• Flore est la cousine de Thomas.
• Flore vient de Genève.
• Actuellement, elle habite à Paris.

On commente ces réponses, avec les apprenants, en travaillant aussi le vocabulaire : *cousin/cousine, actuellement/maintenant.*

Prolongement

→ *Civilisation. Émission d'hypothèses.*

On en profite pour travailler les noms de lieux : qu'est-ce que les élèves connaissent des villes et des pays cités ? Est-ce qu'ils savent les situer ? On peut aller les chercher sur la carte et dans l'index, p. 78 : *Genève, Paris, Bruxelles.*

À partir des connaissances des élèves, ou de ce qui est dit dans l'index sur Genève, faire imaginer le travail du père et de la mère de Flore. « *Ils font du chocolat ? Ils sont banquiers ? Ils travaillent à l'ONU ?* »

🎧 **c. Répète** (sur support audio seulement).

➜ *Prononciation, dramatisation.*

Transcription :
Frère de Karim : Tu la trouves comment, Flore ?
Karim (*enjoué qui ne veut pas trop le paraître*) : Euh, je l'aime bien, elle est mignonne.
Frère : Elle est mignonne, mais elle est snob !
Thomas : Tu le trouves comment, Karim ?
Flore (*un peu star condescendante*) : Euh, je l'aime bien, il est mignon...

Il s'agit ici de la reprise de la situation 3, avec des expressions et commentaires types. En effet, que l'on parle d'une personne amie ou d'un personnage célèbre, que l'on « *médise* » ou dise du bien d'une personne, on emploie des expressions contenant un COD du type :
– *Je le trouve/la trouve bien, nul, sympa*, etc.
– *Je l'aime bien, je ne l'aime pas* (trop).
On montrera que ce sont des expressions types avec le rajout :
Thomas : Tu le trouves comment, Karim ?
Flore (*un peu star condescendante*) : Euh, je l'aime bien, il est mignon...

➜ *Dramatisation.*

Les élèves se mettront en groupes de quatre, chacun jouant un des personnages.
Ils réécouteront d'abord la première partie du dialogue, puis répéteront (tous les Karim ensemble, etc.).
Ils feront de même avec la deuxième partie (Thomas et Flore).
L'enseignant fera écouter une deuxième fois en insistant sur l'intonation :
– de l'interrogation :
« Tu la trouves comment, Flore ? » ↗
– de la phrase avec opposition :
« *Elle est mignonne, mais elle est snob.* » ↗ ↘

D'un point de vue phonétique (et grammatical), on pourra aussi travailler l'opposition masculin-féminin : *mignon* (/ɔ̃/) /*mignonne* (/ɔn/)
Puis les groupes joueront la scène.

p. 15
Mots et expressions

➜ *Enrichissement du vocabulaire.*

Dans cette leçon 1, plutôt que de proposer une grande quantité de mots nouveaux, il nous importe d'aider les apprenants à relier les connaissances antérieures avec les mots nouveaux, d'où la mini-rubrique **rappel**.
Ainsi, l'expression nouvelle *au coin de la rue* fait écho à tout ce qui concerne « se situer dans une ville » et les expressions : *à droite, à gauche, à côté de, en face de...*
De même, bien qu'il n'y ait pas de rappel explicite, on pourra mettre en relation le mot *boucherie* (le magasin où on achète de la viande, des steaks) avec d'autres noms de magasins connus : *boulangerie, librairie-papeterie, supermarché, pharmacie*, etc.
Les mots de la deuxième colonne sont autant de mots permettant de décrire quelqu'un. On pourra tout d'abord relier *cousin/cousine* aux autres mots connus de la famille (rappel), puis travailler la description proprement dite des personnages, non seulement avec les mots proposés, mais aussi avec ceux vus au niveau 1 (*super, sympa, riche, marrant, blond, brun*, etc.). On s'arrêtera sur *timide*, qui est un mot nouveau souvent bien utile (pour les élèves timides qui n'osent pas parler ; il peut aussi caractériser le personnage de Flore : « *Elle n'est pas snob, elle est timide...* »).
On fera remarquer que, si *cousin* et *mignon* ont des féminins marqués, ce n'est pas le cas de *snob* ni de *timide*.
Si on ne l'a pas fait avant, on pourra introduire ici les mots : *cheveux longs, frisés, bouclés, lisses...*

Conjugaison

1 • « Connaître », « reconnaître »

Complète la conjugaison.

→ *Repérage et conceptualisation.*

Le verbe *connaître* est apparu en vocabulaire passif dans les consignes au niveau 1 (*tu connais...*), et le sens est donc familier aux élèves. Par contre, la conjugaison n'est pas encore apprise. On s'y arrêtera ici, en insistant sur le sens et l'emploi, afin de bien préparer et mettre en place l'opposition :
– *savoir* faire quelque chose (parler le français, jouer, danser) ;
– *connaître* une personne (personnellement ou par les médias), un lieu, quelque chose.

Note linguistique : *connaître (méconnaître, reconnaître)* se conjugue comme *paraître (apparaître, disparaître)*, qui sont des verbes utilisés en unité 3.

Tableau complété :

Je *connais* Laetitia Casta !	Nous *connaissons* Alizée.
Tu *connais* Juliette Binoche ?	Vous *connaissez* Gérard Depardieu ?
Il *connaît* le président de la République	Ils *connaissent* le Premier ministre.
On *connaît* Flore, la cousine de Thomas !	

Prolongement

→ *Civilisation.*

→ *Compréhension écrite autonome.*

Puisque le sens du verbe *connaître* s'y prête, on peut s'arrêter sur les « personnages célèbres français » et demander/donner ou encore faire chercher des informations sur : Juliette Binoche, Gérard Depardieu, Alizée, le président de la République, Laetitia Casta.
Si l'on ne veut pas perdre trop de temps, on renvoie simplement les élèves à l'index de *Civilisation* ; on peut aussi leur faire consulter les sites suivants :
http://www.actricesdefrance.org
http://www.ecrannoir.fr
http://gdepar.online.fr
http://missioncleopatre.com
http://www.elysee.fr/pres/index.html

Et vous, quels personnages français est-ce que vous connaissez ?

→ *Réemploi à l'oral*

À partir de cela, on peut réactiver la conjugaison en demandant des informations sur d'autres personnages français. Ils peuvent être connus internationalement, comme Zidane, ou localement, parce qu'ils sont spécialement appréciés dans le pays des élèves. Parmi les personnages célèbres français ou francophones dont on a parlé jusqu'alors, on peut citer : *Victor Hugo, Jacques Prévert, le capitaine Haddock* (belge), *Astérix et Obélix* (gaulois)...
Mais dans beaucoup de pays, on connaît aussi : *Catherine Deneuve, Brigitte Bardot, Isabelle Adjani*... et *Jacques Chirac* !

Cahier d'exercices

Exercice 1 (à faire à la maison).

2 • Futur proche ou passé récent ?

a. Rappel : réfléchis et complète.

→ *Réflexion sur la langue, conceptualisation*

En unité 4 du niveau 1, les apprenants ont manipulé le futur proche et observé le passé récent. Il s'agit ici de leur rappeler la règle et de leur faire intégrer l'emploi du passé récent.

On rappellera aux apprenants hispanophones et anglophones que le futur proche, en français, se construit **sans** la préposition *à*.

Complète la lettre de Flore à ses amies de Suisse en utilisant *venir de* ou *aller*.

➜ *Réemploi à l'écrit.*

Pour faire l'exercice intelligemment, il faut non seulement utiliser *venir de* et *aller*, mais aussi se rappeler le contexte : Flore, la cousine de Thomas, vient d'arriver à Paris en milieu d'année scolaire, peu avant les fêtes. C'est ce que nous apprennent la date de la lettre ainsi que la question de Karim : « *Tu viens pour les fêtes ?* » On rappellera aux élèves ce qu'on sait de Flore avant de commencer l'exercice, et l'on commentera la date, ainsi que ce « *Tu viens pour les fêtes ?* » qu'on avait vu globalement lors de la *Compréhension*.

L'enseignant peut demander : « *Quelles fêtes il y a en France en décembre ?* », et parler ensuite brièvement de Noël.

Correction :
Paris, le 1er décembre 2004
Chères Nina et Clémence
Je *viens d*'arriver à Paris, et je connais déjà des garçons ! Mon cousin Thomas *vient de* me présenter des copains. Cet après-midi, Thomas et moi, nous *allons* jouer à la ludothèque du centre 13e Jeunes, c'est très sympa. Lundi, je *vais* aller au collège Jacques-Prévert. Vous connaissez Jacques Prévert ? C'est un poète !
Mille bises
Flore

Prolongement

Travail sur le type de texte : une lettre familière

On remarquera que les informations données par la date et les entrées en matière nous servent : on sait à qui Flore parle, quand, et quel est le degré de proximité (« *mille bises* »). On pourra s'arrêter plus longuement sur cela et expliquer, par exemple, que *cordialement* est une façon plus lointaine de dire *au revoir*.

Et toi, qu'est-ce que tu viens de faire ? Qu'est-ce que tu viens d'apprendre ?

➜ *Réemploi à l'oral.*

On posera cette question à différents élèves, car si tous viennent de faire l'exercice, certains diront qu'ils viennent d'apprendre « *futur proche/passé récent* », d'autres le mot « *déjà* » ou « *ludothèque* » (vu en passif en niveau 1), d'autres la conjugaison de « *connaître* », etc.

Cahier d'exercices

Exercice 2 (à faire à la maison).
Exercice 3 (à faire en cours).

---

p. 16
Grammaire

Les pronoms personnels compléments (COD)

a. Réfléchis.

➜ *Conceptualisation.*

À partir des deux situations, il s'agit de faire réfléchir sur le sens des pronoms personnels compléments : à la place de quoi ? pourquoi ?
Certains malins pourront repérer que, pour *me* et *te*, c'est la même chose que dans les verbes pronominaux (*je m'appelle, tu t'appelles...*).

b. Complète maintenant le tableau.

Tableau complété :

me,   m'
te,   t'
le,   l'
la,   l'

Pourquoi il y a l'apostrophe ?

On reprendra ce qu'on sait déjà de l'apostrophe : *de, me, le, la, je, te…* donnent *d', m', l', j', t'* devant voyelle ou *h* (on ne parlera pas du *h* aspiré de « *haricot* »).
On remarquera que cette règle, déjà connue pour les articles et les pronoms, s'applique aux pronoms COD.

c. De qui on parle ? Complète avec un pronom COD.

➜ *Réemploi à l'écrit.*

On a ici deux situations, correspondant à « *parler de quelqu'un* » : commentaires sur une personne, comme ceux qu'on a vus en situation 3 de la partie *Compréhension*, qu'on a répétés ensuite. On reste dans le cadre des personnages du livre, afin de profiter du sens donné par le contexte. Faire faire individuellement et corriger collectivement.

Correction :
Manon : Tu connais la cousine de Thomas ?
Leïla : Flore ? Oui, je *la* connais.
Manon : Tu *l'*aimes bien ?
Leïla : Oui, elle est sympa, mais je *la* trouve un peu snob.
Lou : Tu connais Marco ?
Karim : Le clown ? Oui, je *le* connais, c'est le frère de Manon ! Il est sympa, je *l'*aime bien.

Cahier d'exercices

Exercice 4 (à faire en cours).
Exercice 5 (à faire à la maison).

Les nombres et les distances

Centaines et milliers

Lis et cherche les villes sur la carte de la France.

➜ *Observation, civilisation.*

Les nombres (centaines et milliers) étant écrits en toutes lettres, certains élèves auront peut-être le courage de les lire à haute voix. Si ce n'est pas le cas, peu importe.
On s'arrêtera d'abord sur le travail à partir de la carte de France, où on ne trouve pas Madrid !
Les distances sur la carte se comptent en centimètres : l'idée est que les élèves, à partir des données fournies (Bruxelles-Paris : 350 km), aient une notion de l'échelle de la carte à leur disposition et puissent retrouver des distances approximatives à partir de celles-ci.

C'est l'occasion de travailler les mesures comme *mètres, centimètres, kilomètres,* et de revoir les expressions : *loin, près, tout près de…*

Lorsque le travail de répétition aura été fait, on reprendra la carte pour un travail plus approfondi sur les distances.

🎧 Écoute et répète.

➜ *Mémorisation des nombres. Phonétique.*

Il s'agit ici, non seulement de travailler et faire assimiler la diction de centaines et des milliers, mais aussi de mettre l'accent sur deux autres problèmes phonétiques :
– le /R/ : *Orléans, Bruxelles, Madrid* (faire remarquer à l'écoute seulement) ;
– la liaison *c'est‿à*.
Faire répéter les phrases.

- Orléans, c'est près, c'est_à 120 kilomètres de Paris.
- Bruxelles, c'est_à 350 kilomètres de Paris.
- Genève, c'est loin ! C'est_à 540 kilomètres de Paris.
- Madrid, c'est plus loin ! C'est_à 1250 km de Paris.
- 100, 200, 300, 400, 500, 600, 700, 800, 900, 1000 et 1200 : ça fait beaucoup de kilomètres !

Prolongement

→ *Civilisation et géographie.*

→ *Réemploi des distances et des nombres à l'oral.*

Une fois repérées et répétées les distances entre Paris et ces villes, on peut demander aux élèves de trouver d'autres villes à une distance semblable : Reims (150 km) et Orléans ; Paris-Dijon comme Paris-Bruxelles ; Paris-Genève et Paris-Lyon.

On pourra aussi « délocaliser » et chercher ensuite des villes qui se trouvent à près de 120 km de Lyon (Grenoble) ou de Marseille (Montpellier).

Et ta ville, elle est à combien de kilomètres de Paris ?

→ *Réemploi.*

Ici, une nouvelle difficulté apparaît : vraisemblablement, les distances dépassent les 1 200 km. Par conséquent, les apprenants devront faire preuve d'inventivité et de réflexion pour comprende la formation des milliers. Ils pourront le faire à partir des centaines et dire par exemple :

« *Athènes, c'est à…* » ; « *Montréal, c'est à 5 987 km de Paris.* »

L'enseignant guidera cette construction et corrigera le cas échéant.

Comme les élèves habitent sûrement dans la même ville, on peut continuer le travail en leur demandant de parler de la distance entre leur ville natale et leur ville actuelle, puis, la distance entre leur ville natale et Paris.

Expression orale

Et toi, tu as des cousins, des cousines ? …

→ *Reprise de l'ensemble des éléments de la leçon en expression orale.*

Par deux, les apprenants se parleront d'un cousin ou d'une cousine. S'ils n'ont pas de cousin, ils parleront du voisin / de la voisine (avec qui ils ne travaillent pas).

Ils reprendront la description physique et psychologique (*brun, blond, timide*, etc.), puis citeront la ville /la rue où les cousins habitent et indiqueront une distance (de cette ville à la ville de l'élève, et s'ils sont dans la même ville, de la maison du cousin au collège : *1 km, 250 mètres*, etc.).

Rébus

Ce rébus prépare les leçons suivantes sur les fêtes de fin d'année et les cadeaux qu'on y reçoit.

Note culturelle : en France, et en particulier chez les jeunes, on a tendance à utiliser les lettres de l'alphabet non pas en tant que simples phonèmes, mais pour le son produit quand on les épelle. Ainsi, la lettre « k » n'est plus /k/ mais /ka/, la lettre « n » n'est plus /n/ mais /ɛn/, etc.

Parmi les mots les plus courants : kdo, pour *cadeau* ; HT, pour *acheter* ; NRJ, la célèbre station de radio, pour *énergie* ; je t'M, pour *je t'aime*, etc.

Les apprenants savent encore trop peu de français pour s'amuser à trouver d'autres façons d'écrire les mots, mais il est bon qu'ils connaissent les plus courants et revoient ainsi leur alphabet !

Cahier d'exercices

Rappel du vocabulaire et des structures du niveau 1 :
Exercices 7 et 8 (à faire à la maison).

LEÇON 2

Ah, les fêtes !

→ **Tu situes les pays dans le monde. Tu parles de ta famille et des fêtes.**

➤ *Livre de l'élève : p. 17 à 19*
➤ *Cahier d'exercices : p. 10 – 11*

Communication	Phonétique	Grammaire	Vocabulaire
• Situer les villes, les pays dans le monde • Parler de sa famille et des fêtes	• **Rappel** : la liaison – au pluriel : /z/ – avec *c'est* : /t/ – et avec mots se terminant par -n : /n/	• **Pronoms COD :** *le, la, les* (remplaçant des personnes et des choses) • **Prépositions de lieu + villes, pays et régions** • **Conjugaison :** *prendre, reprendre, apprendre*	• **La famille :** Grands-parents, grand-père/ grand-mère, maman, mamy oncle/ tante, papa, papy, petits-enfants, petit-fils/petite-fille • **Les transports** Avion Bateau Bus/autobus Taxi, Train Vélo Voiture • **Noms de pays et continents :** Brésil, Japon, Maroc... • **Divers :** Apprendre Cheval Comprendre Maison Prendre Reprendre Rester Surprise • **Expressions :** Bien sûr Comment on fait pour aller... ? Et puis Pour quoi faire ? Tiens !

VOCABULAIRE PASSIF

Mots

• **Continents**
L'Amérique
L'Asie
L'Europe
L'Afrique
L'Océanie
• **Divers :**
Chocolat
Fêtes de famille
Maison de campagne
Mauve
Moyens de transport
Noël, Nouvel An
Pays
Rollers

Expressions

Ben !
On part

Civilisation : les Antilles françaises et francophones, la Bretagne, la Normandie.

p. 17
Compréhension

Pour cette leçon, on remarquera que le dessin ne permet pas de deviner le sujet de la conversation : c'est une situation de la conversation habituelle, où les personnages peuvent dire tout et n'importe quoi, ou presque. Le dessin permet seulement de voir qui parle, et quelle atmosphère il y a entre les gens.
C'est donc le contexte – et seulement celui-ci – qui pourra lancer les apprenants sur la piste de la compréhension (de quoi on parle).
Le contexte est donné par :
– la date approximative/l'époque de l'année : que l'on voit dans cette leçon grâce à la présence de guirlandes dans la rue de Tolbiac ;
– le titre de la leçon : « *Ah, les fêtes !* » ;
– les origines des personnages : Lou et les Antilles ; Karim et le Maroc (information implicite : c'est le frère de Leïla, dont on sait qu'elle est d'origine marocaine) ; Flore et la Suisse…

Avant écoute, livre fermé

On réfléchira sur le titre « *Ah, les fêtes !* ». De quelles fêtes s'agit-il ? On rappellera, que dans l'histoire développée dans cette unité, on est au mois de décembre (cf. la lettre de Flore à ses amies de Genève), et on évoquera brièvement *Noël*. On s'arrêtera sur le fait qu'on parle des *fêtes* au pluriel et on cherchera l'autre fête : le *réveillon du Nouvel An*. On demandera aux élèves si ces deux fêtes correspondent aux leurs, si on fête la nouvelle année chez eux, etc. On pourra aussi évoquer le fait que Noël représente avant tout une *fête familiale*, qui peut être l'occasion d'un retour dans la ville ou le village natal, pour voir les *grands-parents*. On pourra demander aux élèves où habitent leurs grands-parents, à quelle fête ils se retrouvent avec la famille, etc.

🎧 a. Écoute.

→ *Compréhension orale globale, sans transcription ni indices visuels.*

Écoute de la situation 1, livre fermé

L'enseignant posera les questions suivantes pour guider les élèves dans l'écoute :
« *Qui parle ?* »
« *Est-ce qu'on parle des fêtes ?* »
« *De quoi on parle ?* »
Les apprenants retrouveront facilement qu'il s'agit de la situation déjà connue de la rencontre et de la présentation (un nouveau personnage apparaît : Lou), et qu'on entend des noms de pays, dont la France.

Confirmation d'hypothèses, livre ouvert

À partir de la mise en commun des découvertes, on fera ouvrir le livre et regarder les dessins : découverte de Lou l'Antillaise.

On suivra le conseil de Lou et on ira voir où se trouvent les Antilles. On pourra lire ou faire lire les informations de l'index p. 78 sur les Antilles. On évoquera les deux îles principales : la Guadeloupe et la Martinique, à la fois françaises (politiquement et administrativement parlant) et américaines (d'un point de vue géographique).

On pourra commenter le manque de « culture » de Bastien, le redoublant, et les points de vue de Karim et de Lou.

Réécoute de la situation 1, puis écoute de la situation 2 (livre ouvert)

On ne donnera pas de consignes préalables pour cette deuxième situation.
Simplement, à la fin, on demandera : « *De quoi on parle ?* » (Des fêtes dans la famille de Lou.)
Et on pourra reprendre autrement la question de **b. Réponds** :
« *Qu'est-ce qu'elle fait, Lou, pour les fêtes ?* » (Elle fait la fête à Paris avec toute la famille ; elle danse, elle mange, elle a des cadeaux.)

Mise en commun et préalable à l'écoute de la situation 3

On entendra toutes les réponses à ces questions sans prendre parti, puis on regardera attentivement les deux dessins du livre.
« *Est-ce qu'il y a des indices permettant de voir que c'est bientôt les fêtes ?* » (Guirlandes, sapin, etc.)
Ces indices ne sont peut-être pas lisibles par certains apprenants de cultures très différentes. On expliquera alors brièvement que peu avant les fêtes on décore les rues avec des guirlandes.
« *Quels personnages on voit dans le dessin 2 ? À votre avis, de quoi ils vont parler ?* »

Écoute de la situation 3, livre fermé

On retrouve Karim et Flore, qui parlent bien évidemment des fêtes. Grâce au contexte et au dessin, cela aura pu être deviné avant même l'écoute de la cassette.

On demandera ensuite simplement : « *Qu'est-ce que fait Flore pour les fêtes ?* », et on écrira les réponses données au tableau.

On ouvrira le livre et on passera ensuite à l'exercice **b**.

🎧 b. Réponds.

Avec ou sans réécoute des trois situations. Les élèves doivent cocher à la vitesse donnée par le support audio. Ils écouteront la correction tout de suite après.

Correction de la compréhension globale et compréhension détaillée :

🎧 c. Écoute la bonne réponse (sur support audio seulement).

Transcription :
- La Martinique, c'est en France et en Amérique.
- Pour aller aux Antilles, on prend l'avion.
- Pour les fêtes, Lou reste à Paris.
- Honfleur est en Normandie.

Après cette correction, on reprendra en détail certains éléments :
– le sens du mot *avion*, s'il n'a pas été deviné globalement avant : reprendre les distances vues en leçon 1 : « *De Paris à Genève, il y a 320 km ; pour aller à Genève, on prend **la voiture** (mimer la conduite) ou **le train**.* » Puis rajouter : « *De Paris à la Martinique, il y a 5 600 km ; pour aller à la Martinique, on prend **l'avion*** » (mimer le vol de l'avion).
– *Normandie* et *Bretagne* et autres régions de France. On ira encore voir la carte de France pour situer la Bretagne, la Normandie et la ville de Honfleur.

Prolongement

➜ Civilisation. Compréhension écrite.

– Autres régions, points cardinaux : chaque élève ou paire d'élèves cherchera une autre région et simplement la lira/dira. On pourra rajouter, si on le désire, un travail sur les points cardinaux : *au sud de, au nord de, à l'est de, à gauche de...* (on verra cela dans l'unité 4).
– On fera lire les informations sur Honfleur et sur les deux régions contenues dans l'index. On comparera avec des régions du pays d'origine.

🎧 c. Répète.

➜ Phonétique : travail sur l'intonation et la liaison.

On insistera ici non seulement sur le ton, mais aussi sur les liaisons : avec c'est au pluriel (*les_Antilles, aux_Antilles*), avec en (*en_Amérique*).

Si le son /z/ pose encore problème, on rappellera le bruit de l'abeille /zz/, le mot *zoo*, et les virelangues du niveau 1 : « *Qui c'est ? C'est Zoé sous les eaux ! C'est Zorro dans le zoo, dans le seau ? Non, dans le zoo !* »

Transcription :
Bastien : Où c'est, les_Antilles ?
Lou (*marquant l'évidence, choquée de si peu de connaissances*) : Ben, c'est_en France !
Karim (*connaisseur*) : Non, c'est en_Amérique !
Lou (*sachant ce qu'elle dit, cherchant à expliquer*) : Euh, c'est_en France et en_Amérique, regarde sur la carte !
Comment est-ce qu'on fait pour aller aux_Antilles ?

p. 18
Mots et expressions

1. La famille

➜ Rappel et enrichissement lexical.

Les mots *père, mère, fils, fille, frère, sœur* ont été vus au niveau 1 et revus lors de la leçon précédente, lorsqu'on a appris *cousin/cousine*. On aborde maintenant la famille sous un angle moins restreint et l'on apprend les « petits mots » par lesquels les enfants nomment les membres de leur famille.

Note culturelle : habituellement, les enfants appellent leurs parents *papa* et *maman*, et leurs grands-parents *papy* et *mamy* (parfois écrits *papi* et *mamie*).

Pour les grands-parents, on peut trouver des variantes comme *mémère*, *mémé* et *pépé*, qui étaient les noms courants il y a deux générations. Ces deux appellations sont devenues quelque peu péjoratives : une *mémère* semble tout de suite moins moderne qu'une *mamy*, tout comme le *pépé*. Les *pépés* et les *mémés* appartiennent plutôt à la génération des *arrière-grands-parents* qu'à celle des *grands-parents*. On les verra facilement dans les maisons de retraite, et on pourra entendre parler de *mémé-chat* (la vieille dame qui vit seule avec ses trois, quatre, ou dix-sept chats) ou de *pépé-gâteau* (le vieux monsieur si gentil qui offre des petits gâteaux secs à tous les enfants, et qui est un peu gâteux).

Pour les oncles et les tantes, on perd peu à peu l'habitude d'appeler les oncles *oncle Paul* ou, plus familier, *tonton Paul*, et les tantes *tante Germaine* ou *tata Germaine* (ou *tantine*, dans le sud de la France), pour les appeler simplement par leur prénom.

a. Regarde l'arbre généalogique de Marco.

→ *Réemploi à l'oral.*

Correction :
• Qui est le cousin de Marco ? *C'est Samuel.* Qui est sa tante ? *C'est Sarah.*
• Papy et Mamy sont les parents de *Maman* (dont on ne sait pas le prénom) et *Paul.*
• Mamy est la grand-mère de *Marco, Manon, Samuel, Lise.*

b. Et toi, tu as des oncles et des tantes ? une grand-mère ? un grand-père ?

→ *Expression orale.*

L'enseignant pourra demander au hasard à quelques élèves, ou au contraire transformer cette activité en véritable moment d'échanges. Tous les élèves, par paires, se parleront de leur famille (oncles, tantes, grands-parents). On aura des phrases comme : « *J'ai deux oncles et une tante* », « *J'ai deux grands-mères et un grand-père* » « *Je n'ai pas de grand-père, pas d'oncle* », etc.

On pourra aussi demander à l'élève de dire à la classe ce que lui a expliqué son voisin/sa voisine : « *Il a/elle a 4 grands-parents, 6 oncles, 7 tantes* », etc.

Cahier d'exercices

Exercice 6 (à faire à la maison).

2. Les transports

🎧 Écoute et souligne les moyens de transport.

→ *Repérage son-graphie. Enrichissement du vocabulaire.*

On soulignera les mots du dialogue : *voiture, train, métro* (vu en niveau 1), *bus*, puis on récrira ces noms sous les dessins correspondants.

On rappellera un autre moyen de transport vu au niveau 1 : *à pied* ; et on pensera à celui que semble parfois utiliser Flore : *à cheval.*

On systématisera avec les élèves les expressions avec préposition :
*aller place d'Italie à pied, à cheval, **en** voiture, **en** train, **en** bus, **en** métro, **en** avion, **en** bateau, **en** vélo... et **en** rollers !*

Et c'est naturellement que l'on arrivera au verbe *prendre.*

Cahier d'exercices

Exercice 7 (à faire à la maison).

Conjugaison

« Prendre », « reprendre », « apprendre », « comprendre »

a. Complète.

→ *Observation, conceptualisation.*

Correction du tableau :
Je prends le train.
Tu prends le bus.
Il/elle prend l'avion.
On prend un taxi ?
Nous prenons le train.
Vous prenez le bus.
Ils/elles prennent le métro.

🎧 b. Écoute la conjugaison.

→ *Grammaire à l'oral.*

Les apprenants ont bien souvent du mal à différencier les prononciations des verbes en « -en » comme *prendre*. Comment prononcer « *prend* », pourquoi la terminaison « -end » donne-t-elle un autre son que la terminaison de verbes en « -ent » (qui ne se prononce pas !) ? Voilà le type de question que se posent, explicitement ou pas, de nombreux élèves. En faisant écouter et remarquer que l'on a affaire, pour la même graphie « -en », à trois sons différents, on aide les élèves à différencier et mémoriser.

Sur support audio seulement :
• On entend le son / ɑ̃ / dans :
Je prends, tu prends, il prend, on prend.
• On entend le son / ə / dans :
Nous prenons, vous prenez...
• On entend le son / ɛ / dans :
Ils prennent, elles prennent...

Avant de passer à l'activité **c.**, on peut faire relire la conjugaison en tenant compte de ces particularités phonétiques. On peut comparer *ils prennent* à *ils viennent*.

c. Conjugue maintenant le verbe *apprendre*.

→ *Manipulation grammaticale à l'oral.*

On peut réaliser cette activité de différentes manières :
– comme une simple conjugaison à dire rapidement : chaque élève dit une personne, puis passe à son voisin (élève 1 : *j'apprends* ; élève 2 : *tu apprends*, etc.) ;
– comme une manipulation de sens et de forme à la fois. On conjugue en « disant » quelque chose :
« *J'apprends, mais quoi ?* ». Élève 1 : *j'apprends le français* ; élève 2 : *tu apprends les maths* ; élève 3 :
il apprend le piano (parlant d'un autre élève qui apprend effectivement le piano). Si l'enseignant n'est pas au courant, il peut insister et demander : « *C'est vrai, il apprend le piano ? C'est vrai, tu apprends le piano ?* », etc.
Selon les facilités à manipuler cette conjugaison, on pourra prendre l'une ou l'autre forme, ou les deux formes successivement. Nous conseillons vivement de faire de même avec *reprendre* et *comprendre* :
– pour *reprendre*, l'enseignant peut expliquer : *reprendre un exercice, reprendre du gâteau.*
– pour *comprendre* : on cherchera d'abord avec les élèves ce qu'on peut *comprendre* (pas seulement une langue ou un exercice, mais aussi un tableau compliqué, une publicité mystérieuse, etc.) ;
– on peut aussi s'arrêter sur les multiples emplois de *prendre* : depuis *prendre le bus* jusqu'à *prendre un Coca...*

d. Et toi, comment tu fais pour aller au collège ?

→ *Expression orale.*

En spontané, différents élèves sollicités pourront dire :
« *Je vais à pied, je vais au collège en vélo, je vais en métro, en bus, en voiture...* »
Si on a le temps et si l'enseignant le désire, on pourra faire ensuite un sondage. L'enseignant ou un élève sollicité écrira les différentes possibilités au tableau, puis demandera : « *Qui va au collège en vélo ? Levez le bras !* » On comptera les points et ou écrira dans la colonne correspondante.

À la fin du sondage, on en fera la synthèse avec des phrases du type :
« *Il y a 12 élèves qui prennent le bus, 2 élèves qui viennent en vélo, 1 élève qui prend le taxi* », etc.

Cahier d'exercices

Exercices 1 et 2 (à faire à la maison).

---

p. 19
Grammaire

1. Pronoms personnels COD

a. Lis ce dialogue.

➜ *Compréhension écrite.*

 La situation proposée est une situation typique de Noël : la petite-fille et la grand-mère enveloppent les cadeaux de Noël. Avant même de travailler la grammaire, s'arrêter sur le sens. On pourra :
– faire dessiner la situation ;
– faire retrouver et dessiner les cadeaux : *une robe mauve, un stylo Monbleu* (genre stylo Montblanc, mais bleu), *une boîte surprise* (le cadeau de Flore), *une boîte de chocolats* ;
– faire imaginer le cadeau surprise que reçoit Flore : « *Qu'est-ce que c'est ?* »

Prolongement : dramatisation

Faire lire, puis jouer la situation.

b. Regarde les pronoms soulignés.

➜ *Conceptualisation.*

Correction :
• **Les** est à la place de « Papa et maman » et de « *les chocolats* ».
• **La** est à la place de « la robe mauve », **le** est à la place du « *stylo Montbleu* ».
• **Le, la, les, l'** peuvent remplacer des *personnes* et des choses.

Dans certaines langues, les pronoms personnels compléments sont différents selon qu'ils remplacent des personnes ou des choses. On comparera donc avec la langue maternelle à partir de cet exemple.

c. Les cadeaux de la mamy de Marco.

➜ *Réemploi.*

Correction :
• Cette chemise, je *la* donne à mon fils.
• Ces baskets, je *les* donne à Marco.
• Ce chapeau, je *l'*adore ! Je *le* prends !

Cahier d'exercices

Exercices 3 et 4 (à faire en cours).

---

2. Villes, pays et régions

➜ *Conceptualisation.*

Après le **rappel** sur l'emploi de **à** devant les noms de ville ou de village, on observera le tableau, qui reprend des noms de pays et expressions vus au niveau 1 et lors de leçons précédentes.
Les apprenants se mettront par deux ou quatre, et chercheront la réponse à ces questions :

Quand est-ce qu'on emploie *au* ? Et *en* ? Et *aux* ?

Dans un premier temps, on aura sans doute les réponses suivantes :
– on emploie *au* devant un nom masculin ;
– on emploie *en* devant un nom féminin ;
– on emploie *aux* devant un nom pluriel.

Cela est vrai, mais incomplet. Il faudra alors demander aux élèves de réfléchir de nouveau sur *en*, en partant de l'exemple de l'Afghanistan, qui est un nom de pays masculin.
On remarque alors que la règle fonctionne ainsi :
– quand l'article correspondant est *le*, on a *au* ;
– quand l'article correspondant est *la* ou *l'*, on a *en* ;
– quand l'article correspondant est *les*, on a *aux*.

NB : on ne traite pas ici le cas particulier des îles/pays sans articles, comme Cuba ou Haïti.

Après avoir vu le fonctionnement de *au*, *en*, *aux*, on s'arrêtera un moment sur les verbes qui accompagnent les noms de pays et les prépositions avec lesquelles ils sont construits.

Cela permet de répondre à la question :

Quand est-ce qu'on emploie *du* ?

Correction :
Avec « venir de » et « arriver de ».

b. Les correspondants.
Leïla a 10 correspondants de 10 pays différents.
➜ *Réemploi à l'oral.*
➜ *Interdisciplinaire : géographie.*

On développe ici le décloisonnement des connaissances : le français n'est pas seulement une matière en soi, c'est un outil à travers lequel on découvre le monde.
À faire en groupes de trois ou quatre, puis mise en commun.

Relie les timbres et les noms de pays et classe les correspondants par continent.

L'Amérique du Nord	L'Amérique du Sud	L'Asie
L'Europe	L'Afrique	L'Océanie	L'Antarctique

Elle a combien de correspondants par continent ? Dans quels pays ils habitent ?

Elle a deux correspondants en Afrique : un au Maroc un en Égypte ; un correspondant en Amérique du Nord, aux États-Unis ; deux correspondants en Amérique du Sud : au Venezuela, en Argentine ; un correspondant en Asie, au Japon ; trois correspondants en Europe : Pologne, Russie, Danemark ; un correspondant en Océanie : Australie.

Prolongement
➜ *Civilisation.*

Regarder sur la carte de la francophonie quels sont les pays francophones cités. Lire les informations dans l'index ou dans une encyclopédie.
Faire faire des fiches par pays :

Superficie : …	Capitale : …	Monnaie : …
Nombre d'habitants : …	Langues parlées : …	

Cahier d'exercices

Exercice 5 (à faire à la maison).

Expression écrite

➜ *Réemploi à l'écrit.*
➜ *Travail sur les types de texte : la lettre.*
Écris à ta grand-mère pour lui présenter ton correspondant.

On demandera aux élèves, soit de parler d'un correspondant réel (s'il n'est pas français), soit d'imaginer un correspondant « exotique » (qui ne soit pas le correspondant anglais ou français). Dans cette lettre imaginaire, les élèves devront préciser :
– dans quel continent, dans quel pays, dans quelle ville il habite ;
– son prénom, son âge, sa taille, sa couleur de cheveux, ses goûts.

Ils devront aussi apprendre à rédiger une lettre à une personne adulte familière :
– En haut à droite : le lieu et la date : « *Paris, le...* ».
– À gauche : « *Chère mamy* », « *Chère grand-mère* », « *Mamy chérie* ».
– Entrée en matière possible :
« *Comment ça va ? Je t'écris pour te présenter/parler de mon nouveau correspondant. Il s'appelle..., il habite (pays)..., à (ville).* » Etc.
– Formule de fin : « *Je t'embrasse bien fort* », « *Mille bises* », « *Gros bisous* ».

LEÇON 3

L'atelier-net

→ **Tu manges et tu bois en français, tu parles des repas de fêtes.**

➤ *Livre de l'élève : p. 20 à 22*
➤ *Cahier d'exercices : p. 12-13*

Communication	Phonétique	Grammaire	Vocabulaire
• Donner et demander des informations sur les traditions culinaires • Lire de petits messages électroniques (méls, chats)	• /R/	• **Partitifs** (1) • **La négation :** *ne... pas* *ne... pas de* *ne... rien* • **Conjugaison :** *manger, boire*	• **La nourriture/ les boissons :** Beurre Boire Bol Bouteille Café Champagne Chocolat Coca Eau Farine Fruit Gâteau(x) Goûter Gourmand Lait Miel Œuf Pain Petit déjeuner Poisson Purée Soupe Sucre Tablette de chocolat Tartine Thé Viande • **Outils grammaticaux :** Quelque chose Rien/rien du tout Toujours Très • **Expressions :** Enfin Tout le monde

VOCABULAIRE PASSIF

Mots

Acrobatie	Même
Amandes en poudre	Message
Atelier-net	Purée de marrons
Bûche de Noël	Surgelés
Cantine	Traditionnel
Centre associatif	
Couscous	
Crêpes	
Dinde	
Fan de...	
Harira	

Expressions

Allô
Au dernier moment
Berk !
Il faut
Inscrivez-vous
Je réfléchis
S'il y a...
Surfer sur Internet
Tant pis !

Civilisation : fêtes de fin d'année et petit déjeuner en France.

Compréhension

a. Lis.

→ *Compréhension écrite.*

On regardera d'abord le document publicitaire pour 13ᵉ J. On demandera aux apprenants, avant même sa lecture, de quel type de document il s'agit : « *C'est une lettre ? C'est un article de journal ? C'est une publicité ?* » À partir de leurs réponses, on leur demandera de lire, puis de répondre aux questions.

b. Réponds aux questions.

Mise en commun à l'oral

Réponses possibles :

• **13ᵉ J, qu'est-ce que c'est ?** C'est « 13 jeunes », c'est un centre pour les jeunes, c'est une association, c'est un centre pour faire des activités...

• **C'est pour qui ?** C'est pour les jeunes.

• **Qu'est-ce qu'on peut faire à 13ᵉ J ?** Du sport, de la danse, de l'acrobatie, de la peinture, surfer sur Internet.

À partir de ces réponses, on pourra demander de deviner le sens de « *Inscrivez-vous !* » et de certaines activités. *Sport, peinture, danse* et *surfer sur Internet* sont apparus, soit en actif (*sport*), soit en passif (*peinture, danse, Internet*), au niveau 1.

On pourra aussi demander de dire l'adresse et l'arrondissement où se trouve le centre (le 13ᵉ !)

On fera attention au « J » de 13ᵉ J : « *J, c'est à la place de quoi ?* » (De jeunes.)

Prolongement

Son-graphie : le son /j/ et la lettre « j ».

« J », c'est à la place de *jeunes*, mais ça pourrait être à la place de *jolie, jambon, gymnastique ? Jamais, jupe, jambe* ? Etc.

Faire chercher tous les mots connus commençant par le son /j/ et les faire écrire ou simplement demander : « *Ça s'écrit avec J ou avec G ?* »

🎧 c. Lis et écoute les messages de l'atelier-net de 13ᵉ J. Devine qui écrit !

→ *Compréhension écrite et orale.*

Lecture simple

Avant d'écouter, et de retrouver les voix des personnages, les apprenants doivent lire les textes et émettre des hypothèses sur les personnages, qui sont les personnages du livre.

Après un bref tour d'horizon, l'enseignant fera écouter le support audio, puis demandera brièvement : « *De quoi on parle ?* » ; il verra alors à quels personnages pensent les apprenants.

Ce sera donc pour vérifier leurs hypothèses que les élèves appréhenderont l'écoute.

Lecture avec écoute

Lors de la mise en commun, on parlera des personnages et on vérifiera les hypothèses de départ. On passera ensuite à l'ensemble des questions, en faisant remarquer de quoi on parle : de *nourriture*, de *repas de fête*.

d. Réponds.

Ici, les apprenants sont capables de répondre, même s'ils ne savent pas encore à quoi correspondent *la soupe, la bûche, la dinde* ou *les marrons...*

Tout en reprenant leurs réponses, on pourra néanmoins les aider à deviner :

• grâce aux mots transparents : *champagne, pizza, crêpes* (et pour certains : *couscous, soupe, harira, miel, farine*) ;

• grâce au contexte :

– on ne comprend pas *bûche*, mais on peut être familiarisé avec Noël, et penser à un gâteau ;

– on ne comprend ni *soupe*, ni *harira*, mais on comprend que Tom n'aime pas ça... L'enseignant peut demander : « *Qu'est-ce qu'on n'aime pas en général ?* » ;

– on ne connaît ni *farine*, ni *beurre*, ni *œufs*, ni *gâteau*, mais on comprend *chocolat*. « *Manon fait un … au chocolat* » : on peut donc comprendre *gâteau* et, par la suite, *farine, beurre, œufs…* ;
– pour les apprenants dont les traditions de Noël sont proches des traditions françaises, il sera aisé de deviner *dinde* et *purée de marrons…*
L'enseignant fera donc bien attention de ne pas « traduire » ou expliquer trop tôt ces différents mots, afin que l'apprenant puisse développer ses stratégies de compréhension.
On n'expliquera qu'après avoir entendu les réponses.

🎧 e. Écoute les réponses (sur support audio seulement).

Transcription :
• Qui écrit ? Tu reconnais les personnages ?
Tom le rocker, c'est Thomas. K le grand, c'est Karim. Fan de cheval, c'est Flore. Clown fan de chocolat, c'est Marco.
• Tom déteste la soupe.
• Chez Fan de cheval, pour les fêtes, on mange de la dinde avec de la purée de marrons, et une bûche de Noël.
• Chez le clown, il y a toujours du chocolat, mais il n'y a pas de champagne et pas de bûche.

Notes culturelles
Un noël traditionnel : Traditionnellement, en France, à Noël, on mange de la dinde ou du chapon avec des marrons ou de la purée de marrons. La bûche de Noël (un gâteau roulé avec de la crème au beurre. et des petits nains et bûcherons en plastique dessus) est le dessert traditionnel ; ces dernières années, la bûche traditionnelle est devenue une glace le plus souvent vanille-chocolat. L'entrée « chic » par excellence est bien sûr le foie gras, ou les huîtres, parfois détrônées ces dernières années par le saumon fumé.

Trois familles parisiennes, trois fêtes différentes : Chez *Fan de cheval*, on assiste à un Noël traditionnel français, alors que *K le grand*, d'origine marocaine, fait allusion à ses fêtes à lui, comme les fêtes de fin de Ramadan, où l'on mange entre autres de la harira, des cornes de gazelles (gâteaux aux amandes) et autres gâteaux… *Marco et Manon* ont des parents moins traditionnels, très citadins et, semble-t-il, très débordés : ils en oublient même les repas de fêtes ! Comme beaucoup de jeunes citadins (les moins de 40 ans), ils utilisent les services qu'offre la ville, c'est-à-dire des services de repas à domicile. À Paris, outre des pizzas, on peut aussi commander un couscous à domicile.

Le couscous est une spécialité nord-africaine à base de semoule de blé, en général, avec de la viande (mouton, poulet, boulettes) et des légumes (courgettes, carottes, pois chiches, etc.). Il y a beaucoup de variantes d'un pays et d'une région à l'autre. C'est aussi devenu en France un plat national, au même titre que *le cassoulet* ou *les lentilles au petit-salé* : il est bien souvent présent dans les menus de cantines scolaires et on le sert dans de nombreux restaurants.

p. 21
Conjugaison

→ *Conceptualisation.*
Les verbes *manger* et *boire* sont bien utiles en temps de fête ! On fera observer le tableau et comparer ces conjugaisons à d'autres :
– *manger* et *danser* : on remarquera que *manger* a les mêmes terminaisons que tous les verbes en « -er », mais présente une particularité à la 1ʳᵉ personne du pluriel : **-eons**. On demandera aux élèves de chercher une explication, et on les aidera en leur donnant d'autres exemples de verbes : *nager* → *nageons* ; de mots : *geai/gai* ;
– *boire* et *vouloir* : on remarquera les changements de radicaux aux 1ʳᵉ et 2ᵉ personnes du pluriel. Dans *boire*, on a un nouveau radical ; dans *vouloir* ; et *pouvoir* ; on retrouve le radical de l'infinitif.

🎧 Complète. Et puis écoute la correction.
→ *Réemploi.*
→ *Interculturel : les petits déjeuners.*

Note culturelle : *le petit déjeuner en France.*
Le café, avec ou sans lait, et les tartines au beurre (avec ou sans confiture) est sans doute la formule de petit déjeuner la plus courante en France, celle qu'on trouve aussi dans les cafés. Le café-croissant

est aussi une formule typique, plus chère, souvent réservée au dimanche. Les Français ont l'habitude de tremper tartines ou croissants dans le café, ce qui apparaît de très mauvais goût dans beaucoup de pays… Néanmoins, mondialisation oblige, les enfants prennent de plus en plus de céréales avec du lait, du chocolat au lait ou des yaourts.

Transcription :
Un journaliste anglais pose des questions à Marco.
Marco : Au petit déjeuner, je *bois* du café au lait et je *mange* des tartines. Le dimanche, à la maison, nous *mangeons* des croissants !
Journaliste : À midi, où est-ce que vous *mangez* ?
Marco : On *mange* à la cantine du collège, ce n'est pas très bon !
Journaliste : Vous *buvez* du thé à 5 heures, comme les Anglais ?
Marco : Non, les Anglais *boivent* du thé, mais nous, nous *buvons* du Coca !
(Sur support audio seulement :)
Journaliste : *Et le soir, vous prenez de la soupe ?*
Marco : *Non, nous préférons les crêpes surgelées ou la pizza.*

Après la correction, y compris de la dictée, on s'arrêtera sur les particularités du petit déjeuner français, telles qu'elles sont décrites ici.
Marco dit qu'il boit (que les Français boivent) du coca à 17 h : ce n'est évidemment pas le cas de tout le monde ! À part pour les enfants qui prennent leur goûter, il n'y a pas véritablement de pause à 17 h, ni de boisson particulière. De même, beaucoup de Français sont tout à fait friands de soupe le soir, même si ce n'est pas le cas de la famille de Marco, dont on a vu qu'elle était très « citadine ».

Et toi, qu'est-ce que tu prends au petit déjeuner ? …

→ *Expression orale, réemploi.*

Afin de compléter ce travail de civilisation, on commentera entre élèves (par deux) ce qu'on prend au petit déjeuner. Pour aider les élèves, et avec eux, l'enseignant pourra écrire au tableau la série des boissons du petit déjeuner et les aliments les plus courants dans le pays. Il pourra préparer le travail sur les partitifs en plaçant devant le mot l'article partitif correspondant :

– *du lait*	– *du pain*
– *du chocolat au lait*	– *des tartines*
– *du thé*	– *des croissants*
– *du café*	– *des céréales*
– *des toasts/des tartines grillées*	

Cahier d'exercices

Exercices 1 et 2 (à faire à la maison).

Mots et expressions

La nourriture

→ *Reprise et enrichissement de vocabulaire.*

Certains des mots du tableau sont déjà connus, et quelques-uns viennent d'être employés pour parler du petit déjeuner. Pour les autres, les dessins permettront d'en comprendre le sens. On passera donc directement au « rangement ».

Range les aliments… Qu'est-ce qu'il y a dans le frigo ?

On rappellera ici les mots *placard* et *frigo* vus au niveau 1, et on rangera, en faisant des phrases du type : « *Dans le frigo, il y a du champagne.* » On donnera l'exemple oralement et on demandera aux élèves de chercher par deux. Lors de la correction collective, chaque élève citera un aliment. Lorsque tous les aliments pouvant aller au frigo seront « *au frigo* », on demandera : « *Et qu'est-ce qu'il y a dans le placard ?* ».

Frigo	Placard	Autres
du lait	de la farine	*des fruits*
des œufs	du chocolat	*de l'eau*
du beurre	du sucre	
des fruits	des gâteaux	
du poisson	du café	
de la viande	du miel	
de la dinde	du thé	
des crêpes		
des surgelés		
du coca		
du champagne		
de l'eau		

(*Les mots en italiques peuvent se trouver hors du frigo.*)

Et choisis trois choses à manger.

➜ *Expression orale.*

On demandera ici à quelques apprenants de choisir trois choses et, implicitement, de reprendre le partitif : « *Je mange du chocolat...* »

Dis deux choses que tu adores, deux choses que tu détestes.

On demandera à d'autres apprenants de donner leurs goûts alimentaires et, lorsque plusieurs personnes auront parlé, on fera remarquer que là, on emploie les articles habituels : « *J'adore les tartines, je déteste le poisson...* »

p. 22
Grammaire

1. Les articles partitifs

➜ *Réflexion sur la langue.*

Quand est-ce qu'on emploie les partitifs ? Qu'est-ce qu'on fait dans ta langue ?

À partir du tableau et des dessins, les apprenants peuvent arriver à la conclusion suivante :
– soit on donne une quantité définie (*une bouteille de..., un bol de...*) ;
– soit on utilise les partitifs.

On verra ensuite la différence entre partitifs et articles définis ou indéfinis, en se servant de l'exemple de la dinde.
On pourra poser des questions du type : « *Regarde la dinde. Tu manges la dinde ? entière ?* »
Ainsi, « *manger la dinde* » ou « *manger une dinde* » signifie manger **le tout** ; mais « *manger de la dinde* » veut dire manger **une partie**... « *Partitif* », c'est le nom de ces articles.

Il est utile, dans ce cas, de comparer avec la langue maternelle, car dans beaucoup de langues, à la place des articles partitifs, il n'y a absolument rien, aucun article.
Par exemple, en espagnol, portugais, italien : *Como fruta, mangio spaghetti* ; en anglais : *I eat cakes, I drink water.*
Il faudra donc insister sur le fait qu'en français les articles sont indispensables à la bonne compréhension de la phrase, et bien travailler cela. Rappeler que seul Tarzan enlève les articles partitifs (et autres)... (Voir l'activité « Prolongement ».)

Une fois cette comparaison faite, on essaiera de voir quel partitif correspond à quel article défini. On se servira pour cela des phrases proposées par les élèves lorsqu'ils parlaient de leurs goûts :

– le chocolat	– du chocolat	masculin singulier
– la dinde	– de la dinde	féminin
– l'eau	– de l'eau	féminin ou masculin singulier, devant voyelle ou *h*
– les chips	– des chips	pluriel

Retrouver la formation de ces articles ne devrait pas être un problème, puisqu'ils se forment de la même façon que les articles contractés, déjà connus.

On rappellera, pour finir :
– avec les verbes *j'adore, je déteste*, on a des **articles définis** ;
– avec *je mange, je bois, je prends*, on a des **articles partitifs**.

Un journaliste anglais pose des questions à Leïla.

➜ *Réemploi à l'écrit.*

Faire faire individuellement et corriger collectivement.

Correction :
Journaliste : Qu'est-ce que tu prends au petit déjeuner ?
Leïla : Je prends *des* tartines de beurre avec *du* miel, et je bois *du* thé.
Journaliste : Et à 5 heures, pour le goûter, tu bois *du* coca ?
Leïla : Non, je ne bois pas de coca, je bois *de l'*eau.
Journaliste : Et qu'est-ce que tu manges ? *De la* soupe ?
Leïla : Oh non ! Je mange *des* gâteaux aux amandes ! Ou *du* pain avec *du* chocolat.

Prolongement : « Moi Tarzan, toi Jane »

➜ *Réemploi à l'oral.*

Expliquez à vos élèves que vous êtes Tarzan. Vous allez dire ce que vous mangez, et l'un de vos élèves devra « traduire » au reste de la classe, c'est-à-dire introduire les différents articles (partitifs et autres). Si le mot n'est pas transparent dans votre langue, expliquez d'abord « bananes ».

Vous dites : « *Moi … matin, je prends … bananes … et … lait de coco.* »
Vous attendez la traduction (« *Le matin, je prends des bananes et du lait de coco* ») et vous continuez :
« *Midi, je mange … poisson, avec … bananes.* »
« *Au goûter, je mange … bananes et … miel.* »
« *Soir, je mange … viande … avec … bananes et … œufs.* »
Passez l'activité en relais : un élève dit ce qu'il mange au goûter en langage Tarzan, sans partitifs, et un autre « traduit » à toute la classe.

Cahier d'exercices

Exercice 3 (à faire en cours).
Exercice 5 (à faire à la maison). Le professeur pourra donner aux élèves les mots inconnus (*panier, pot, banane, poire*), sans trop insister car ils ne sont pas nécessaires pour l'exercice, ou les faire chercher dans le dictionnaire.
Exercice 8 (à faire à la maison).

2. La négation

➜ *Progression en spirale, conceptualisation.*

Les apprenants connaissent de la négation *ne… pas*, et *ne… pas de*. Puisqu'ils viennent de voir les partitifs, il est bon de leur montrer qu'avec les partitifs, on aura une négation avec *pas… de*, et de rajouter un terme de négation : *rien*.
Au moyen du tableau, on reprendra les éléments connus, puis on travaillera les partitifs à partir de « *Il y a des gâteaux ? – Il n'y a pas de gâteaux* ». On travaillera les questions-réponses suivantes afin de bien faire associer **partitifs** et **pas de**.
« *Il y a du gâteau ?*   – *Il n'y a pas de gâteau.* »
« *Il y a de la dinde ?*   – *Il n'y a pas de dinde.* »
« *Il y a de l'eau ?*   – *Il n'y a pas d'eau.* »

On terminera par l'indéfini *quelque chose*, qui s'oppose à *rien*, et *rien du tout*. Afin de toujours lier la grammaire au sens, on essaiera de se rappeler dans quelle famille « *il n'y a rien, rien du tout !* » (chez Marco et Manon).

➜ *Réemploi à l'oral, mise en contexte.*

On pourra aussi reprendre tout ce qu'on sait des fêtes des personnages pour retravailler la négation. On posera des questions du type : « *Chez Karim, il y a de la dinde ?* », « *Chez Flore, il y a de la soupe ?* », etc.

Le gâteau de Manon

➜ *Réemploi à l'écrit (partitifs et négation).*

Travail individuel ou par deux et correction collective. On s'arrêtera encore une fois sur le sens, la situation : deux copines qui font des gâteaux, mais chez Manon, il n'y a rien ! Cette situation corrobore les dires de Marco lors de l'atelier-net.

Correction :
Manon : Allô, Leïla ? C'est Manon ! Comment est-ce qu'on fait le gâteau aux amandes ?
Leïla : Attends, je réfléchis… Il faut *des* œufs, *du* sucre, *de la* farine, *des* amandes en poudre. Ah, et *du* beurre.
Manon : Non, tant pis, je vais faire un gâteau au chocolat, j'ai *du* chocolat à la maison, mais je n'ai *pas d'*amandes en poudre.
Leïla : Et tu as *du* sucre ?
Manon : Oh non, je *n'*ai *pas de* sucre !
Leïla : Tu as *des* œufs ?
Manon : Attends, je regarde… Oh non, je *n'*ai *pas d'*œufs !
Leïla : Mais tu n'as *rien* ! *Rien* du tout ! Tu *ne* peux *pas* faire ton gâteau !

Et toi, tu es gourmand(e) ? Tu peux faire un gâteau ?

➜ *Expression orale.*

Certains élèves, vers l'âge de 12 ans, savent faire des gâteaux simples ou de petits sandwichs. À la fin de cette leçon, ils connaissent le nom des ingrédients nécessaires à la réalisation de gâteaux et peuvent donc parler de celui qu'ils font. Il ne s'agit pas encore ici de donner une recette, mais seulement la liste des ingrédients.

Selon les recettes, on aura peut-être besoin de rajouter quelques ingrédients, utiles « localement » :
– de l'huile ;
– des pommes, des oranges, du citron, des pignons… ;
– de la vanille, de la fleur d'oranger, de l'eau de rose, du lait de coco…

Cahier d'exercices

Exercices 4 et 7 (à faire à la maison).
Exercice 6 (à faire en cours).

Prononciation

1. /R/

Le son /R/ a été brièvement abordé leçon 1, lors de répétitions de phrases. On s'y arrêtera cette fois plus longuement, tant pour bien discriminer que pour apprendre à le prononcer.

🎧 Écoute et coche quand tu entends le son /R/.

Transcription :
• Il est en bas
• Parquet
• Il est au bar
• Gland
• Paquet
• Grand

Cette discrimination permet de différencier /l/ et /R/, et aussi l'absence de /R/ ou /l/ et /R/.

2. Son-graphie

Le son /R/ s'écrit :

– r : rien
– rr : la terre
– rh : j'ai un rhume !
On remarquera les différentes graphies et on travaillera la répétition de ces mots.

🎧 Virelangue

On écoutera d'abord les deux virelangues, qu'on répétera lentement. Puis, pour le premier virelangue, on divisera la classe en deux groupes qui se lanceront mutuellement :
– Groupe A : *Gros grain de sel gris.*
– Groupe B : *Ce n'est pas la mer à boire !*

On échangera ensuite les groupes.

Pour le second virelangue, on le fera « passer » entre les élèves, en même temps que circule un objet (une part de gâteau en plastique, une balle, un livre, etc.).

Version 1, en mouvement dans la classe : un élève se lève, va vers un autre (élève 2) et lui dit : « *Reprends une part du gros gâteau de grand-mère.* » L'élève 2 se lève à son tour (l'élève 1 prend sa place) et cherche un autre élève à qui il dira : « *Reprends une part du gros gâteau de grand-mère* », et ainsi de suite…

Version 2, dans les rangs : L'élève 1 passe l'objet et dit à son voisin : « *Reprends une part du gros gâteau de grand-mère* », qui dit a son voisin : « *Reprends une part du gros gâteau de grand-mère* », et ainsi de suite…

Version 3, question-réponse : L'élève 1 dit à son voisin « *Reprends une part du gros gâteau de grand-mère* », qui lui répond : « *Non, merci, vraiment !* » ; ou : « *Oui, merci, c'est très gentil !* » Lorsque quelqu'un a répondu « *Oui, merci c'est très gentil* », on reprend le virelangue avec d'autres « victimes ».

p. 23 à 26
■ *Échos* ■

Communication	Civilisation	Vocabulaire
• Lire/rédiger une invitation, une carte de vœux	• **Les fêtes de fin d'année :** France/Europe Antilles françaises Québec • Les cartes de vœux	• **Mots :** Agrafer Agrafeuse Carte de vœux Ciseaux Coller / colle Couper Décorer Découper Menu Repas S'amuser Réveillon Verre Village • **Expressions** Bonne année Désolé Joyeuses fêtes ! Joyeux Noël ! Meilleurs vœux Est-ce que je peux aller au tableau ? Qui peut me prêter ? Passe-moi une feuille, s'il te plaît.

Mots

Apéritif
Banane
Beignet
Bientôt
Boissons
Boudin épicé
Carton
Cocktail « caribou »
Cornes de gazelle
Dès
Dinde farcie aux pommes
Étoile
Feuille
Guirlande
Jambon glacé au sucre de canne
Lumineuse
Mangue
Noix de coco
Myrtilles
Orange
Palmier
Pâté de viande
Pendant
Période
Personne
Québécois
Rue marchande
Sapin
Tresse
Veille

Expressions

Découper en lacets
Efface le tableau
Tirer au sort
Tout le monde est prêt ?
Va au tableau, s'il te plaît

p. 23
Civilisation : les fêtes de fin d'année

Notes culturelles :
Saint Nicolas ou père Noël ?
Vers la fin des années 1800, un nouveau rituel voit le jour : le père Noël. Son image et son moyen de transport varient beaucoup. Le père Noël prend la place du petit Jésus pour la distribution des cadeaux, mais il agit sous ses bons conseils. L'ancêtre du père Noël fut saint Nicolas. C'est un chevalier lorrain qui rapporta une relique de saint Nicolas qui le popularisa dans les Flandres et en Angleterre sous le nom de Santa Claus. On racontait aux enfants que le jour de la Saint-Nicolas (6 décembre), il passait de toit en toit remplir de cadeaux et de friandises les bas des enfants accrochés aux cheminées. Un méchant (le père Fouettard) l'accompagnait pour punir les enfants désobéissants. Mais c'est le Dr Clément Moore qui, vers 1822, voulut amuser les enfants et créa ce personnage légendaire. Plus les années avancent, plus le père Noël se modernise à son tour, on le voit à la télévision et on l'entend à la radio ; on le retrouve même à répondre aux enfants par courrier électronique sur Internet.

L'arbre de Noël
C'est des pays celtiques que nous vient la tradition de l'arbre de Noël. Les druides décoraient les chênes avec des pommes dorées et des chandelles allumées quand venait le solstice d'hiver. Au XIXᵉ siècle, cette coutume s'étend aux pays nordiques et européens (en particulier la France et l'Angleterre) ainsi que leurs colonies dont bien sûr les États-Unis et le Canada. À l'époque, l'arbre de Noël faisait partie des surprises de Noël. On l'installait le 24 décembre au soir, lorsque les enfants dormaient. Des noix, des coquillages, des bonbons enrobés de papier métallique suspendus par des fils servaient de décorations. On y ajoutait aussi oranges, pommes, rubans et chandelles.

Fêtes et repas de fêtes

• *En France* : Plusieurs jours avant Noël, les villes et les villages de France prennent un air de fête. On décore la façade des mairies. On dresse un immense sapin sur les grandes places. Les rues principales et les arbres sont recouverts de guirlandes lumineuses.

Les grands magasins font de très belles vitrines où certains mettent en scène des automates.

Les enfants se font photographier en compagnie du père Noël. Les écoles décorent leurs classes. Le 24 au soir, les familles font un dîner de réveillon composé de mets savoureux tels que des huîtres et du foie gras. Les plus pratiquants vont ensuite en famille à la messe de minuit.

On dit que le père Noël vient déposer les cadeaux pendant la nuit (par la cheminée) et les enfants les découvrent le matin de Noël au pied du sapin, dans leurs chaussures ou leurs chaussons. Le jour de Noël, les gens se rassemblent en famille autour de la table de Noël. Le repas est souvent composé d'une dinde ou d'un chapon rôti et se termine par une bûche glacée ou en gâteau.

• *En Suisse* : Pour les enfants suisses, Noël, c'est le bonheur de jouer dans la neige, de faire de la luge et du ski. Les chalets et les sapins sont décorés de guirlandes lumineuses. Avant les cadeaux du père Noël, les enfants reçoivent des petits paquets contenant une orange, une barre de chocolat et un pain au sucre.

• *En Belgique* : À l'approche de Noël, la tradition veut qu'on se régale en Wallonie de « *tripes à l'djotte* », aussi appelées « *vettes tripes* » ou boudin vert parce qu'elles sont à base de chou vert. Pour les réussir, il faut une même part de légumes et de viande de porc, de préférence des bas morceaux, additionnée de sel, de poivre, de clous de girofle et de noix de muscade.

Dans la région de Nivelles, tous les enfants savent que le petit Jésus lui-même dépose, au pied de leur lit, les savoureux *cougnous* de Noël, dont la pâte est façonnée jusqu'à ce qu'elle prenne la forme d'un corps à deux têtes.

Pour les cadeaux, on fête plus traditionnellement la Saint-Nicolas le 6 décembre. On laisse devant la porte des carottes et des sucres en morceau pour l'âne de saint Nicolas, qui apporte les cadeaux.

• *Au Québec* : Les Québécois décorent l'extérieur de leur maison avec des guirlandes de lumières, des branches de sapin et des rubans rouges. Ils placent des petits sapins tout illuminés au bord des rues. Les postes canadiennes reçoivent des milliers de lettres pour le père Noël et, à Montréal, a lieu tous les ans la parade du père Noël organisée par un grand magasin.

Dans les maisons, du lait et des biscuits sont placés près de la cheminée pour le père Noël.

Au Québec, le « caribou » est bien anglo-français : c'est du whisky mélangé avec du vin (rouge, blanc, de myrtilles) ! Mais on peut inventer un cocktail caribou sans alcool, jus de pommes et jus de raisin mélangé...

Comme entrée, on peut avoir de la soupe aux pois, suivie du « *cipate* », pâté de viandes alternées (lièvre, dinde, poulet, porc, canard sauvage, perdrix ou faisan), assaisonnées de fines herbes et cuites sur une pâte épaisse dans un chaudron de fonte et séparées par des rangées d'oignons revenus dans de la chapelure. Le tout est recouvert de pâte et cuit pendant trois heures. Avec la dinde farcie, on a une sauce aux « *bleuets* » ou myrtilles.

• *Aux Antilles françaises* : Dans les îles, Noël prend des allures créoles et françaises comme ses habitants, et le tronc des palmiers s'enrubanne de petites lumières blanches.

La messe de minuit est de tradition et, au retour, le célèbre *ti-punch* est détrôné en cette occasion par le « schrub » ou « schrubb ». Mais pour les enfants, pas d'alcool...

« Tout Noël, tout cochon » : la tradition aux Antilles est de manger beaucoup de porc.

Le cochon est transformé en boudin, pâté, ragoût, jambon au vieux rhum et au sucre de canne.

Aux Antilles, comme partout ailleurs, c'est la fête des enfants et l'invitation à la gourmandise : beaucoup de gâteaux et sucreries à base de noix de coco, cannelle, sucre de canne, vanille, patates douces : les « tcheks », le « pône », le « blanc manger » au lait de coco, et pour arroser les gâteaux, le sirop de groseilles...

Pour en savoir plus, vous pouvez consulter les sites Internet suivants :
http://www.joyeuse-fete.com (en général)
http://museevirtuel.ca /exhibitions/Noël/franc/index.html (Canada)
http://www2.canoe.com/Noel2002/traditions/Antilles et
http://perso.infonie.fr/antanlontan/joudlan (Antilles)
http://www.granby.net/ (Suisse)
http://www.saveurs.sympatico.ca (recettes et traditions de Noël)

→ *Compréhension écrite.*

Lecture du petit texte d'introduction

On expliquera que le Québec est la partie du Canada où l'on parle français, et on cherchera dans la double page un dessin de sapin et un dessin de palmier...

1. Noël

On observera la photo de repas avant de lire le texte. On comparera avec ce qu'on a su de la tradition de Noël chez nos personnages. « *Cette photo ressemble à un Noël chez Flore ? Karim ? Marco ?* »

On lit ensuite le texte et on répond à la question (« *Regarde sur la table et dis ce qu'il y a à manger et à boire…* »).

On parlera ensuite des cadeaux et on comparera avec la tradition des cadeaux dans le pays de l'apprenant : est-ce qu'il y a Noël chez lui ? Est-ce qu'il reçoit les cadeaux à Noël ? En hiver ? Quand est-ce qu'il reçoit des cadeaux ?

On évoquera ensuite la deuxième fête, une semaine plus tard…

2. Le Nouvel An

On comparera encore une fois avec le pays/les pays des apprenants.

Dans les classes multiculturelles, avec des enfants d'origines variées, c'est l'occasion de parler de ces différences : depuis le ramadan au nouvel an chinois, en passant par le calendrier orthodoxe ! Si la classe est d'une culture proche, on pourra donner un exemple de différence avec le nouvel an chinois, par exemple…

On reprendra ici, les dates de fêtes d'autres religions.

Par exemple, en 2003 :
– Nouvel an islamique (1424 de l'Hégire) : 5 mars
– Noël orthodoxe chrétien (russe) : 7 janvier
– Nouvel an hindou : 26 octobre
– Nouvel an juif : 27 septembre ; Hanoukka : 20 décembre
– Nouvel an chinois (lunaire) : 1-3 février
– Religion bouddhique : le Parinirvana a lieu le 16 février

Regarde ces deux menus de fête, l'un est antillais, l'autre québécois. Devine !

Les apprenants ont deux façons de deviner :
– par les dessins : la tête du caribou, le palmier, la noix de coco ;
– par les mots connus, déjà rencontrés ou transparents : *coco, banane, orange, dinde, viande.*

Par ailleurs, « deviner » est l'occasion de parler plus à fond de ce que l'on sait des deux cultures : la culture antillaise et la culture québecoise ou canadienne. Il est probable que les apprenants sachent peu de ces cultures, mais par contre ils peuvent associer les pays à différents animaux ou objets. On pourra les aider en ce sens et leur demander de comparer avec les menus de fêtes de leur pays.

Prolongement : réaliser un menu de fête de la région

Afin de comparer non seulement les aliments festifs, mais aussi les éléments caractérisques des régions ou pays, on pourra demander aux élèves de composer un menu de fête du pays ou de la région.

On retravaillera ainsi l'idée de « *apéritif, boisson, entrée, plat, dessert* », et on ornera le menu d'éléments significatifs : quel animal peut représenter la région le pays ? quel arbre ? quel fruit ?

Cahier d'exercices

Exercice 7 (compréhension écrite).

En classe : suite à la lecture du texte, on pourra commencer par donner la consigne suivante : « *Retrouve les noms de pays.* » Puis, on ira les chercher sur la carte de la francophonie, et on dira dans quels continents ils se trouvent.

À la maison : on donnera simplement la consigne suivante : « *Avant de répondre aux questions du cahier, retrouve les noms de pays et cherche dans quels continents ils se trouvent.* » La Chine et le Vietnam se trouvent en Asie; la Grande-Bretagne, en Europe.

On pourra aussi leur faire dessiner le *canard laqué*, les *raviolis chinois*, le *riz*, ou relier ces mots aux dessins du cahier.

Exercice 8 (expression écrite).

Cette activité permet la révision du présent, des partitifs, des prépositions devant villes et pays, et du vocabulaire lié à la nourriture, à la famille…

Projet : la fête de la classe

« *C'est bientôt la fin de l'année !* » On explicitera ce « *bientôt* » en tenant compte du temps réel qui sépare les élèves de la fin de l'année civile. Selon les cas, on sera en novembre ou en décembre. Si on est en décembre, les fêtes sont effectivement bientôt, si on est en novembre, alors c'est « *décembre* » qui est bientôt… ou alors, la cueillette des marrons, des champignons, etc.

On parlera du fait que, à cette période, on envoie une carte de vœux aux gens qu'on aime bien.

Note culturelle : dans les pays anglo-saxons, on envoie des cartes de vœux même aux gens qu'on voit souvent. En France et en Belgique, la tendance est à envoyer des cartes de vœux aux gens qu'on ne voit pas souvent et à qui peut-être on écrit « une fois par an », pour les fêtes, justement…

Matériel nécessaire

• **pour la carte de vœux :**
La carte de vœux peut être réalisée avec des fiches en carton, ou bien simplement avec une feuille A4 pliée en deux et collée.
– papier ou carton
– colle
– feutres ou crayons de couleur
– étoiles et paillettes argentées, dorées, coton hydrophile (pour la neige), etc.
– ciseaux
– un sac pouvant contenir une trentaine de cartes
• **pour la guirlande :**
– feuilles A3 à découper, blanches ou de couleur
– ciseaux
– feutres ou crayons de couleur
• **pour le chapeau pointu :**
– étoiles ou paillettes argentées, dorées, etc.
– ciseaux
– une feuille de carton assez dur
– feutres ou crayons de couleur
• **pour la fête :**
– boissons, gâteaux, lecteur de CD ou cassette

1. On prépare la fête

a. Écris une carte de vœux surprise.

Les apprenants regarderont d'abord la page pour lire et voir des cartes de vœux, certaines « traditionnelles » (*meilleurs vœux…*), et d'autres plus modernes (*2004, c'est…*). Ils verront des motifs liés à l'hiver : on parlera du *bonhomme de neige*.
On leur expliquera qui écrit et reçoit des cartes de vœux, généralement, en France. On comparera avec les pratiques de leur pays, puis on leur dira que là, ils vont écrire des cartes de vœux pour… des inconnus, ou presque !
Ils écrivent pour un camarade de classe, mais ils ne savent pas qui, puisque chacun tirera au sort une carte…
On aura préalablement apporté ou demandé aux élèves d'apporter le matériel nécessaire.
Chaque élève écrira la carte de vœux de son choix, avec le motif de son choix. Selon les cas, on peut même demander aux élèves d'apporter cette carte de vœux toute faite pour la séance suivante.
Une fois les cartes de vœux réalisées, l'enseignant les récupérera et les mettra dans un sac, le « sac du père Noël ».
Dans les pays où le père Noël n'est pas connu, ce sera alors l'occasion de parler de ce personnage, qui reçoit beaucoup de lettres demandant des cadeaux, et qui a toujours un grand sac plein de cadeaux…

b. Choisis un groupe et travaille !

Groupe « guirlandes » : le travail est clair : il est dessiné et explicité. Néanmoins, chacun aura sa façon de colorier, ou de faire une tresse !

Groupe « chapeaux » : on voit les dessins, mais le mode d'emploi n'est pas explicité. L'enseignant travaillera donc d'abord avec ces élèves pour voir avec eux comment ils s'y prendront et comment ils expliciteront leurs actions.

Par exemple :

« *On prend une feuille de carton.* »　　« *Prenez une feuille de carton.* »

« *On la tourne en pointe.* »　　　　　« *Tournez-la en pointe.* »

« *On agrafe.* »　　　　　　　　　　　« *Agrafez-la.* »

« *On coupe la base.* »　　　　　　　　« *Découpez la base.* »

« *On colle des étoiles.* »　　　　　　« *Collez des étoiles.* »

Une fois les chapeaux et les guirlandes confectionnés, on décore les murs, et les têtes !!!

C'est à ce moment que les expressions du tableau « Les mots de la classe » serviront le plus.

Puis on peut enfin passer à la fête proprement dite.

2. On fait la fête

🎧 Chanson : « Un air de fête »

Groupe A : Bonne année

Groupe B : Joyeux Noël

Groupe A : On va s'amuser !

Groupe B : Bonne année

Groupe A : Joyeux Noël

Groupe B : On va bien manger !

Groupe A : Bonne année

Groupe B : Joyeux Noël

Groupe A + B : On ne va pas travailler

Groupe A + B : Ouais !

Groupe A + B : Bonne année !

On peut proposer un chant en chœur ou bien en « question-réponse ».

Écouter, danser et chanter la chanson, composée sur un air de zouk, c'est-à-dire un rythme typiquement antillais.

Tirer au sort une carte : il y en a une par personne. Chacun lira son « message », pourra parler du dessin sur la carte : « *C'est un bonhomme de neige, c'est le père Noël, c'est un arbre de Noël* », etc.

Manger les gâteaux et boire… à la fin de la séance, afin que les élèves puissent garder leur attention au moment de chanter ou de lire leur carte de vœux.

Note culturelle : le zouk

Le zouk est un rythme antillais très populaire non seulement dans les milieux antillais, mais aussi dans toute la France, surtout depuis les années 80, qui ont vu fleurir les discothèques antillaises, et même les airs antillais chantés par des chanteurs pas antillais du tout ! Il est très lié au carnaval et à la danse. La discographie est nombreuse et vous pouvez trouver tout type d'information sur cette musique sur le site :

http//www.zoukzone.com

p. 25
🎧 BD : Une fête 13ᵉ J

→ *Compréhension écrite : observation des dessins et lecture sélective.*

Tout d'abord, on fera remarquer que les personnages sont presque toujours au téléphone, sur la plupart des vignettes. On pourra pour cela poser la question suivante :
« *Il y a un objet qui apparaît 8 fois dans la BD : lequel ?* »

Lecture silencieuse

À la suite, on pourra demander : « *Il y a une question qui apparaît 8 fois dans la BD : laquelle ?* »
À partir de là, la compréhension de l'histoire est évidente : Karim cherche à savoir qui va venir à la fête. On demandera donc ensuite de lire la BD tranquillement, à voix basse, sachant que ce que nous voulons savoir, pour commencer, c'est « *qui va à la fête ?* ».

Mise en commun

Une fois la lecture silencieuse terminée, on mettra en commun :

a. qui ?

« *Thomas ne va pas à la fête, il va chez ses grands-parents.* »
« *Flore part à Honfleur.* »
« *Bastien ne veut pas venir à la fête.* »
« *Manon, Lou, Leïla et Karim vont à la fête.* »

b. quand ?

Une fois cette première question élucidée, il faudra affiner, en se posant la question « *quand ?* »
« *Quand est-ce que Karim téléphone ?* »   (Le 23 décembre, avant les vacances.)
« *Quand est-ce qu'est la fête ?* »   (Après les vacances.)

À partir de cela, on demandera de relire, afin que les apprenants comprennent que ni Thomas ni Flore ne disposent de cette information. Ils semblent croire que la fête est « avant les vacances » ou avant Noël.

c. quoi ?

« *Qu'est-ce qu'on va faire à cette fête ?* » « *Qu'est-ce qu'on va faire pour cette fête ?* »
Voila les deux questions que l'enseignant peut poser. Cela permettra de mettre en valeur la dernière partie de la BD, où les filles se rendent compte qu'elles sont les seules à préparer la fête et à faire des gâteaux.
Le « *Et les garçons, qu'est-ce qu'ils font ?* », prononcé par Lou, peut être l'occasion de travailler, avant écoute, l'intonation. On demandera aux élèves comment, à leur avis, Lou prononce cette phrase… et on écoutera plusieurs intonations possibles.
Ensuite seulement, on fera écouter le document.

🎧 Lecture avec écoute du document

Lors de la mise en commun, on fera remarquer que Thomas et Flore semblent très pressés : ils partent clairement en vacances, ce qui n'est pas le cas des autres enfants.
On travaillera les intonations, en comparant avec les productions des élèves, et on explicitera éventuellement les expressions qui nous semblent les plus importantes.

Prolongement

→ *Compréhension détaillée.*

Pour une compréhension détaillée, vignette par vignette, on insistera sur les points suivants.

Vignette 1 : « *Désolé, je ne peux pas.* » On proposera aux apprenants d'autres situations dans lesquelles apparaît l'expression « *désolé* » (l'enseignant arrive en retard, n'apporte pas les copies, fait tomber un livre du bureau d'un élève, etc.).

Vignettes 2 et 3 : elles ne posent aucun problème de compréhension.

Vignette 4 : expliciter l'expression « *être au courant* », avec « *tu sais* » (dont on connaît le sens) ou en citant un événement d'actualité locale, voire un cancan. « *Vous êtes au courant pour le prince Harry d'Angleterre ?* »

Vignettes 5, 6,7 :

Note culturelle : en France, la première chose que les enfants apprennent à cuisiner, c'est bien souvent les gâteaux : le *quatre-quarts* ou le *gâteau au chocolat*. Les *crêpes* sont aussi faciles à réaliser, mais pas pour les fêtes. Manon obéit donc à cette règle culturelle.

Un des gâteaux les plus connus des pays du Maghreb est sans doute la *corne de gazelle*, petit gâteau succulent en forme de corne ou de croissant, aux amandes et à la fleur d'oranger. C'est un gâteau que l'on trouve un peu partout dans les pâtisseries tunisiennes, marocaines ou algériennes, et par exemple à la mosquée de Paris. Aux Antilles comme à la Réunion, les sucreries (gâteaux, glaces, etc.) à base de noix de coco sont nombreuses, tel le « tourment d'amour », que nous vous recommandons absolument... C'est sans doute ce gâteau-là que fera Lou pour la fête.

En France comme ailleurs, ce sont surtout les filles qui apprennent à cuisiner, mais au nom de l'égalité des sexes, Lou, qui est une jeune citadine moderne, tout comme Manon, ne trouve pas cela juste du tout !!!

Ces dernières vignettes permettent de mettre en place une discussion autour de deux thèmes :
– les spécialités culinaires (sucrées) selon les pays ou régions ;
– l'égalité des sexes... à la cuisine !

Selon le pays, on pourra essayer de parler de l'un ou l'autre thème, et voir, par exemple, quels garçons, dans la classe, savent faire des gâteaux !

Prolongement : dramatisation

Cette BD est particulièrement attrayante pour une dramatisation en classe, puisqu'elle permet de faire intervenir six personnages différents, qui doivent en plus se tenir éloignés les uns des autres et parler fort, puisqu'ils sont au téléphone.

On éparpillera donc les « acteurs » qui pourront eux-mêmes être soutenus par des « souffleurs » ou « doubles » qui ont le texte sous les yeux et le soufflent à l'acteur qui doit le répéter... sans le lire !

Avec le système des acteurs et de leurs doubles, en deux « lectures » on a fait travailler 24 élèves !

p. 26
Bilan : tu sais...

Le bilan est à réaliser en classe, avant une quelconque révision. Il sert à voir globalement ce qui a été acquis et ce qui pose problème. Suite au travail sur le bilan, qui pourra être accompagné d'une auto-évaluation avec le *Portfolio*, on pourra faire revoir un certain nombre de points de langue sur le cahier d'exercices (partie *Échos*) et passer à l'évaluation sommative : le test de l'unité.

1. Présenter quelqu'un

Présente un membre de ta famille à ton voisin / ta voisine.

Par deux, à l'oral. On demandera bien sûr de parler de membres de la famille en dehors de la famille nucléaire (père, mère, frères et sœurs vus en niveau 1). On leur demandera de s'évaluer mutuellement : « *Est-ce que ton camarade se rappelle : les noms des membres de la famille ? les pronoms COD ? les conjugaisons...* »

2. Te situer dans une ville

On pourra entendre différents parcours.
Correction possible :

« Tu traverses la rue Jeanne-d'Arc et tu passes devant le collège à gauche, tu traverses la rue de Tolbiac et tu continues tout droit. C'est la première rue à droite. »

3. Situer une ville, un pays

Ici, l'enseignant posera des questions au hasard, ou en tenant compte de la ville natale des élèves (« *Dis comment s'appelle ta ville et dans quel pays elle se trouve* »). Pour les quatre villes citées, on cherchera non seulement les pays mais aussi les continents où elles se trouvent. On pourra continuer le travail sur les distances, en utilisant d'autres exemples... Si de nombreux doutes persistent quant aux distances entre les villes, leur demander de rechercher l'information avec leur professeur de géographie, dans une encyclopédie ou sur Internet (par voila.fr, par exemple).

Correction :
– Genève : 540 km.
– Barcelone : 1 200 km. On prend le train, le car, l'avion, la voiture (depuis Paris).
– Toulouse : 694 km
– Montréal : 5 987 km

4. Parler des fêtes

🎧 **Écoute Thomas parler du réveillon de la Saint-Sylvestre.
Écris les mots qui parlent de la famille et de la nourriture.**

Correction :
• Famille : papa, maman, oncle.
• Nourriture : de la dinde, des marrons, du gâteau au chocolat et aux amandes.

Transcription audio :
« Chez moi, la Saint-Sylvestre, c'est avec papa, maman et des amis de la famille. Cette année, mon oncle Philippe vient d'Amérique. On va manger de la dinde, des marrons et un gâteau au chocolat et aux amandes. »

Et toi, qu'est-ce que tu vas faire pour les fêtes ? Qu'est-ce que tu vas manger et boire ?

On travaillera avec l'ensemble de la classe : on demandera à chacun d'ajouter un élément, que l'on écrira au tableau, sans le partitif devant… et à la fin on aura un super festin ! On reprendra ensuite avec les élèves l'ensemble des éléments, et ils devront trouver le partitif correspondant.

Après cette première unité qui demande à l'apprenant de réutiliser ses acquis de l'année précédente, l'élève a conscience de ce qui est acquis et de ce qui a tendance à être oublié. On a vu en leçon 0 comment l'aider à se souvenir des règles de grammaire. On verra ici avec lui, comme on l'a vu tout au long de l'unité 1, où la progression en spirale est flagrante pour le vocabulaire, comment retrouver un mot oublié.
Afin d'aider les élèves dans leur appréhension de ces stratégies, on prendra note, durant le bilan oral, des mots qui ont été oubliés, et on leur demandera à ce moment-là de rechercher les contraires ou les synonymes, par exemple.
Après le *Bilan*, on s'arrêtera sur les propositions données pour mémoriser un mot (« *Rappelle-toi !* »), et on fera un bref tour de table pour savoir comment chacun s'y prend, et avec quel succès. On fera essayer à chacun une ou plusieurs de ces stratégies, et l'on verra les résultats… lors du bilan suivant !

Cahier d'exercices

L'ensemble de la partie *Échos* du cahier d'exercices correspond à une révision de tous les acquis de l'unité. L'enseignant pourra décider, selon le niveau des élèves et le temps dont il dispose, quels exercices devront être faits en cours.
La partie « Pour apprendre » permet de revenir sur la mémorisation des mots, traitée dans le *Bilan* du livre de l'élève.
Nous avons choisi de placer la compréhension et l'expression écrite à la suite du travail de *Civilisation*, mais ces deux activités peuvent aussi êtres faites après le *Bilan*.
Exercice 1 : révision des verbes au présent.
Exercice 2 : révision des prépositions de lieu (villes, pays et régions).
Exercice 3 : révision de l'emploi des pronoms COD.
Exercice 4 : révision des partitifs.
Exercice 5 : révision des moyens de transport.
Exercice 6 : révision des mots de la famille.

UNITÉ 2 — CLOWNS, CUISINIERS ET MAGICIENS

LEÇONS 4 à 6

➤ *Livre de l'élève : p. 27 à 40*
➤ *Cahier d'exercices : p. 16 à 23*

Objectifs d'enseignement/apprentissage

- Entraîner l'élève à la compréhension orale sans transcription complète.
- Développer la compréhension de différents types de textes écrits.
- Entraîner l'élève à évaluer et comparer des objets, des personnes, des qualités.
- Entraîner l'élève à la contraction des phrases grâce aux pronoms COD.
- Revoir en situation les oppositions phonétiques et grammaticales de /e/ et /ə/, et /ɛ/ et /e/.
- Entraîner l'élève à exprimer en français ses sensations et sentiments.
- Développer une expression orale plus libre, à l'aide de jeux de rôles reprenant des situations quotidiennes : faire des courses, « négocier » avec les parents, etc.
- Développer l'expression de l'opinion chez l'élève.
- Faire découvrir la gastronomie française et francophone.

Communication	Phonétique	Grammaire	Vocabulaire	Civilisation	Projet
• Faire les courses : demander ce qu'on veut, le prix • Demander et donner la permission • Exprimer l'obligation • Comparer des objets, des personnes • Demander et donner son opinion • Exprimer la condition • Comprendre et donner une recette • Suivre des instructions • Lire/rédiger une recette, un mode d'emploi	• /e/ et /ə/ • **Rappel** : /ɛ/ et /e/	• **L'interrogation** : *qu'est-ce que ? combien ? quoi ?* • **Partitifs** (2) : quantités précises et imprécises • **Pronoms COD** (2) : à l'impératif et dans les constructions infinitives • *Oui, non, si* • **La comparaison** (1) : la qualité • **La condition** : – *si* + présent + présent – *si* + présent + impératif • **Conjugaison** : – *il faut* – *devoir* – *mettre* • **Rappel** : l'impératif	• La nourriture (2) • Aider à la maison, les tâches ménagères • L'argent de poche • Jeux de cartes • Expression de l'opinion (1) • *Avoir besoin de*	• La cantine • La vie familiale : tâches ménagères et courses	• La cuisine de la classe

Thèmes transversaux : éducation à la consommation ; égalité des sexes.
Interdisciplinaire : mathématiques, géographie.

Marco fait les courses

→ **Tu demandes la permission. Tu parles de tes obligations. Tu fais les courses.**

➤ *Livre de l'élève : p. 28 à 30*
➤ *Cahier d'exercices : p. 16-17*

Communication	Phonétique	Grammaire	Vocabulaire
• Demander et donner la permission • Exprimer l'obligation • Faire les courses : demander ce qu'on veut	• Courbes intonatives	• **L'interrogation** : *qu'est-ce que ? combien ? quoi ?* • **Partitifs** (2) : quantités précises et imprécises • **L'obligation** : *il faut / devoir*	Accepter Assez Banane Beaucoup Cantine Carotte Demi-litre Devoir Épicerie Frites Fromage Gramme Jambon Kilo Légumes Litre Patate / Pomme de terre Pâté Patient Peu Poire Pomme Préparer Salade Serviable Tomate Tranche Trop Yaourt • **Expressions** : C'est tout ? D'abord Faire les courses Il faut Je peux y aller ? Je voudrais Quoi ? Tu en veux combien ?

VOCABULAIRE PASSIF

Mots

Charcuterie
Chaud
Épicerie
Haricots verts
Kiwi
Laitages
Numéro de clown
Plateau
Produit salé
Raisin
Rayon
Sage

Expressions

Ça te fait...
Faire un régime
Maman m'attend !
Pourquoi pas ?

p. 28
Compréhension

➜ *Compréhension orale globale.*

🎧 **a. Écoute.**

1ʳᵉ écoute : à livre fermé

➜ *Compréhension orale sans indices visuels.*

On fera écouter les dialogues à la suite et on demandera aux apprenants de retrouver qui parle dans chacune des situations (Marco, sa mère, Marco, l'épicier), et où on se trouve.

On demandera ensuite de préciser le sujet : « *De quoi on parle dans chaque situation ?* »

On ne donnera pas la réponse définitive, mais on demandera aux apprenants d'ouvrir le livre p. 28 et de regarder les dessins : confirment-ils ce qu'on a compris des dialogues ?

On pourra ensuite dire presque définitivement de quoi on parle :
– Situation 1 : demander la permission pour aller à 13ᵉ J ;
– Situation 2 : faire les courses ; fruits et légumes.

Ensuite seulement, on passera à la deuxième écoute.

2ᵉ écoute, livre ouvert

➜ *Compréhension globale avec indices visuels et sonores.*

Au préalable, on demandera :
« *Est-ce que Marco a la permission ?* »
« *Quelle est la relation entre la situation 1 et la situation 2 ?* »
La deuxième écoute, accompagnée ou non de lecture, devrait permettre d'élucider ces questions.

🎧 **b. Réponds.**

➜ *Vérification de la compréhension globale.*

C'est lors de la réponse à ces questions que l'enseignant fera expliciter ou explicitera, si nécessaire, les mots et expressions suivants : *faire les courses ; numéro de clown ; refuser/accepter… à une condition ; yaourt, pommes, tomates, jambon, lait, salade, haricots verts, patates, bananes.*

Pour ces fruits et légumes, on prendra le temps, avec les élèves, de faire « deviner » le sens, afin de faire travailler les stratégies de compensation en compréhension :
– mots transparents de la langue maternelle (ou de l'anglais) en français : *salade, bananes, patates, tomates,* etc. ;
– mots déjà rencontrés en passif (*bananes* et *jambon* ; une spécialité culinaire de Paris, le *jambon de Paris,* unité 3, niveau 1) ;
– expressions dont on peut deviner le sens en connaissant le contexte (*les courses*) et l'un des mots : *haricots verts.* (Attention pour les Anglophones, qui penseront peut-être à *green peas,* « petits pois », mais la stratégie est la bonne.)

Une fois les questions explicitées, on laissera les apprenants discuter sur les réponses, puis on passera à la correction.

De façon plus générale, on pourra s'arrêter sur le sens de l'histoire, parler du caractère de Marco et de celui de sa mère :
« *Est-ce que Marco est serviable ? gentil ? rigolo ? patient ? impatient ?* »
« *Est-ce que sa mère donne facilement ou pas facilement la permission ?* »

🎧 **c. Écoute les réponses** (sur support audio seulement).

Transcription :
• Marco demande la permission pour aller à 13ᵉ J.
• Marco veut préparer un numéro de clown.
• La maman de Marco accepte à une condition : faire les courses.
• Marco va faire les courses, il achète des pommes, du jambon, de la salade, du lait, des patates, 1 kilo de bananes.

Chacun vérifiera la compréhension à partir de ces réponses, puis on passera à une activité de prononciation (sur support audio seulement).

🎧 d. Répète.

→ *Prononciation.*

Transcription :
- Je voudrais un kilo de bananes.
- Je voudrais du lait.
- Je voudrais de la salade.
- Je voudrais des pommes.
- Tu en veux combien ?

Il s'agit de travailler, en les mémorisant, les structures permettant de faire les courses.

On introduit ici le conditionnel « *je voudrais* » sans pour autant l'expliciter : il est appris comme une « expression ». De même, grâce à la répétition, on intègre implicitement les partitifs.

On fera attention à la courbe intonative, dans « *je voudrais* + nom », comme dans la question « *tu en veux combien ?* ».

De même qu'on n'explicite pas l'existence du conditionnel dans « *je voudrais* », on n'explicitera pas le « *en* » de « *tu en veux combien ?* », il sera appris comme une structure en elle-même, et on ne le décomposera que bien plus tard, au niveau 3.

p. 29
Mots et expressions

1. Les mots du dialogue

→ *Reprise et enrichissement du vocabulaire.*

Pour la plupart, ces mots ont été vus lors de la *Compréhension* ou de l'activité de prononciation.
On s'arrêtera néanmoins sur :
– *Pourquoi pas ?* : on cherchera à le dire autrement (synonymes*). Pourquoi pas,* c'est une façon de dire *oui* ou *d'accord.*
– *D'abord,* qu'on opposera à *ensuite* ou *et puis,* qui sont des expressions qui ont été vues de façon passive au niveau 1.
– *Patient* : qui a servi un peu plus haut à décrire Marco (que l'on peut considérer comme patient ou impatient). On en profitera pour faire mémoriser ou rappeler certains de ces mots utiles pour décrire une personne, mots qu'on travaillera par paires (un mot et son antonyme), afin de faciliter la mémorisation : *patient/impatient, rigolo* (ou *marrant)/sérieux, serviable/pas serviable, sympa/pas sympa* ou *sympathique/antipathique,* etc.
– *À la cantine* : la cantine n'apparaît pas dans le dialogue mais un peu plus loin dans la leçon. Opposer *déjeuner à la cantine* à *déjeuner à la maison.* Demander dans la classe : « *Qui mange à la maison à midi ? Qui mange à la cantine ?* » Compter ou faire compter, et faire reprendre par quelques élèves : « *Il y a X élèves qui mangent à la cantine. Il y a N élèves qui mangent à la maison.* »
– *Demander la permission* : « *Est-ce que je peux aller à… ? Je peux y aller ?* »
Le verbe *pouvoir* n'est pas nouveau, mais on introduit ici le « *y* » sans réellement l'expliciter.

2. L'épicerie en désordre

→ *Enrichissement du vocabulaire par le rapport mot-image et l'esprit logique (déduction/induction).*

De fait, une partie du vocabulaire a été élucidée lors de la *Compréhension orale.* On verra ici tout d'abord ce dont les apprenants se souviennent (rapport mot-image) et ensuite comment ils peuvent retrouver le sens des mots nouveaux par esprit de déduction (ou parce que les mots sont transparents ou internationaux, comme *pâté.*
Les apprenants travailleront par paires, en deux temps.

a. Il y a des aliments qui ne sont pas à la bonne place, retrouve-les.
→ *Réemploi à l'oral (vocabulaire et partitifs).*

Ils devront construire des phrases à l'oral, sur le modèle suivant : « *Il y a des carottes dans le rayon laitages…* » Cela leur permettra non seulement de manipuler et mémoriser les mots, mais aussi le partitif qui les accompagne, et ce toujours en tenant compte du sens.
Ensuite, l'enseignant posera des questions pour entendre les apprenants.

b. Mets-les à la bonne place.

→ *Réemploi à l'oral (vocabulaire et COD).*

Ils construiront ensuite des phrases sur cet autre modèle, afin de retravailler les pronoms COD : « *Les carottes, je les mets dans le rayon légumes !* »

Grammaire

1. L'interrogation

Observe.

→ *Conceptualisation.*

Correction :
• Pour poser une question sur une chose, on emploie *qu'est-ce que* (en début de phrase) ou *quoi* (en fin de phrase).
• Pour poser une question sur la quantité, on emploie *combien*.

On revoit dans ce tableau des mots connus (*combien, qu'est-ce que*) et on introduit de façon active le « *quoi* » dans « *un kilo de quoi ?* ».
Grâce à « *combien* », on peut reprendre ici l'ensemble de l'interaction classique correspondant à faire les courses, en introduisant le travail sur les prix et le « *c'est combien ?* » :
– *Tu veux combien de jambon ?*
– *Huit tranches*
– *Voilà, c'est tout ?*
– *Oui, c'est combien ?*
– *Deux euros trente !*

Prolongement

Jeu : le juste prix

→ *Expression orale : rappel des nombres et de la description d'objet.*

L'enseignant sort de son cartable des objets courants dont les apprenants peuvent connaître le prix approximatif et demande : « *C'est combien ?* » L'élève qui s'approche le plus du prix réel a gagné.
On peut ensuite faire cela en relais : les élèves apportent en classe des objets dont ils connaissent le prix réel et le font découvrir à d'autres. Dans ce cas, on peut corser le jeu en demandant aux apprenants qui diront « *C'est combien ?* » de décrire l'objet (taille, forme, matière ; voir unité 3 du niveau 1).

Cahier d'exercices

Exercice 1 (à faire en cours, révision de l'interrogation vue en niveau 1).
Exercice 2 (à faire à la maison).

2. La quantité

1. Quantités précises

→ *Conceptualisation et emploi.*

Cherche dans l'épicerie les choses qu'on compte en kilos, litres, tranches, etc.

Correction :
• 1 kilo de *pommes, bananes, poires, kiwis, raisin, patates, haricots verts, carottes, tomates.*
• 500 grammes de *pommes, bananes, poires, kiwis, raisin, patates, haricots verts, carottes, tomates* et *fromage, jambon, pâté.*
• 1 litre *de lait.*
• 1 demi-litre *de lait.*
• 1 tranche de *jambon.*
• 1 bouteille *de lait.*

Note culturelle : en France, en général, *les yaourts* se comptent séparément (*pots de yaourt*) : 1 ou 4 (ou 8, ou 10 !) yaourts. *La salade*, qui pèse peu, se compte à l'unité et non au poids. On achète rarement en une seule fois plus de 500 grammes de fromage, jambon ou pâté, mais c'est bien sûr possible. L'expression « *une livre* » pour parler de 500 grammes est encore très courante, mais pas parmi les plus jeunes. On évoquera aussi les œufs qui s'achètent en France à la *douzaine* (12) ou *demi-douzaine* (6). On parle aussi **du** *raisin* (comme **du** *melon* ou **de la** *pastèque*) car **des** *raisins* correspondrait aux grains de raisin.

Cahier d'exercices

Exercice 4 (à faire en cours).

p. 30

2. Quantités imprécises

a. Cherche des quantités imprécises dans le dialogue 2.

➜ *Repérage.*

Après avoir recherché les quantité imprécises se trouvant dans le dialogue, on explicitera le sens de chacune et on les comparera avec des quantités précises, en posant des questions du type : « *10 litres de lait, au petit déjeuner, c'est assez ?* »
On fera attention de reprendre non seulement le vocabulaire de la leçon, mais aussi celui de l'unité précédente : « *20 grammes de viande, c'est assez ? 100 grammes de farine, c'est beaucoup ?* »

b. Lou et Karim sont à la cantine. Observe les deux plateaux et compare.

➜ *Réemploi à l'écrit, en situation.*

Correction possible :
• Lou : il y a *beaucoup de* salade, *un peu de* pain, *pas assez de* frites, il y a *assez de* viande. *Un peu de* fromage, *assez d'*eau
• Karim : Il n'y a *pas beaucoup de* salade, il y a *trop de* viande, *trop de* frites, *assez de* pain, *pas d'*eau

c. Compare avec tes camarades.

➜ *Réemploi à l'oral.*

Pour certains, dans le plateau de Karim, il y a juste assez de frites ou de viande ! Cette différence de « mesure » entre apprenants peut être source de discussions et de jeu ! Elle est aussi le tremplin vers la question suivante qui les engage directement.

Et toi, qu'est-ce que tu manges à la cantine ?...

➜ *Expression orale.*

Pour ceux qui mangent à la cantine, c'est là l'occasion de se mettre en valeur (ce sont les seuls qui parlent), de se plaindre éventuellement (*c'est bon, ce n'est pas bon, berk,* etc.) et de dire ce qu'ils aiment (*les desserts, les pâtes,* etc.). On retrouvera le thème de la cantine en *Civilisation,* p. 37.

Cahier d'exercices

Exercice 5 (à faire à la maison).
Exercice 7 (à faire en cours).
Exercice 8 (à faire à la maison).

Conjugaison

Exprimer l'obligation

➜ *Conceptualisation.*

Dans un premier temps, les apprenants s'arrêteront sur l'acte de parole « exprimer l'obligation », et pourront voir qu'il y a trois possibilités : l'impératif, connu depuis longtemps, le verbe *devoir* et « *il faut* + infinitif ». C'est en tenant compte de cet acte de parole qu'ils devront observer comment se construit *devoir* et l'apprendre !

Le bon garçon.

→ *Réemploi à l'écrit.*

Correction :
Tu *dois* écouter ton papa et ta maman. On *doit* toujours écouter ses parents.
Nous *devons* être gentils avec les parents, et eux, ils *doivent* être patients avec nous.
Oh, je *dois* rentrer ! Maman m'attend !

Lors de la correction, on peut mimer ce bon garçon bien sage, et se moquer un peu de lui...
On peut aussi demander de le décrire

Cahier d'exercices

Exercices 3 et 6 (à faire à la maison).

Et toi, qu'est-ce que tu dois faire aujourd'hui ?

→ *Réemploi à l'oral.*

Par paires, les apprenants se posent des questions sur ce qu'ils doivent faire après la classe ! On entendra ensuite un certain nombre d'élèves afin que l'ensemble de la classe puisse voir si la majorité des élève a ou n'a pas beaucoup d'obligations..., si les filles ont plus d'obligations que les garçons, etc.

Expression orale

Jeu de rôles.

Le jeu de rôles proposé reprend un peu la situation 1 de la *Compréhension*. Par paires, les apprenants s'essaient à la situation, et l'enseignant passe dans les rangs. Si les apprenants le désirent, certains pourront ensuite jouer la scène en improvisant ! L'élève jouant le rôle de l'enfant dans la paire A improvisera un nouveau jeu avec celui jouant l'adulte dans la paire B. De cette façon, les apprenants ne répètent pas exactement ce qu'ils ont préparé mais doivent s'adapter à la nouvelle situation... comme dans la vie réelle !

Charade

Activité individuelle. Les enseignants qui le désirent pourront parler plus longuement de ce mets bien français, qui peut être à base de viande (foie de volailles ou autres) comme à base de poisson (sardines, etc.).

LEÇON 5

De l'argent pour le clown !

→ **Tu parles d'argent. Tu poses tes conditions. Tu donnes ton opinion.**

➤ *Livre de l'élève : p. 31 à 33*
➤ *Cahier d'exercices : p. 18-19*

Communication	Phonétique	Grammaire	Vocabulaire actif
• Exprimer la condition • Demander et donner son opinion • Comparer des objets et des personnes	• **Révision :** nasales : /ɛ̃/, /ɑ̃/ • Nier, affirmer, réaffirmer : l'intonation avec *si*	• *Oui, non, si* • **La comparaison** (1) (qualité) : – *plus... que* – *moins... que* – *aussi... que* • **La condition :** – *si* + présent + présent – *si* + présent + impératif	Argent de poche Aussi Bouche Canapé Chaîne hi-fi Cher Étagère Fête Gagner Lampe Moins Nez Plus Tapis • **Expressions :** Aller chercher le journal À sa place/à la place de Avoir besoin de C'est bien/C'est mal C'est juste C'est normal C'est le tour de Descendre la poubelle J'ai tout dépensé Je suis d'accord/je ne suis pas d'accord Mettre la table Passer l'aspirateur Qu'est-ce que tu en penses ?

VOCABULAIRE PASSIF

Mots et expressions
Discret
L'autre
Lave-vaisselle
Magasin de farces et attrapes
Paresseux
Signe
Voyant

p. 31
Compréhension

Avant écoute

➜ *Observation des dessins et émission d'hypothèses.*

On fera regarder les trois dessins et on demandera d'imaginer la situation : quelle relation peut-il y avoir entre une situation et une autre ? Entre les trois situations et le titre : « De l'argent pour le clown ! » ? On laissera les apprenants imaginer, puis on demandera d'écouter pour vérifier ces hypothèses.

🎧 **a. Écoute.**

➜ *Compréhension globale à partir des indices visuels et contextuels.*

On fera écouter les trois situations à la suite, afin que tout de suite les apprenants puissent répondre à la question : « *Quelle relation il y a entre les trois situations ?* »
– situation 1 : Marco demande de l'argent à son père pour acheter un nez de clown ;
– situation 2 : Marco gagne cet argent en faisant la vaisselle ;
– situation 3 : Marco se prépare à dépenser cet argent en achetant un nez de clown.
Sans insister sur les mots nouveaux, on passera directement aux questions de compréhension globale, que l'on pourra commenter, le cas échéant, avant d'en entendre la correction.

🎧 **b. Réponds.**

On reprend ici les relations entre une situation et une autre, et on explicite « *il doit* » et le sens de « *c'est mon tour / c'est le tour de papa* ». On pourra élucider le sens de « *discret* » à partir de l'opposition *plus/moins* : en comparant les deux nez, on essaiera de deviner le sens.

🎧 **c. Écoute les réponses** (sur support audio seulement).

➜ *Vérification de la compréhension.*

Transcription :
– Marco a besoin de 3 euros pour acheter un nez de clown.
– Pour gagner ces 3 euros, Marco doit faire la vaisselle.
– Normalement, le papa de Marco doit faire la vaisselle ce jour-là.
– Le nez de clown que Manon préfère est moins cher.

Après écoute des réponses et mise en commun, on pourra s'arrêter sur différents points de détail, tant sur le sens de l'histoire que sur le vocabulaire.
– Marco gagne 3 euros et paye son nez 5 euros.
– *Faire la vaisselle* (expression vue au niveau 1) : chez Manon et Marco, tout le monde fait la vaisselle, même le papa… Mais le papa n'aime pas faire la vaisselle.
« *Et chez vous ?* » Introduire une discussion autour des tâches ménagères partagées équitablement ou non entre adultes et enfants, hommes et femmes à la maison.
On peut aussi introduire des mots nouveaux, opposer *discret* à *voyant* et proposer des phrases comme :
« *Chez Manon et Marco, il n'y a pas de lave-vaisselle* », « *Le papa est paresseux* », etc.

🎧 **d. Répète** (sur support audio seulement).

➜ *Phonétique : intonations interrogatives et avec « si », opposition /ɛ̃/, /ɑ̃/ (nasales).*

➜ *Grammaire : mémorisation de différentes structures.*

Transcription :
Marco : Papa, tu peux me donner 3 euros ?
Son père : Pour quoi faire ?
Bastien : Maman, tu peux me donner 10 euros ?
Mère : Pour quoi faire ?
Son père : Si tu veux 3 euros, il faut les gagner !
Marco : Qu'est-ce que tu en penses ? 5 euros, ce n'est pas cher !
Manon : Si, c'est cher !
Homme : Qu'est-ce que tu en penses ? 100 euros, ce n'est pas cher !
Femme : Si, c'est cher !

Cette activité de répétition a deux objectifs, l'un phonétique (révision), l'autre grammatical. On retravaille l'opposition /ɛ̃/, /ɑ̃/ (*pense, cent, cinq*), on assimile l'intonation des réponses avec *si* (affirmation), en même temps qu'on s'habitue, avant même de les analyser, aux quatre structures suivantes :
– *Pour quoi faire ?* (but)
– *Ce n'est pas… ! Si, c'est… !*
– *Qu'est-ce que tu en penses ?*
– *Si tu veux…, il faut…* (condition)

Faire repérer les différences avec les phrases du dialogue de la leçon est aussi l'occasion de travailler, indirectement, la compréhension orale.

Prolongement : expression orale

Une fois que les apprenants non seulement auront repéré les différences mais aussi répété ces dialogues, on pourra leur demander de créer des phrases sur le même modèle, en leur faisant tirer au sort un nombre :
Élève 1 : « *Papa, maman, tu peux me donner 5, 6, 27, 50, 500 euros ?* »
Les nombres peuvent être soit écrits sur un papier, soit simplement lancés par d'autres élèves…
On pourra alors retravailler, outre l'expression de la condition qu'on découvre ici, l'acceptation et le refus.
Élève 2 :
– refus : « *Non, ce n'est pas possible ! Ah non, pas question !* »
– acceptation : « *Ok, d'accord, pas de problème…* »
– condition : « *Si tu veux X euros, il faut les gagner…* »

> ### Cahier d'exercices
>
> (Révision des verbes au présent)
> Exercice 1 (à faire à la maison).

p. 32
Grammaire

1. « Si », « oui » ou « non » ?

a. Regarde bien les exemples et compare avec les dialogues.
→ *Conceptualisation.*

Après l'exercice de répétition qui vient d'être fait, le retour sur le dialogue et le travail à partir du tableau permettent aisément de comprendre que « si » est une réaffirmation suite à une question interronégative ou à une exclamation négative.

b. Donne les deux réponses possibles…
→ *Réemploi.*

Correction :

• Tu n'es pas grand !	– *Si*, je suis grand ! – Non, *je ne suis pas grand.*
• Il ne va pas vite, le TGV ?	– *Si*, il va vite ! – Non, *il ne va pas vite.*

Prolongement

L'enseignant pourra à loisir provoquer les élèves pour qu'ils emploient « si » : par exemple : « *Zidane n'est pas un bon footballeur; Britney Spears ne chante pas bien* » ; (à un bon élève en français) *Tu ne parles pas le français…* ; (à un mauvais élève en français) T*u ne parles pas le…* (sa langue maternelle), etc.

> ### Cahier d'exercices
>
> Exercice 2 (à faire à la maison). Les élèves devront chercher les solutions dans leurs encyclopédies, sur Internet…

2. La comparaison

➜ *Conceptualisation.*

On travaillera d'abord *plus* et *moins*, dont le sens est connu depuis la *Compréhension*, puis on s'arrê-tera sur l'équivalence avec *aussi*.

d. Fais des comparaisons.

Compare les personnages du livre.

➜ *Réemploi à l'écrit.*

Correction :
• Leïla est *moins* snob *que* Flore.
• Marco est *plus* marrant *que* Thomas (ou *aussi marrant*, selon les impressions des élèves).
• Bastien est *plus* grand *que* Marco.

Compare des personnes de ta classe.

➜ *Réemploi à l'oral, révision du vocabulaire de la description (physique et morale).*

Si les apprenants ont du mal à se lancer, l'enseignant peut lui-même commencer à comparer des élè-ves : « *Pablo est plus blond que Vanessa* », etc.

Cahier d'exercices

Exercice 3 (à faire en cours).
Exercice 7 (à faire à la maison).

---

3. La condition

a. Comment on fait pour poser ses conditions ? Quels temps on emploie ?

➜ *Conceptualisation.*

À partir du tableau, et en se servant du dialogue et de l'exercice de répétition, on remarquera qu'on peut employer les verbes et temps suivants :
– *il faut* (présent indicatif) ;
– *il doit / tu dois* (présent indicatif) ;
– *je peux* (*tu peux, il peut*) (présent indicatif) ;
– verbes à l'impératif.

Note : pour simplifier l'apprentissage, nous avons mis la proposition de condition en début de phrase, mais nous rappelons qu'elle peut tout aussi bien être en fin de phrase : « *Travaille, si tu veux des sous !* »

p. 33

b. Complète en utilisant la « boîte à conditions » du papa de Thomas.

➜ *Réemploi de la condition et enrichissement de vocabulaire.*

On demandera aux élèves de varier les formulations. On en profitera pour enrichir le vocabulaire des « tâches ménagères » en explicitant le contenu de la boîte à conditions du papa de Thomas.

Correction possible :
• *Si tu veux* manger maintenant, *tu dois* mettre la table !
• *Si tu veux* aller au cinéma mercredi, *tu dois faire tes* devoirs de maths.
• Si tu veux inviter tes copains à la maison, *range* ta chambre !
• *Si tu veux aller* à Honfleur avec ta cousine, il faut *être gentil avec* maman.
• *Si tu veux aller* à la fête de 13e J, *tu peux* faire les courses.
• Si tu veux regarder la télé, *tu dois passer* l'aspirateur dans le salon.
• Si tu veux gagner un euro, *va chercher le journal et descends la poubelle !*

Mots et expressions

Tableau 1 : reprise et enrichissement du vocabulaire de la maison

Puisque l'on travaille les tâches ménagères, c'est l'occasion de revoir et d'enrichir le vocabulaire de la maison. Au niveau 1, on avait travaillé quelques éléments de la cuisine et de la chambre : *lit, bureau, placard, frigo, table, chaise, assiette*. Ici, en *passant l'aspirateur* dans le *salon* (voir par exemple le dessin de la leçon 4), on peut trouver *le canapé, un tapis, la chaîne hi-fi, des étagères, une lampe*, etc. On mettra en relation ce tableau de mots avec la boîte à conditions de M. Pichon.
Et on pourra demander à certains élèves de décrire leur salon (« *Dans mon salon, il y a... un canapé vert, un tapis* », etc.).

Tableau 2 : l'expression de l'opinion

🎧 Demander et donner son opinion.

Transcription :
Écoute et répète.
• Qu'est-ce que tu en penses ? Tu es d'accord ?
• C'est bien, c'est mal, c'est cher !
• C'est normal !
• C'est juste, ce n'est pas juste !
• Je ne suis pas d'accord !

Dans ce tableau, ce sont les actes de parole « *demander et donner son opinion* » qui priment, et l'on propose pour cela plusieurs réalisations, certaines d'entre elles connues de façon passive. Après écoute du document, on fera jouer les élèves avec ces expressions et les différentes intonations possibles, en rappelant les possibilités de la négation :
– les versions positives : *c'est bien, c'est normal, je suis d'accord;*
– les versions négatives : *ce n'est pas bien, c'est mal, ce n'est pas juste, ce n'est pas normal, je ne suis pas d'accord !*

Note linguistique : la plupart du temps, « *ce n'est pas mal* » est une litote de la langue courante, qui, au lieu de nier totalement le fait que telle ou telle chose soit « mal », laisse entendre que c'est plutôt bien, voire très bien... Ainsi, une fille devant un beau garçon (ou vice versa) peut dire : « *Pas mal !* » sur un ton franchement positif, ou alors faussement dégoûté : « *Oui, bof, pas mal...* », *pas mal* prenant alors le sens de « moyen ».

Débat : l'argent de poche.

➜ *Expression orale, réemploi de l'expression de l'opinion.*

Ce débat permet en fait de développer deux questions essentielles :
– l'égalité homme/femme (« *Qu'est-ce que tu penses du fait que Marco et son papa fassent la vaisselle* »);
– la répartition des tâches ménagères entre enfants et parents.
Bien que le niveau des élèves ne leur permette pas de débattre très longtemps en français, on peut les aider avec des phrases du type :
« *Le papa de Marco fait la vaisselle cette semaine : qu'est-ce que tu en penses, c'est bien ? c'est normal ?* »
« *Marco fait la vaisselle à la place de son père : c'est bien ?* »
« *Marco gagne de l'argent quand il fait la vaisselle : c'est bien ?* »

Expression

Tu es Marco, trouve cinq possibilités pour gagner de l'argent de poche.

→ *Réemploi à l'écrit de l'expression de la condition et du vocabulaire des tâches ménagères.*

On laissera les élèves écrire à leur guise, individuellement ; on mettra ensuite en commun les conditions, chaque élève lisant sa production.

Jeu de rôles.

→ *Réemploi à l'oral de l'expression de la condition.*

Les élèves travailleront par paires et l'enseignant passera dans les rangs pour corriger. Il est important que les apprenants n'écrivent pas les dialogues : c'est un jeu de rôles, c'est-à-dire un essai de communication spontanée, en « simulé », ce n'est pas un exercice de grammaire. On pourra demander à certains apprenants peu timides de représenter la situation devant la classe.

Je-sais-tout

→ *Interdisciplinaire : géographie.*

Ce *Je-sais-tout* sur l'euro permet de développer un peu le thème de l'Europe des 15, et bientôt des 25 ! On rappellera à l'occasion que la Belgique est francophone, et l'on pourra essayer de voir si les apprenants se souviennent d'une ville de Belgique, ou d'un carnaval : le célèbre carnaval de Binche (vu au niveau 1).

LEÇON 6

Recettes d'artistes

→ **Tu comprends un mode d'emploi, une recette. Tu suis des instructions.**

➤ *Livre de l'élève : p. 34 à 36*
➤ *Cahier d'exercices : p. 20-21*

Communication	Phonétique	Grammaire	Vocabulaire
• Comprendre et donner une recette, un mode d'emploi • Suivre des instructions • Lire et rédiger une recette, un mode d'emploi	• /e/ et /ə/ **Rappel :** /ɛ/ et /e/	• **Les pronoms COD** (2) : à l'impératif et dans les constructions infinitives **Conjugaison :** *mettre, remettre* • **Rappel :** l'impératif	Aider Ajouter Apporter Boisson Bravo Chips Couper Couteau Cuillère Fourchette Goûter Instructions Jeu de cartes Mélanger Mettre Montrer Paquet Préparer Presque Retrouver Retourner Tarte Salé Sans S'occuper de Sucré

VOCABULAIRE PASSIF

Mots

As
Bébé
Cape
Carreau
Cœur
Commentaire
Couvert
Cuisinier
Dame
Devenir
Essayer
Faire la décoration
Four
Magicien

Magique
Minuscule
Pauvre
Pépé
Pièce
Pique
Quiche
Roi
Trèfle
Valet

Expressions

D'un côté... de l'autre
Être en train de
La voilà
Tour de magie
Tout d'abord

Compréhension

→ *Compréhension d'informations contenues dans de courts textes semi-authentiques.*

→ *Compréhension orale.*

🎧 a. Lis et écoute.

• Document 1

C'est un fac-similé de page informative d'un site Web imaginaire, le site de l'association 13ᵉ J, dans laquelle, entre autres, les personnages du livre suivent un atelier informatique (« l'atelier-net » de la leçon 3). Il évoque la fameuse fête du 13 janvier, dont on a parlé dans la BD de l'unité 1.

Lecture simple

Après lecture, l'enseignant pourra demander :
« *Vous vous rappelez de 13ᵉ J ? C'est quoi ?* » (Une association pour les jeunes.)
« *Qu'est-ce qu'on fait dans cette association ? Cherchez la réponse dans les leçons précédentes.* »
On peut ensuite faire imaginer l'adresse Web de 13ᵉ J : www.13J.fr, www.13emeJ.com, etc.
« *Vous vous rappelez la BD, de quoi on parle dans la BD ?* » (D'une fête.)

On mettra donc en relation la fête évoquée dans la BD et celle évoquée ici : « *Quels gâteaux il y a pour la fête ?* » **Dans la BD** : Manon fait un gâteau au chocolat, Lou apporte des gâteaux à la noix de coco, et Leïla ses cornes de gazelle ou gâteaux aux amandes… Les garçons, eux, on ne sait pas.
Dans 13ᵉ J infos : on découvre ce que font certains garçons (Bastien, Karim et ses copains).

Lecture avec écoute

On fera lire et écouter en même temps, puis on travaillera le sens de « *C'est une surprise !* », déjà rencontré lors d'un exercice précédent. On fera remarquer que la situation 2 est justement l'une des surprises.

• Document 2

🎧 b. Thomas prépare un tour de magie pour la fête…

Avant lecture

On fera observer les dessins et le type de texte : un mode d'emploi. On pourra s'arrêter un moment en langue maternelle sur les cartes, le type de cartes que l'on a dans le pays et celui qu'on trouve en France. On repérera avec les élèves la valeur des cartes dessinées (*as, roi, dame, valet, dix*) et leur couleur *(cœur, pique, trèfle, carreau),* qu'on citera une première fois, avant lecture et écoute.

Note culturelle : en France, le jeu de cartes le plus courant est un jeu de 52 cartes (54 avec les jokers) contenant les **couleurs** suivantes : cœur, pique, trèfle, carreau, et les **valeurs** suivantes, par ordre décroissant : as, roi, dame, valet, dix, neuf, huit, sept, six, cinq, quatre, trois, deux. Dans certains pays francophones, en Afrique du Nord par exemple, le jeu de cartes courant est celui contenant les « couleurs » suivantes : épée, coupe, bâton, écu, et les valeurs suivantes : as, roi, cavalier, valet, celui qu'on appelle en Espagne « la baraja española ».
Le jeu de cartes est intéressant en ce sens qu'il est présent dans tous les milieux sociaux et à tous les âges. On jouera plus au *bridge* dans les milieux bourgeois, à la *belote* dans les milieux plus populaires. Les enfants de tous milieux ont appris à jouer aux cartes avec la *bataille* (où la carte la plus forte gagne), le *pouilleux* (où l'on fait des paires mais on ne garde qu'un seul valet de pique; celui qui le récupère ne pouvant faire de paire, se retrouve « pouilleux »), ou le *7 et demi*…
Un échange scolaire autour des règles des jeux de cartes peut être intéressant pour les élèves.

Lecture et écoute simultanée

Tout en découvrant le document écrit, les apprenants vont entendre les réactions de Thomas, un apprenti magicien, réactions qui ne sont pas écrites dans le livre de l'élève et dont ils devront comprendre le sens global.
Après cette première écoute, on demandera simplement aux élèves de « montrer » le tour de magie sur le dessin (le petit D dans la dame de cœur).
Ensuite, on fera réécouter.

Deuxième écoute

→ *Compréhension motivée par des actions concrètes : comprendre et agir.*

Matériel conseillé : un jeu de cartes, une « cape » noire (un bout de tissu noir).

Cette deuxième écoute se fera petit à petit, et avec un cobaye et son « aide » qui iront devant la classe. Le « cobaye » suivra les instructions du livre et fera comme Thomas. Lorsqu'il ne comprend pas, son aide lui souffle à l'oreille ce qu'il doit faire. Nous proposons les coupures suivantes, qui permettent de changer trois fois de cobaye.

1. Texte et transcription des commentaires de Thomas :
Attention, ce jeu de cartes est magique !

Tout d'abord, concentre-toi.	**Thomas :**
Mets ta cape noire de jeune magicien.	Oui je la mets.
Les cartes sont magiques : regarde-les !	Oui, je les regarde.
D'un côté l'as, le roi, la dame, le valet : tu les reconnais ?	Oui, OK.

Le premier cobaye devra donc : mettre sa cape, montrer dans le jeu à sa disposition l'as, le roi, la dame et le valet. Si l'enseignant n'a pas apporté de matériel, le « magicien-cobaye » devra faire semblant de mettre une cape et montrer les cartes sur le livre. Il pourra, s'il le désire, répéter les commentaires de Thomas.

On demandera si nécessaire à l'ensemble de la classe de retrouver ces commentaires, que l'enseignant ou un autre élève écrira au tableau

2. Deuxième magicien-cobaye

De l'autre, les cartes sont couvertes.	
Prends par exemple la carte de la dame de cœur.	La voilà.
Retourne-la.	
Regarde bien… au coin, à droite.	
Il y a un signe, un D minuscule dans un cœur !	Oui, je le vois.

Le deuxième magicien-cobaye et son aide procèdent comme les premiers. Attention, si vous utilisez un vrai jeu de cartes, vous devez écrire un petit *d* au crayon sur le dos de la dame de cœur !

3. Troisième magicien-cobaye

Mets la carte dans le paquet.	
Mélange-le.	Oui.
Retrouve la carte sans la retourner !	Attends, attends… Ça y est !
Bravo, tu es un jeune magicien !	Euh. Presque…

Le troisième magicien et son aide font de même. Ils auront peut-être du mal à trouver la carte en question : tant mieux ! Ainsi, ils comprendront mieux le sens du commentaire de Thomas : « Presque ! »

p. 35

🎧 **c. Réponds.**

→ *Mise en commun de la compréhension.*

C'est seulement après ces activités que l'on demandera aux apprenants de reprendre l'ensemble de la page pour répondre aux questions. Encore une fois, au lieu de donner la réponse, on leur fera entendre celle qui est proposée dans le document audio. On pourra donner, le cas échéant, des pistes pour répondre à la question « *Pourquoi la fête est 2 fois 13ᵉ J ?* », en demandant de trouver deux chiffres 13 et à quoi ils correspondent, ainsi que deux mots qui commencent par « j ».

🎧 **d. Écoute les réponses** (sur support audio seulement).

→ *Vérification de la compréhension.*

Transcription document 1 :
• Dans 13ᵉ J infos, on parle de la fête qui se prépare.
• La fête est « 2 fois 13ᵉ J » : elle est 13ᵉ J pour *13ᵉ Jeunes* et pour la date : *13 janvier* !
• Bastien prépare une tarte salée, Karim s'occupe des boissons, Flore et Lou font la décoration… Et rappelez-vous : Leïla et Manon font des gâteaux !

Après écoute de ces réponses, on explicitera certains mots comme *boissons, cuillères, fourchettes,* et on pourra se poser plus de questions sur la préparation de la fête : « *Quels sont les personnages qu'on connaît et qui ne sont pas cités ?* »
– Thomas et Marco… *surprise !* « *À votre avis, quelle est la surprise ?* »

Transcription document 2 :
• Pour devenir Jeune Magicien, il faut beaucoup s'entraîner et avoir le jeu de cartes JM.
• Pour reconnaître la dame de cœur dans le paquet de cartes, il faut regarder les cartes au coin à droite, il y a un signe D pour la dame de cœur.
• Thomas dit par exemple : « Oui, OK », « Je la regarde », « La voilà », « Attends attends, ça y est »…

Après ces commentaires de Thomas (que l'on pourra avoir écrits au tableau préalablement ou lors de cette correction) on passera à l'activité suivante.

🎧 e. Écoute et répète (sur support audio seulement).
➜ *Phonétique : intonation dans l'expression de l'ordre.*
➜ *Grammaire : les COD à l'impératif.*

Transcription :
• Regarde-les ! Tu les reconnais ?
• La voilà ! Retourne-la !
• Prends-le ! Mélange-le !
• Attends, attends ! Ça y est !

On travaille ici à la fois les intonations liées à l'ordre et la systématisation des COD à l'impératif. Grâce à ces répétitions, la conceptualisation et la manipulation des COD à l'impératif seront facilitées. On conseille donc de ne pas éluder cette activité.

Mots et expressions

➜ *Enrichissement du vocabulaire et réflexion sur la langue : classement.*
Le tableau est en vrac pour que les apprenants puissent eux-mêmes procéder à des opérations de classement (par champs sémantiques, par catégories grammaticales) qui les aideront à mémoriser. Il est à mettre en relation avec les stratégies d'apprentissage de *Pour apprendre* dans le cahier d'exercices.

Note culturelle : la quiche la plus connue est la quiche lorraine, à base de lardons, œufs et crème fraîche. Petit à petit, dans les boulangeries, charcuteries et restaurants, la base de la quiche lorraine a été transformée pour offrir une grande variété de tartes salées : en plus de la quiche lorraine, on trouve des quiches au fromage, des quiches au saumon et aux épinards, des tartes aux poireaux, etc. Nous avons proposé la quiche au fromage, qui a l'avantage d'être au goût de tous.

Classer
• **Groupe 1 :** en fait, plus qu'un grand groupe où les élèves travailleraient tous ensemble, on voudrait ici que la moitié de la classe s'attache à classer les mots ainsi, mais par exemple, par sous-groupes de deux ou trois.

Nourriture	Cartes	Autres
quiche au fromage	cœur	instructions
tarte salée	pique	s'occuper de
chips	trèfle	apporter
boissons	carreau	presque
cuisinier/cuisinière	un jeu de cartes	*mélanger*
goûter	*magique*	*couper*
couteaux	*magicien*	*montrer*
fourchettes	*couper*	
cuillères	*montrer*	
mélanger	*mélanger*	
couper		

Comme on peut le voir, certains mots, en particulier les verbes, peuvent se trouver dans différentes colonnes. Cela, loin d'être un problème, permet aux apprenants d'appréhender la polysémie des mots, et de tenir compte du contexte au moment de deviner le sens d'un mot : ce n'est pas la même chose de *mélanger le sucre et la farine* pour faire un gâteau, que de *mélanger les cartes* ; de même, *couper du pain* est différent de *couper un jeu de cartes*. Le fait que plusieurs personnes s'attellent à cette tâche permet de confronter les points de vue, tous justes !

On en profitera bien sûr pour reprendre le vocabulaire déjà connu appartenant aux mêmes champs sémantiques :
– nourriture : *les repas*, l'action de *mettre la table* avec les *assiettes, verres* et *couverts* (*fourchettes, couteaux, cuillères*), les aliments connus ;
– cartes : on élargira le champ à tout ce qui est jeu.

• **Groupe 2 :** cette autre moitié de classe procédera comme la première (différents sous-groupes réalisant la même tâche) et on spécifiera bien sûr que l'on ne veut pas de déterminants avant les noms (*un, une, des*).

Verbes	Noms	Adjectifs	Autres
apporter	quiche (au fromage)	magique	presque
mélanger	tarte (*salée*)	*salée*	
couper	cuisinier/cuisinière		
montrer	instructions		
s'occuper de	surprise		
goûter	couteaux		
	magicien		
	fourchettes		
	cœur		
	pique		
	trèfle		
	carreau		
	cuillères		
	jeu de cartes		
	goûter		

En confrontant les classements des élèves et les deux tableaux, on se rend compte avec eux que :
– les verbes peuvent servir dans différentes situations (cartes, magie et cuisine, par exemple) ;
– il y a des verbes qui sont aussi des noms (*le goûter* et *goûter* / *le déjeuner* et *déjeuner*) ;
– les adjectifs servent à qualifier le nom : cartes *magiques*, tarte *salée*.

Prolongement : rappel du vocabulaire

À partir de ces découvertes, on pourra revoir avec les apprenants du vocabulaire déjà connu :
– les repas : *petit déjeuner/prendre son petit déjeuner, déjeuner/déjeuner* (ou bien souvent *manger*), *goûter/goûter, dîner/dîner* ;
– les contenus des repas : *viande, poisson, légumes,* etc. ;
– les adjectifs permettant de qualifier les mots nouveaux : jouer avec l'idée de *fourchette, assiette, verre « magique »* ; jouer avec des adjectifs qualificatifs connus, et jouer sur les oppositions : *une tarte sucrée, une assiette verte, une petite cuillère, une grande cuillère,* etc. ; *bonne* surprise/*mauvaise* surprise.

Et toi, pour les fêtes, qu'est-ce que tu fais ? Quelle surprise tu prépares ?...
→ *Expression orale.*

Cette question à brûle-pourpoint peut désarçonner les élèves, qui dans beaucoup de cas ne font rien (n'organisent rien) eux-mêmes. On peut, au choix, leur demander ce que fait leur mère (comme repas, etc.) ou leur dire : « *Imagine : tu fais une surprise pour la fête de ta famille... C'est quoi, la surprise ?* »
On peut leur donner bien sûr quelques jours pour réfléchir...
Les enseignants qui le désirent pourront demander de « *préparer la surprise* » par écrit !

Conjugaison

a. Rappel : l'impératif.

On revoit ici ce qu'on sait déjà (il y a trois personnes à l'impératif) et, en cherchant dans le texte, on se familiarise avec la présence des COD à l'impératif.

> ### Cahier d'exercices
>
> Exercice 1 (à faire à la maison).
> Exercice 2 (à faire à la maison). Peu importe que l'impératif soit au singulier ou au pluriel, on laissera les apprenants choisir
> Exercice 3 (à faire en cours). Faire remarquer qui doit faire les actions à chaque moment : Denis (singulier) ou sa sœur et lui (pluriel).
> Exercice 8 (à faire à la maison).

b. *Mettre, remettre, permettre.*

→ *Conceptualisation : observation.*

Les actes de parole travaillés dans cette leçon vont bien au-delà de l'impératif : suivre ou donner des instructions, lire un mode d'emploi, tout cela demande non seulement la maîtrise de l'impératif mais aussi celle d'autres constructions comme « *il faut* » et des constructions infinitives, très courantes dans les modes d'emploi, et souvent suivies de pronoms COD.

Les deux verbes essentiels pour « *suivre des instructions* » sont *prendre* (déjà vu en unité 1) et *mettre*. (On peut bien sûr rajouter, selon les instructions, des verbes que nous n'avons pas évoqués dans cette méthode comme *éteindre/allumer*, *appuyer* sur le bouton, etc.). Le verbe *mettre* est sans doute connu de façon passive à cause des consignes de l'enseignant : « *Mettez votre manteau ! Mettez votre livre dans votre cartable* », etc. Mais si le sens est connu, il est temps d'en aborder la conjugaison. Profitons-en pour rappeler l'existence de verbes à même racine : *remettre* et *permettre* (on a travaillé « *demander la permission* » dans l'unité précédente).

Lorsqu'on observera le tableau, on fera attention à la prononciation : (*je mets, tu mets, il met* peuvent se dire /mɛ/ ou /me/, mais *ils mettent* se dit obligatoirement /il mɛt/ (on n'entend pas le « *-ent* » final).

Le petit exercice qui suit permet aux apprenants de relier le verbe *mettre* à l'habillement...

Complète en conjuguant *mettre.*

→ *Réemploi à l'écrit.*

Correction :
Le journaliste anglais : Qu'est-ce que vous *mettez* pour aller en EPS ?
Thomas : Pour faire du sport, nous *mettons* un survêtement et des baskets.
Les 4ᵉ B font de la natation, ils *mettent* un maillot de bain
Manon : Où est mon cartable ?
Thomas : Devant toi, Manon ! *Mets* tes lunettes !

> ### Cahier d'exercices
>
> Exercice 4 (à faire à la maison).

p. 36
Grammaire

Place des COD « le », « la », « les », « l' »

a. Cherche les pronoms compléments d'objet direct dans les deux documents.

→ *Repérage, conceptualisation.*

• Quand le verbe est l'impératif, ils sont *après le verbe*.
• Quand le verbe est l'infinitif, ils sont *avant le verbe*.

Après le travail sur l'impératif, il est aisé pour les élèves de répondre à ces questions. On pourra de

toute façon, outre les exemples du livre donner, le cas suivant :
*Aide-**les**.*
*Tu dois **les** aider.*

Il est utile, dans le cas de la place du COD, de comparer avec la langue maternelle, afin que l'élève ait bien conscience des différences et difficultés. Les exercices qui suivent, à difficulté progressive, permettront petit à petit d'assimiler cette éventuelle difficulté.

b. Transforme les mots soulignés par un pronom COD.
Continue en employant l'impératif.

→ *Réemploi à l'écrit.*

Correction :
Prenez les quatre dames de votre jeu de carte :
Regardez-*les*.
Mettez-*les* dans le paquet.
Mélangez-*les* avec les autres cartes.
Retrouvez-*les* en 5 minutes.

Cet exercice de transformation est facile à faire puisque le COD est toujours le même. Il est important d'insister pour que l'élève réécrive et redise la phrase entière et non pas simplement le verbe et son COD.

Mets le pronom COD au bon endroit.

Correction :
Vous voulez *l*'essayer ?
Prenez un pain
Ouvrez-*le* !
Il faut une pièce en chocolat.
Vous devez *la* montrer au public.
Mettez-*la* dans le pain.
Mettez le pain au four 5 minutes.
Sortez-*le* !
Où est la pièce ?

Cet exercice est nettement plus difficile, puisqu'il demande :
– de trouver le bon COD ;
– de le placer au bon endroit (avant ou après le verbe)
La correction collective permettra aux apprenants en difficulté de mieux comprendre le mécanisme.

Cahier d'exercices

Exercice 5 (à faire à la maison).
Exercice 6 (à faire en cours).
Exercice 7 (à faire en cours). Faire remarquer aux élèves le genre et le nombre des adjectifs. Plusieurs réponses sont possibles.

Prononciation

1. /ə/ et /e/ : « le » et « les »

🎧 **a. Souligne ce que tu entends.**
→ *Exercice de discrimination.*

Transcription :
Mettez-le. Aide-les.
Ajoute-le. Coupez-le.

On remarquera ici la présence du « e » muet et l'importance, pour comprendre le français, de la bonne discrimination entre les sons /e muet/ /ə/ et /e/. En effet, c'est ainsi que l'on va entendre deux différences grammaticales et sémantiques de taille :
– *le*/*les* (articles et COD) ;
– les terminaisons verbales -*e*/-*ez*.

b. Prononce la différence.

→ *Prononciation, répétition.*

Une fois réalisé le travail de discrimination, il peut être renforcé par un travail de prononciation, accompagné de l'enregistrement audio. Nous conseillons fortement de s'arrêter sur cet exercice.

Mettez-<u>le</u>   Mettez-<u>les</u>
Ajoute-<u>le</u>   Ajoute-<u>les</u>
Aid<u>ez</u>-<u>le</u>   Aide-<u>les</u>
<u>Coupez-le</u>   <u>Coupe-les</u>

Virelangue.

→ *Prononciation, répétition.*

Le pépé de Papet aime le bébé de Babette.
Mais Babette n'aime pas Papet.
Et Bébé n'aime pas Pépé.
Pauvre Pépé !

On entend ici les sons /e/, /ɛ/ et /ə/ qu'on peut répéter à toute vitesse ! On retravaille aussi l'opposition /p/ sourde et /b/ sonore.

Chanson

Chante la chanson des cuisiniers.

Cette chanson « gourmande » pourra être chantée lors du projet, d'une fête, ou de toute autre activité, comme en fin de cette leçon. Elle reprend et permet de systématiser le travail sur /E/ et /e/ et /è/ (j'aime), ainsi que la place des COD.
Les apprenants écoutent une première fois la chanson, puis continuent les paroles dans la version « semi-karaoké » qui suit.

p. 37 à 40
■ *Échos* ■

→ *Communication : comprendre et donner une recette.*

→ *Civilisation : gastronomie en milieu scolaire, plats typiques.*

Vocabulaire actif	Vocabulaire passif
Battre Bruit Cafétéria Casser Dessert Entrée Faire la queue Omelette Pâtes Sel Steak haché Tâches ménagères Verser	Chou Courgette Crème fraîche Cru Cuit Débarrasser Épinards Faire l'appel Faire la queue Faire plein de choses Frais/fraîche Gâteau marbré Mélange Moule Nouilles Pâte à tarte Plat favori/préféré Poêle Poireau Poisson pané Poivre Potage Sachet de levure en poudre Saucisson Surveillant Tomate farcie

Expressions	Expressions
Bon appétit ! C'est bon/ c'est mauvais C'est quand, le contrôle, madame… ? Je peux commencer ? Moins vite, s'il vous plaît ! Qu'est-ce que je dois revoir ? Parle plus fort/plus lentement	C'est long C'est prêt Des fois Doucement, s'il vous plaît Il faut revoir tes conjugaisons…

p. 37
Civilisation : La cantine

→ *Compréhension écrite globale.*

Note culturelle : la cantine est sans nul doute un élément important de la vie des collégiens, qui pour la plupart y mangent. C'est aussi un lieu d'intégration, puisque les plats les plus courants proposés sont à la fois des spécialités nationales (lentilles au petit-salé, par exemple) et internationales (le couscous). Un des classiques de la cantine, c'est aussi le plat de *nouilles* : pâtes collantes et souvent trop cuites qui feraient frémir de dégoût les adeptes des spaghettis « al dente »… Une enquête récente a montré que la plupart des enfants fréquentant la cantine avaient des goûts et des connaissances culinaires plus variés que ceux qui ne la fréquentaient pas, car la cantine propose encore des plats rompent avec les pratiques alimentaires des ménages français, habitués aux surgelés en tout genre.
Par ailleurs, sur les sites Internet adolescents, on peut remarquer que le thème de « pour ou contre la cantine » est un thème récurrent, car il intéresse beaucoup de jeunes.

1. Comment ça se passe ?…

→ *Compréhension écrite globale.*

Dans ce document, les apprenants découvrent le déroulement d'un déjeuner à la cantine. On peut leur demander d'en décomposer les quatre moments principaux :
1. Appel.
2. Passage devant les plats (cafétéria) : entrée, plat et dessert.
3. On se met à table (4 à 8 par table) et on mange.
4. Débarrasser ; faire la queue pour déposer le plateau.
Ou alors, à partir du mot *cafétéria*, transparent dans de nombreuses langues, l'enseignant pourra poser la question : « *La cafétéria, ça fonctionne comment ?* »
On comparera ensuite avec le texte.
Les expressions « *faire l'appel* » et « *faire la queue* » sont courantes et sans doute connues dans leur sens passif ; si ce n'est pas le cas, l'enseignant pourra dire : « *Je vais faire l'appel* » et commencera à appeler les élèves.

Comparer avec le système éducatif local : la cantine existe-t-elle dans le pays des élèves ? Est-ce qu'on fait l'appel ? Est-ce que c'est une cafétéria ? Est-ce qu'on doit débarrasser en partant ?

Comparer la composition d'un repas : entrée, plat et légumes, desserts. Est-ce que c'est différent dans le pays des élèves ?

2. Qu'est-ce qui est bon à la cantine ?…

→ *Reprise et élargissement du vocabulaire de la nourriture.*

On découvre ici quelques-uns des plats classiques de la cantine en France et on peut comparer avec la cantine dans le pays de l'apprenant. On remarque que le poisson ne fait pas l'unanimité et que les légumes verts accompagnent souvent les plats, ce qui n'est pas le cas de certains pays. Comme un peu partout, frites et pâtes sont appréciées des adolescents. Est-ce le cas dans le pays de nos apprenants ?

3. Est-ce que c'est bien, la cantine ?…

→ *Donner une appréciation, donner son opinion.*

→ *Reprise de « beaucoup de », « trop de », etc.*

→ *Opposition « bien/bon ».*

On s'arrêtera ici sur l'opposition *bien / bon*. Pour Jean, la cantine, c'est bien, c'est super, mais ce n'est pas bon, parce que ce qu'on y mange n'est pas bon à manger.

Les élèves rempliront un tableau avec les éléments négatifs et positifs, comme ci-dessous, et puis on leur demandera leur avis sur la question.

	Positif	Négatif
Nina	bonnes choses à manger	
Aurore		pas bon (trop cuit, trop cru) du bruit
Louis	les surveillants sympas	
Jean	super (jouer avec les copains)	pas très bon

Prolongement : sondage

Si de nombreux élèves sont à la cantine, on pourra réaliser un sondage en deux temps :
– « *Qui trouve que la cantine, c'est bon ?* »
– « *Qui trouve que la cantine, c'est bien ?* »
Les apprenants n'allant pas à la cantine compteront les points et feront les pourcentages et commentaires.

p. 38
Projet : salé-sucré

1. Salé

Lisez la recette de la quiche au fromage de Bastien.

➔ *Compréhension écrite, suivi de réalisation : comprendre et agir.*

Les apprenants prendront connaissance de la première recette, évoquée lors de la *Compréhension* de la leçon 6. Ils verront que dans une recette, on a toujours deux parties : une partie qui donne les ingrédients et une autre qui décrit le déroulement. C'est une organisation que l'on retrouve dans les instructions et modes d'emploi pour d'autres domaines que la cuisine : matériel nécessaire, déroulement des opérations.

À partir des dessins, les apprenants pourront découvrir le sens des ingrédients et la façon dont on prépare la recette.

Si les installations de votre collège le permettent, il est conseillé de faire faire la tarte, sinon, on peut « faire semblant » en utilisant les substituts suivants :
– *fromage râpé* : papier journal coupé en tout petits morceaux ;
– *crème fraîche* : mousse à raser ;
– *œufs* : capsules d'œufs Kinder ;
– *pâte à tarte* : une feuille enroulée ;
– il faudra aussi deux récipients : le moule à tarte (couvercle de boîte à chaussures), le « saladier » dans lequel on mélange tout (le bas de la boîte à chaussures).

On demandera donc aux élèves : de casser les œufs Kinder ; de faire semblant de mélanger avec la mousse à raser ; d'ajouter le papier journal ; de mettre la feuille de papier dans le « moule » qu'est le couvercle de boîte à chaussures ; de saler et poivrer avec la main ; de mettre au four en mettant sous une table…

Maintenant qu'ils savent *casser* et *mélanger, saler, poivrer*, les apprenants peuvent entendre une nouvelle recette, qu'ils feront à la maison !

2. Sucré

🎧 La recette du gâteau marbré de Manon.

➔ *Compréhension écrite et expression écrite.*

Les apprenants liront d'abord la liste des ingrédients et, en se servant des actions décrites dans la préparation de la tarte salée, ils essaieront d'écrire, par groupes de deux ou trois, la partie « *préparation* ». Ils ont pour cela une photo du gâteau marbré et des dessins leur permettant de comprendre comment on obtient la « marbrure » (une pâte chocolatée et une pâte « nature » versées alternativement).

Avant de passer à l'écoute, on entendra et commentera (sur le plan du sens) quatre ou cinq versions de cette recette.
On passera ensuite à l'écoute.

➜ *Compréhension orale.*

Transcription :
Ingrédients
1 sachet de levure en poudre
6 œufs
200 g de beurre, de farine, de sucre
75 g de chocolat noir à dessert

Préparation
Mélangez le beurre fondu et le sucre.
Ajoutez les œufs un à un.
Ajoutez la farine et la levure.

Séparez la pâte en deux moitiés.
Prenez une moitié, et mélangez-la avec le chocolat fondu.

Versez un peu de pâte blanche dans le moule.
Versez un peu de pâte chocolatée.
Recommencez.

Mettez au four chaud (200°).
Laissez cuire 45-50 minutes.
Le gâteau est prêt !
Sortez-le du four, démoulez-le !

➜ *Compréhension globale.*

« Qu'est-ce qu'on mélange ? Dans quel ordre ? »
« Qu'est-ce qu'on sépare ? Qu'est-ce qu'on verse ? »
« Combien de temps on fait cuire ? »
À l'aide des dessins et grâce au travail préalable, il est facile de répondre à ces questions.

➜ *Compréhension détaillée, dictée.*

L'enseignant peut aussi décider de profiter de l'occasion pour que les élèves prennent la recette sous la dictée. Dans ce cas, nous lui proposons la dictée à trous suivante :

Préparation
Mélangez .... fondu et le ....
Ajoutez les œufs un à un.
.... la levure.

.... pâte en deux moitiés.
Prenez une moitié, et .... fondu.

Versez .... blanche dans le ....
.... chocolatée.
....

.... chaud (200°).
Laissez cuire ....
Le gâteau est prêt !
Sortez-le du four, démoulez-le !

Prolongement : enrichissement du vocabulaire

Suite à cette dictée, on pourra travailler le vocabulaire suivant :
– *moule, mouler, démouler ;*
– *cuire, laisser cuire, faire cuire ;*
– *le mélange, mélanger ;*
– l'opposition *gâteau* (les éléments sont mélangés avec la pâte*) / tarte* (les éléments sont au-dessus de la pâte).

Nous sommes dans une activité de projet et, idéalement, les apprenants doivent réaliser ensemble ces tartes salées et gâteaux sucrés, qu'on mangera de bon cœur en dansant le zouk de bonne année ou en chantant la chanson des cuisiniers ! Si cela est trop difficile à réaliser dans la classe, les apprenants peuvent donner la recette d'autres gâteaux et constituer ainsi un petit recueil de cuisine pour la classe, qui pourra servir en dehors : pour le journal du collège, pour les échanges scolaires, etc.

p. 39
BD : 13ᵉ J en fête !

→ *Compréhension écrite et orale autonome.*

La célèbre fête de 13ᵉ J a enfin lieu : on verra ici les surprises dont on parle en leçon 6, et la quiche au fromage de Bastien.
On connaît les personnages, la situation et la plupart du vocabulaire. Seul le mot *cirque* est nouveau, la compréhension peut donc se faire de façon absolument autonome, sans même l'intervention de l'enseignant.

Lecture-écoute simultanée

Néanmoins, pour les enseignants qui voudraient réaliser une activité de compréhension autour de cette BD, nous proposons une lecture-écoute simultanée, suivie des questions suivantes :
« *Qui danse ? Qui veut danser ? Avec qui ?* »

En fait, on voit Thomas et Lou danser, et Karim chercher à danser avec Flore. Implicitement, les deux garçons sont intéressés par la même fille… On peut bien sûr demander : « *À ton avis, est-ce qu'elle va danser avec Karim ? avec Bastien ?* », « *À ton avis, elle aime la quiche au fromage ?* »

On passera ensuite à la deuxième partie de la BD et on demandera : « *Quelles sont les surprises de la fête ?* »
Encore une fois, on pourra demander quelque chose de l'ordre du subjectif et de l'implicite *:* « *Est-ce que Marco fait bien le clown ?* », « *À ton avis, est-ce que Thomas est un bon magicien ?* »

Prolongement : expression orale, donner son avis (reprise)

Plutôt que la dramatisation de toutes les scènes, qui pose problème à cause de la chute de Marco, nous proposons de nous arrêter sur la dramatisation et transformation des premières vignettes.
Puisqu'on a réalisé des gâteaux et des tartes lors du projet, on proposera à cinq garçons d'aller demander à des filles : « *Comment tu la trouves ma quiche au fromage ?* » ou « *Tu le trouves comment, mon gâteau marbré ?* »
Et on aidera les apprenants à trouver les réponses possibles, qui ne sont pas dans la BD : *très bon, très bonne, excellent(e), bon(ne), pas très bon(ne), bof, mauvais(e), pas bon(ne) du tout.*

p. 40
Bilan : tu sais...

1. Demander/donner la permission

Jeu de rôles à faire jouer à deux : l'enseignant passe dans les rangs et propose éventuellement des corrections.
Type de phrases à entendre :
– Est-ce que je peux aller jouer dehors ?
– Je vais dans la rue, tu veux bien ?
– Est-ce que je peux descendre dans la rue avec les copains ?
– *Oui, tu peux / Non, je ne veux pas / Non, tu ne peux pas.*

2. Exprimer l'obligation et la condition

Individuellement, à l'écrit ou à l'oral, on entendra dans la classe le plus de réponses possible, reprenant toutes les possibilités grammaticales travaillées, ainsi que le vocabulaire de la maison. Par exemple :
– *Si tu veux sortir, il faut descendre la poubelle.*
– *Si tu veux sortir, tu dois demander à ton père, faire la vaisselle, passer l'aspirateur...*
– *Si tu veux sortir, finis tes devoirs.*

3. Faire les courses

À jouer oralement à deux, avec une préparation préalable : la liste de courses. L'enseignant passe dans les rangs et écoute. Ou trois paires d'apprenants jouent la scène devant la classe.

4. Donner ton opinion

Discussion à bâtons rompus dans la classe. Si les élèves ont du mal, on leur demande de relire le tableau « Donner son opinion ».

5. 🎧 Comprendre un mode d'emploi. Suivre des instructions

La maman de Marco n'est pas là ce midi. Écoute les instructions...

Transcription :
Désolée mon chéri, j'ai une réunion de travail. Mais tu as un déjeuner tout prêt. Il y a de la salade mexicaine dans le frigo, à côté du jambon. Et puis il y a une pizza surgelée. Prends-la, enlève le plastique, mets-la sur une assiette. Mets-la dans le four à micro-ondes 3 minutes. C'est prêt ! Comme dessert, il y a de la mousse au chocolat. Bon appétit !

Correction :
• Entrée : salade mexicaine
• Plat : pizza surgelée
• Dessert : mousse au chocolat

Comment on prépare une pizza surgelée ?...

Correction :
On prend la pizza, on enlève le plastique, on la met sur une assiette et dans le four (3 minutes).

La compréhension est globale car bon nombre de mots sont nouveaux. L'enseignant qui le désire pourra s'arrêter sur la situation typique de la vie quotidienne des citadins et sur les éléments nouveaux à déchiffrer.

Cahier d'exercices

Échos p. 22-23.
Une fois réalisé ce *Bilan* dans la classe, l'enseignant pourra proposer aux élèves de se reporter à leur *Portfolio* pour s'autoévaluer, et ensuite de faire, dans l'ordre qui leur paraît le plus évident, les activités *Échos* du cahier d'exercices, activités qui sont une bonne préparation à l'évaluation sommative de fin d'unité.
L'enseignant peut aussi décider de travailler en classe les activités du cahier, et ce durant le travail de la partie *Échos* du livre.
Par exemple, les informations « pour apprendre » sont très utiles avant le bilan, qui contient de nombreuses activités d'expression orale.
Nous donnons ici aux enseignants une idée du contenu de ces *Échos* du cahier d'exercices.

Exercice 1 : révision de l'interrogation et des partitifs.
Exercice 2 : révision des pronoms COD.
Exercice 3 : révision de l'obligation et du vocabulaire de l'unité.
Exercice 4 : révision de la condition et du vocabulaire de l'unité.
Exercice 5 : révision du vocabulaire de la nourriture, des partitifs et de la quantité.
Exercice 6 : révision de la comparaison.
Compréhension écrite : Exercice 7.
Expression écrite : Exercice 8 : révision des quantités précises et imprécises, de l'obligation, des pronoms COD et des mots et expressions (nourriture...).

UNITÉ 3 — LA DISPARITION

➤ *Livre de l'élève : p. 41 à 54*
➤ *Cahier d'exercices : p. 24 à 31*

Objectifs d'enseignement/apprentissage

• Développer chez l'apprenant sa capacité à mettre en relation différents types de documents : iconographiques, écrits, oraux.
• Développer les stratégies de compréhension de récit.
• Entraîner l'élève à la lecture de différents types de textes : faits divers, messages électroniques, courrier des lecteurs.
• Faire réfléchir l'élève sur l'influence des revues et des « stars » dans la vie des adolescents.
• Développer l'organisation en équipe et la coopération avec les autres pour un projet commun.
• Travailler à l'oral les différences entre les consonnes sourdes et les consonnes sonores.
• Donner l'occasion à l'apprenant d'émettre des hypothèses sur une histoire, de trouver des indices, des causes.
• Donner l'occasion à l'apprenant de donner son avis sur une personne, une revue, une histoire.
• Développer la capacité à l'auto et l'hétéro-évaluation.

Communication	Phonétique	Grammaire	Vocabulaire	Civilisation	Projet
• Comparer des quantités • Donner des conseils et des ordres • Raconter des événements passés • Raconter des faits habituels • Exprimer la cause et le but • Donner son opinion • Émettre des hypothèses • Lire des articles, un récit, un fait divers, le courrier des lecteurs • Rédiger de petits articles pour une revue (récits et autres)	• **Rappel** : – /y/, /i/, /e/ et /œ/ – /p/, /v/, /b/ • **Consonnes sourdes et sonores**	• **La comparaison** (2) : la quantité. • **Possessifs** : plusieurs possesseurs • *C'est/ce sont/ ils sont* Rappel : *c'est/il est* **Pronoms COD** (3) : avec la négation • **La cause et le but** : – *pourquoi ?* – *parce que* – *pour* + infinitif • **Conjugaison** : *finir, choisir, voir, croire* • **Passé composé** (1) : auxiliaire *avoir*	• Revues pour adolescents • Courrier des lecteurs : parler de soi, de ses problèmes • Les stars des adolescents • Faits divers et enquêtes policières • Expression de l'opinion (2) • Registres de langue (1) : standard/familier	• Les revues et magazines pour adolescents • Les rubriques • Les stars des adolescents	• La revue de la classe

Thèmes transversaux : éducation morale et civique ; éducation à la santé ; éducation routière.
Interdisciplinaire : littérature, musique.

Au courrier des lecteurs

→ **Tu lis et tu écris au courrier des lecteurs. Tu compares.**

➤ *Livre de l'élève : p. 42 à 44*
➤ *Cahier d'exercices : p. 24-25*

Communication	Phonétique	Grammaire	Vocabulaire
• Comparer des quantités • Donner des conseils • Lire le courrier des lecteurs • Écrire des lettres	• **Rappel :** /y/, /i/, /œ/	• **La comparaison** (2) quantité : *plus de… que* *moins de… que* *autant de… que* • *C'est/ce sont/ils sont* Rappel : **C'est/il est** • **Conjugaison :** *finir, choisir*	• **Mots :** Ado Ami Autant Bébé Bouton Chanteur/chanteuse Choisir Fan Fan-club Finir Journal/journaux Lecteur Méchant Moche Revue Seul/seule Star • **Expressions :** Courrier des lecteurs Heureusement que… Il paraît que… Je suis sûr que… Ne sois pas triste ! Ouvrir son cœur

VOCABULAIRE PASSIF

Mots

Bien précieux
Comparer
Dent
Écrire
Écureuil (nom de rue)
Enveloppe
Fox-terrier
Gens
Journaliste
Lire
Problème
Se rencontrer
Se ressembler
S'inscrire
Site Internet

Expressions

La même chose

Compréhension

🎧 a. Lis et écoute.

Cette leçon comporte deux déclencheurs : d'un côté, le texte du courrier des lecteurs et, de l'autre, un dialogue commentant cette lecture. Dans le support audio, ces deux déclencheurs sont alternés.

On lit la première partie du courrier des lecteurs, puis on entend la première partie du dialogue ; puis on lit la réponse de « l'amie des copains » ; et enfin on entend le commentaire de Karim et Lou.

Il est donc important qu'avant l'écoute les apprenants aient lu le document écrit (1) et qu'ils en aient reconnu le genre, somme toute fort courant.

Lecture du document 1

➜ *Compréhension écrite globale.*

On demandera d'abord aux élèves s'ils ont reconnu le type de document, soit grâce au sens même des lettres, soit simplement grâce au graphisme (le cœur, etc.), ce qui leur permettra de comprendre l'expression « *courrier des lecteurs* » ou « *courrier des copains* ». On expliquerai que *Copains*, c'est aussi une revue pour les jeunes. On pourra leur demander le nom de revues semblables dans leur pays.

On s'arrêtera ensuite sur le problème d'Alix : sans expliciter obligatoirement *triste, moche* et *boutons*, on verra avec les apprenants que son problème est la solitude : « *je n'ai pas d'amis* », et qu'elle est amoureuse d'un chanteur qui s'appelle Désiré. À partir de « *je n'ai pas d'amis* », on pourra faire deviner le sens de « *je suis triste* » (contraire de « *je suis contente* », qu'ils connaissent) et « *je reste seule chez moi* ».

On regardera la réponse et on explicitera le nouveau sens de *boîte aux lettres* (vu au niveau 1) : une boîte aux lettres virtuelle où l'on peut échanger avec des inconnus et se faire des amis. Le mot *fan-club* permet aussi de comprendre le sens global de la réponse : « *Fais-toi des amis avec le fan-club !* »

Une fois réalisée cette première appréhension du texte, on observera le dessin : Karim et Lou sont dans le coin journaux de la bibliothèque. Comme nous, ils lisent le *courrier des Copains*. On explicitera ici les mots *journal/journaux* et *revue*. On pourra faire émettre des hypothèses sur leurs commentaires.

Écoute des deux documents

➜ *Compréhension orale globale. Vérification d'hypothèses.*

On ne préviendra pas les élèves de l'alternance entre les deux documents : ceux qui aiment suivre à l'écrit devront donc se rendre compte eux-mêmes de cette alternance et supporter d'être un peu perdus !

Lors de la mise en commun, on commentera avec les élèves cette alternance, et on essaiera de leur faire deviner le sens de *boutons* et, par la suite, de *moche* : on pourra proposer des phrases du type : « *Karim a des boutons. Regarde sur le dessin : où sont les boutons ?* » On fera remarquer que beaucoup d'adolescents ont des boutons. Pour faire comprendre *moche*, on pourra demander : « *C'est beau, les boutons ? – Non… C'est moche, c'est laid.* »

🎧 b. Réponds.

c. Écoute les réponses (sur support audio seulement).

➜ *Vérification de la compréhension globale.*

On fera répondre oralement aux questions et on entendra de suite les réponses, que l'on commentera.
Transcription :
• Lou et Karim lisent une revue.
• Le courrier des lecteurs, c'est des lettres des lecteurs.
• Le problème d'Alix, c'est qu'elle se trouve moche et qu'elle n'a pas d'amis.
• L'amie des *Copains* propose à Alix de se faire des amis avec : la boîte aux lettres de la revue ; le site Internet de la revue ; le fan-club de Désiré.

Réécoute des deux documents

➜ *Compréhension détaillée.*

Forts de cette première compréhension globale, on demandera aux apprenants de deviner le sens de certains mots nouveaux (comme *star, ouvrir son cœur, se ressembler, il paraît que, heureusement que*), tout en écoutant une deuxième fois le document. On explicitera ensuite ces mots et expressions.

d. Répète (sur support audio seulement).

→ *Prononciation : travail sur les son /y/ et /œ/.*

Transcription :
- La revue, une solution, super, plus, c'est sûr !, lunettes.
- Un chanteur, un club, un lecteur, un acteur, un cœur.
- Mon chanteur préféré !
- Le fan-club de mon chanteur préféré !
- Une super revue !
- Le courrier des lecteurs de la super revue.

On travaille ici des expressions familières et des mots nouveaux qui permettent de revoir les sons /y/ et /œ/, toujours problématiques pour les apprenants.

p. 43
Mots et expressions

🎧 **Écoute Manon et Bastien, et souligne les mots employés dans le dialogue.**
(Sur support audio seulement)

→ *Reprise du vocabulaire. Compréhension orale sans transcription.*

Manon : Moi, je n'ai pas de boutons, je ne suis pas moche, mais j'aime écrire au courrier des lecteurs de *Copains* pour ouvrir mon cœur et me faire de nouveaux copains.
Bastien : Moi, je me fais des copains au fan-club de Zidane, on parle foot.

Les apprenants devront donc souligner les mots suivants : *boutons, moche, courrier des lecteurs, ouvrir son cœur, fan-club.*

Et toi, quel est ton fan-club ?

→ *Expression orale. Civilisation.*

On fera un rapide tour d'horizon pour savoir si les apprenants sont inscrits à des fans-clubs ou sont fans de *chanteurs, sportifs, acteurs.*
On essaiera de leur donner des équivalents français ou francophones de leurs idoles :
– chanteurs : Faudel, Lorie, Céline Dion (québécoise), Jean-Pascal, Alizée ;
– sportifs : Zidane, Barthez (football), Janie Longo (cyclisme), Aurélie Mauresmot (tennis) ;
– acteurs : les acteurs qu'aiment les ados sont surtout américains…
On pourra aussi commenter les idoles non francophones des jeunes Français/Françaises, qui sont peut-être les idoles de certains élèves de la classe : Britney Spears, Billy Crawford, Shania Twain, pour les chanteurs et chanteuses ; Leonardo DiCaprio, l'acteur de Harry Potter, Alyssa Milano de la série *Charmed,* les acteurs de la série *Friends,* etc., pour les acteurs et actrices.

Grammaire

1. La comparaison

a. Mets les signes + , – et = en face de chaque phrase.

→ *Conceptualisation.*

À l'aide des dessins et en explicitant le mot *dents,* on élucidera avec cette consigne le sens de *plus, moins* et *autant,* et on fera remarquer aux apprenants les choses suivantes :
– quand on compare les quantités, on répond à la question *combien ?*;
– on peut avoir :
   plus de… sans *que,* quand le contexte le sous-entend (comme dans le dialogue) ;
   plus de…+ que + pronom tonique ;
   plus de… + que + nom.

b. Regarde les dessins et complète.

→ *Conceptualisation et réemploi à l'écrit.*

Correction :
- Charlotte a *plus de* dents *que* le bébé.
- Le papa de Charlotte a *moins de* cheveux qu'*elle.*
- Le bébé a *autant de* cheveux *que* le papa de Charlotte.

c. Regarde dans ta trousse.

➜ *Réemploi à l'oral. Travail par paires.*

En comptant ses affaires de classe (*stylos, livres, cahiers, crayons, gomme*) et en comparant ses « possessions » avec son voisin, l'apprenant, à l'oral, reprend non seulement ce qu'il vient d'apprendre, la comparaison des quantités, mais aussi le vocabulaire de la classe et la possession.

Les apprenants travailleront par deux et parleront entre eux, l'enseignant passant dans les rangs pour écouter. Ensuite, on mettra en commun, puis on écoutera quelques paires d'élèves qui diront des phrases du type :

« *Il a 6 stylos, j'ai 5 stylos : il a plus de stylos que moi.* »

Si l'enseignant le juge utile, il peut commencer par donner un exemple de ce genre, pour aider les élèves.

Cahier d'exercices

Exercice 2 (à faire en cours).
Exercice 6 (à faire à la maison).

---

2. « C'est », « ce sont »

➜ *Conceptualisatin à partir du tableau.*

On reprend ici, d'un côté, la règle déjà connue de l'opposition entre *c'est* et *il est* :
– *c'est* + *un* (ou autre déterminant : *le, mon*, etc.) + nom ;
– s'oppose à *il est* + adjectif.

On la complète maintenant avec le pluriel :
– *ce sont* + *des* + nom ;
– s'oppose à *ils sont* + adj.

Note sur les registres de langue : en langage familier, et par conséquent chez les adolescents, on entendra plus volontiers *c'est* + *des* + nom, que *ce sont* + *des* + nom : « *C'est des copains !* » Au niveau 2, on n'en tiendra pas compte, mais l'enseignant peut le faire remarquer.

Regarde les dessins et complète par *c'est/il-elle est, ce sont/ils-elles sont.*

➜ *Réemploi à l'écrit.*

Correction :
• *C'est* le chien de Bastien, *il est* méchant.
• *Ce sont* les chiens de la grand-mère de Flore, *ils sont* snobs !
• *Ils sont* mignons, ces petits chiens ! *Ce sont* des fox-terriers.

Cahier d'exercices

Exercice 3 (à faire à la maison).

---

p. 44
Conjugaison

Finir

Je finis	Nous finissons
Tu finis	Vous finissez
On finit	Ils finissent
Il/elle finit	

a. Observe. Complète la conjugaison et compare avec les verbes en « -er ».

➜ *Conceptualisation.*

Pour compléter la conjugaison, les apprenants doivent se servir de ce qu'ils savent déjà :
– la deuxième personne du singulier termine en -*s* ;
– *on* se conjugue comme la 3ᵉ personne du singulier : se termine en -*t* ;
– *Ils/elles* se terminent en -*ent*.

On réfléchira ensuite aux différences :
– il y a un -s à la 1ʳᵉ personne du singulier ;
– pour les trois personnes du pluriel, on double le s et on rajoute la terminaison habituelle.

On fera remarquer que *finir*, comme *choisir* et *réfléchir*, sont des verbes qui terminent en « *-ir* » à l'infinitif.
L'enseignant qui le désire pourra parler des verbes du 3ᵉ groupe, que nous verrons un peu plus tard (*dormir, partir*).

b. *Choisir*, c'est comme *finir*. *Je choisis, tu choisis, on choisit...* Continue !
➔ *Réemploi, manipulation à l'oral.*

Afin de se familiariser avec cette conjugaison, les apprenants s'essaieront en chœur ou l'un après l'autre à « réciter » cette conjugaison, avec le verbe *choisir* d'abord, puis avec *réfléchir*. Ils reprendront ensuite le verbe *finir*.

> **Cahier d'exercices**
>
> Exercice 1 (à faire à la maison).

Expression écrite

Tu cherches des amis. Écris au courrier des lecteurs de *Copains*.
➔ *Réemploi de l'ensemble des acquis.*
➔ *Rédaction d'une courte lettre.*

On a déjà évoqué oralement les stars des élèves. Il ne leur reste plus qu'à mettre leurs idées par écrit. Pour ceux qui n'ont pas de star préférée, les photos proposées peuvent leur donner des idées : l'acteur Leonardo DiCaprio, Alyssa Milano de la série *Charmed*, Karembeu de l'équipe de France de football, la chanteuse Céline Dion.

On rappellera comment commence une lettre (date, *cher/chère*, etc.) et comment on écrit une adresse en France (vu au niveau 1).

> **Cahier d'exercices**
>
> Exercice 4 (à faire à la maison). Dire aux élèves qu'ils doivent chercher des verbes pronominaux.
> Exercice 5 (à faire en cours). Attention, il y a des changements par rapport aux mots mêlés car les verbes sont ici à compléter au présent de l'indicatif.
> Exercice 7 (à faire à la maison).

Je-sais-tout

➔ *Interdisciplinaire : histoire-géographie.*
L'inventeur de l'imprimerie, Gutenberg, est bien connu depuis le primaire.
Avec « camenberg », il s'agit d'un clin d'œil, puisque Camembert (avec un *t*) est une ville de Normandie, célèbre pour son fromage.
Avec Lindberg, on évoque l'aviateur américain Charles Lindbergh (avec un *h*), premier homme à réaliser la traverser de l'Atlantique Nord, en mai 1927.

Charade

On reprend ici le vocabulaire des unités 1 et 2, pour parler du thème principal de l'unité 3 : les *copains* !

LEÇON 8

Une ado a disparu

→ **Tu lis et tu commentes un fait divers. Tu parles du passé.**

➤ *Livre de l'élève : p. 45 à 48*
➤ *Cahier d'exercices : p. 26-27*

Communication	Phonétique	Grammaire	Vocabulaire	
• Raconter des actions passées • Raconter des faits habituels • Exprimer la cause et le but • Donner son opinion • Lire un récit, des faits divers	• /p/, /v/, /b/	• **Cause et but :** *pourquoi ?* *parce que* *pour* + infinitif • **Conjugaison :** – passé composé (1) : auxiliaire *avoir* – *croire, voir*	**Mots :** Arrêter Blague Commencer Concert Coupable Croire Décider de Disparaître (p.p. *disparu*) Enquête Ensemble Gratuit Hier Inquiet Instant Jeune fille Jeune homme Mobylette Parce que Piste Police Pourquoi ? Raconter Rechercher Recherches Suspect Téléphoner Voir (p.p. *vu*) Vraiment	**Expressions :** À mon avis En compagnie de Je crois que Je pense que L'autre jour Peut-être Pour l'instant Rappelle-toi Tous les jours Toute seule Tu as raison Tu rêves ! Tu te trompes

VOCABULAIRE PASSIF

Mots

Âgé de
Boulanger
Cigarette
Commenter
Enquêter
Fait divers
Innocent
Lapin
Payant
Public
Savon
Tousser
Vol
Vendre
Vraiment

Expressions

À la fin
C'est pareil
Juste avant
Tout de suite

p. 45
Compréhension

🎧 **a. Lis le fait divers, puis écoute.**

➜ *Compréhension écrite, puis compréhension orale.*

Comme dans la leçon précédente, on relie ici un dialogue avec un texte. Ce sont les mêmes personnages qui lisent (Lou et Karim), et on parle apparemment de la fille qui avait écrit à *Copains* dans la leçon précédente : Alix, la fan du chanteur Désiré.

Lecture du texte

On fera d'abord reconnaître le type de texte et de journal. À l'aide de l'« image » du texte et en explicitant simplement « *a disparu* », on pourra faire deviner le type de texte : un *fait divers*. On fera remarquer que les faits divers se lisent dans les *journaux* et non dans les revues pour ados comme *Copains*. Ensuite, on essaiera de voir ce que les élèves ont compris de l'histoire, en posant à l'avance les trois premières questions de la partie « **Réponds** » :

« *Qui a disparu au concert de Désiré ?* »
« *Qui est le jeune homme en noir ?* »
« *Pourquoi on recherche ce jeune homme ?* »

On pourra aussi demander de retrouver la succession d'événements suivante :
– Alix a décidé d'aller seule au concert.
– Avant le concert : on l'a vue avec un jeune homme en noir sur une mobylette ; dans une boulangerie.
– Ils ont acheté deux Coca et deux croissants. Ils ont mangé les croissants.
– Le concert a commencé.
– À la fin du concert : Alix a disparu…
– La police a commencé les recherches, les parents sont inquiets.

Avant même l'écoute du dialogue, on pourra demander aux apprenants de mettre en relation ce fait divers avec la leçon précédente. Très probablement, ils se souviendront d'Alix et du chanteur Désiré…

Écoute du texte et du dialogue

➜ *Compréhension orale.*

Avant écoute, on remarquera que, comme nous, les personnages (Lou et Karim) ont lu *Copains* et son courrier des lecteurs. On écoutera ensuite…
On fera comme Lou et Karim : on comparera la description qu'Alix fait d'elle-même dans *Copains* (*je suis moche, je suis triste, j'ai des boutons*) avec la « photo » qui nous est présentée. Alix a effectivement des boutons, elle n'est peut-être pas moche mais elle n'est pas très jolie, et elle a l'air tristounet…
Comme eux, on émettra des hypothèses sur cette Alix et sur le jeune homme en noir. On ira chercher dans les pages précédentes des dessins de Thomas : « *Est-ce qu'il est en noir ? en chemise ? en pantalon ? Il a des lunettes ?* »
L'intonation de « *tu rêves !* » permet d'en comprendre le sens : « *tu te trompes* », « *tu as tort* », « *mais non !* »

🎧 **b. Réponds.**

En discutant de cette manière, on aura en fait répondu aux différentes questions de « **Réponds** » que l'on écoutera, avec à la suite la réponse enregistrée.

c. Écoute les réponses (sur support audio seulement).

➜ *Vérification de la compréhension.*

Transcription :
• Au concert de Désiré, une jeune fille de 13 ans, Alix Dumonteil, a disparu.
• On ne sait pas qui est le jeune homme en noir
• On recherche ce jeune homme parce qu'on l'a vu en compagnie d'Alix.
• Karim pense que le jeune homme en noir est Thomas. Lou pense que Karim se trompe.

🎧 **d. Répète** (sur support audio seulement).

➜ *Prononciation et mémorisation d'expressions liées à l'émission d'hypothèses.*

Karim : Mais non, rappelle-toi, c'est une fan de Désiré.
Lou : Tu as peut-être raison…
Karim : Et le garçon en noir, c'est peut-être Thomas !
Lou : Tu rêves ! Thomas n'a pas de lunettes !

On revoit ici, plus que des sons difficiles à prononcer, des expressions utiles :
– pour émettre des hypothèses : « *C'est peut-être X* », « *Tu as peut-être raison* » ;
– pour réfuter une hypothèse : « *Mais non !* », « *Tu rêves !* »

p. 46
Conjugaison

1. « Croire », « voir »

a. Observe : *voir, c'est pareil ! Je vois, nous voyons, tu vois… Continue !*

➜ *Conceptualisation, manipulation à l'oral.*

En observant le tableau, et en le comparant à la conjugaison de *finir*, on remarquera que :
– les terminaisons sont les mêmes ;
– il y a un changement dans le radical aux 1ʳᵉ, et 2ᵉ personnes du pluriel (comme pour beaucoup de verbes irréguliers : *aller, vouloir, pouvoir*, etc.).
On fera remarquer que, bien que *voir* et *croire* ne se terminent pas de la même façon à l'infinitif, ils se conjuguent pareil…

b. Complète en conjuguant le verbe *croire.*

➜ *Réemploi à l'écrit.*

Correction :
Vous *croyez* qu'Alix a vraiment disparu ? Les parents et la police *croient* que le jeune homme en noir est coupable. Karim *croit* que Thomas est le jeune homme en noir. Et toi, qu'est-ce que tu *crois* ?

2. Le passé composé

a. Observe : une jeune fille a disparu.

➜ *Conceptualisation : morphologie et emploi du passé composé (avec « avoir »).*

À partir des exemples du tableau et du métalangage qui est donné (*sujet, verbe auxiliaire, participe passé*), les apprenants ont les moyens de voir comment se construit le passé composé, dont ils auront compris le sens lors de la *Compréhension.*
Ici, ils remarqueront le verbe *avoir* et des verbes en « -er » dont il est facile de retrouver l'infinitif.
Avant de continuer dans la conceptualisation, on notera les points suivants :
– **au niveau de l'emploi** : le passé composé sert à raconter une succession d'événements ou d'actions (reprendre pour cela la chronologie du fait divers). Il est utile, pour les apprenants dont la langue maternelle ne propose pas un système des temps du passé aussi complexe que le nôtre, de faire remarquer quel temps on emploie dans la langue maternelle pour ces successions d'événements : un temps composé, un temps simple ? Il est probable que, selon les situations, on emploie deux temps différents. Les élèves doivent bien repérer l'emploi du passé composé, afin d'éviter toute confusion avec l'imparfait au niveau 3 ;
– **au niveau de la morphologie** : il faut maîtriser le verbe *avoir* pour parler au passé composé. L'enseignant pourra donc faire un rappel à cette occasion et demander : « *Vérifie que tu sais conjuguer le verbe "avoir"* », en le faisant conjuguer à quelques éléments de la classe, susceptibles de l'oublier ou de le mélanger avec le verbe *aller* !

b. Relie.

➜ *Repérage des participes passés dans les documents déclencheurs, conceptualisation (infinitif et participe passé).*

Ici, avec cette activité permettant de relier un infinitif à un participe passé, non seulement on commence à mémoriser ces participes, mais en plus, on aborde les règles de formation : « Les verbes en « -er » donnent -é… Et certains autres donnent -u (vu, disparu) ».

91

c. Qu'est-ce qu'elle a fait, Alix ?

→ *Réemploi à l'écrit.*

Correction :
- Elle a écouté le dernier disque de Désiré.
- Elle a décidé d'aller au concert.
- Elle a parlé avec ses parents.
- Elle a téléphoné au jeune homme en noir.
- Elle a donné rendez-vous au jeune homme en noir.
- Elle a mangé un croissant.

Cahier d'exercices

Exercice 1 (à faire à la maison).

Et toi ? Qu'est-ce que tu as fait hier ?

→ *Expression orale : réemploi à l'oral.*

Après un temps de réflexion, on demandera aux apprenants : « *Tu as téléphoné ? Tu as écouté un disque ? Tu as fait tes devoirs ?* »
Chacun cherchera une action particulière. Il est probable que certains voudront dire des choses comme : « *Je me suis levé* » ; on donnera l'expression mais on expliquera alors que les verbes pronominaux ont un fonctionnement particulier, et on proposera de chercher des actions plus faciles.

Cahier d'exercices

Exercice 2 (à faire en cours). L'enseignant donnera aux élèves, à l'oral, les mots inconnus sans trop insister. Si le niveau de la classe est bon, ces mots seront écrits au tableau.
Exercice 3 (à faire à la maison). À corriger en cours **à l'oral**. C'est un exercice de son-graphie.
Exercice 5 (à faire à la maison).

p. 47
Mots et expressions

→ *Enrichissement du vocabulaire.*

À travers les deux tableaux, on reverra le vocabulaire relatif aux enquêtes policières, qui peut être très utile pour des lectures autonomes comme les « lectures faciles ». C'est aussi l'occasion de développer des stratégies de compréhension et de mémorisation :
- **retrouver des mots dans les mots (racines)** : pour des mots comme *recherches* et *rechercher*, on les mettra en relation avec le verbe *chercher* (*aller chercher le journal*) ;
- **apprendre les mots et leurs antonymes** : on reliera *rechercher* au verbe *trouver*, déjà connu, *gratuit* à *payant* (que l'enseignant pourra donner comme mot actif s'il le juge nécessaire), *coupable* à *innocent*, etc. ;
- **tenir compte des actes de parole** : exprimer ses sentiments ou sensations : *être inquiet* est vu ici, et c'est à relier avec *être triste* vu en leçon 7, *être content* (niveau 1*), être fatigué* ; donner son avis : comme dans le tableau proposé dans le livre.

À ton avis, Alix a vraiment disparu ?

→ *Réemploi à l'oral de « donner son avis ». Émission d'hypothèses.*

On écoutera les propositions des élèves en leur demandant d'utiliser une des formes proposées pour « *donner son avis* ».

Cahier d'exercices

Exercice 7 (à faire en cours).

Grammaire

La cause et le but

→ *Conceptualisation.*

Avec le tableau, on reprend en fait des choses qui ont été vues, voire utilisées de façon implicite auparavant. On s'arrête ici sur le fonctionnement : à la question « *pourquoi ?* », on peut répondre par une expression de cause (*parce que*) ou par une expression de but (*pour* + infinitif)

Note linguistique : de fait, les apprenants ont déjà rencontré la question « *pour quoi faire ?* » (unité 2), qui permet d'exprimer le but et demande explicitement une réponse du type « *pour* + infinitif ». Néanmoins, il nous a semblé plus judicieux de ne pas leur demander de faire cette différence pour l'instant, et d'insister seulement sur les réponses à *pourquoi*.

🎧 Écoute ce que dit EXT-99 et réponds à ses questions à la place de Bastien.

→ *Réemploi à l'oral, suivi de compréhension orale.*

Transcription :
- Pourquoi est-ce que vous écoutez de la musique ?
- Pourquoi vous allez à l'école tous les jours ?
- Pourquoi tu es au fan-club de Zidane ?
- Pourquoi est-ce que tu fais du sport ?

Écoute maintenant les réponses de Bastien et compare. (Sur support audio seulement)
- Pourquoi est-ce que vous écoutez de la musique ?
– Parce qu'on aime ça !
- Pourquoi vous allez à l'école tous les jours ?
– Parce que c'est obligé !
- Pourquoi tu es au fan-club de Zidane ?
– Parce que Zidane est super !
- Pourquoi est-ce que tu fais du sport ?
– Parce que j'aime ça !

On retrouve ici le personnage de l'extraterrestre, qui avait servi à découvrir le corps humain au niveau 1. On rappellera donc la situation : un extraterrestre qui ne comprend rien à rien a débarqué chez Bastien. Il pose des questions sur tout, même les choses les plus évidentes. On écoutera tout d'abord les questions sans les réponses, et on sollicitera les élèves pour la réponse. On acceptera les différentes réponses des élèves, puis on leur fera découvrir ce que dit réellement Bastien, et on comparera avec ce qu'ils disent eux...

Cahier d'exercices

Exercice 4 (à faire à la maison).
Exercice 6 (à faire en cours). Attention, il y a à chaque occasion une réponse de cause et de but.

Prononciation /p/ /b/ et /v/

🎧 a. Écoute la différence.

→ *Discrimination.*

Avant l'exercice, l'enseignant aura pris soin de bien différencier les sons.
– Le /p/ : bilabiale **sourde**. On pourra faire claquer les lèvres un temps pour bien faire entendre ce /p/, lorsqu'il n'existe pas dans la langue maternelle, en arabe par exemple.
– Le /b/ : bilabiale **sonore**. On évoquera la grenouille à la bouche baveuse qui avait servi pour ce son au niveau 1. On jouera avec l'exclamation de dégoût « *berk* » vue en unité 1.
– Le /v/ : labiodentale **sonore** (par opposition au /f/ dont on pourra parler si nécessaire). Pour la position, on évoquera le castor aux grandes dents, et pour le son, on jouera à la voiture : en faisant semblant de tourner un volant, l'enseignant dira l'onomatopée correspondante en français : « *vvvvvvvvvv* ».

bulle
beige
pull
veste
vulgaire
pourri

🎧 **b. Répète.**

→ *Prononciation, répétition à l'oral.*

Selon les difficultés des élèves, on pourra jouer sur l'une ou l'autre de ces phrases, ou sur toutes (trois groupes se lancent les trois phrases.

– « *Le public de la place de la République a disparu, tu l'as vu ?* » : permet de travailler, en plus de /p/, /b/ et /v/, l'opposition /i/ et /y/.

– « *De Paris à Bari, ça varie* » : plus simple et permet de se concentrer sur les consonnes.

– « *Les parents de Valentin vendent des savons pas bons* » : permet de revoir les nasales /ɑ̃/, /ɔ̃/ et /ɛ̃/, tout en travaillant les consonnes. On travaille aussi l'expression courante « *pas bon* » (on dit plus souvent « *ce n'est pas bon* » que « *c'est mauvais* », tout comme on utilise plus « *ce n'est pas cher* » que « *c'est bon marché* »).

Prolongement
Son et sens : éducation routière

Commenter et faire mémoriser une phrase pleine de sens comme celle-ci : « *En voiture, la vie va vite !* »

Blague

→ *Compréhension écrite autonome.*

On intègre ici un grand classique des revues pour enfants et adolescents : la « *blague* » ou « *histoire drôle* ». Même si les apprenants ne comprennent pas tous les mots (*voler, tousser*), le dessin et les mots transparents comme *cigarette* leur permettent de comprendre cette blague tout seuls. L'enseignant n'interviendra ici que sur demande des apprenants…

LEÇON 9

Enquêtes parallèles

→ **Tu fais ton enquête. Tu continues à parler du passé.**

➤ *Livre de l'élève : p. 48 à 50*
➤ *Cahier d'exercices : p. 28-29*

Communication	Phonétique	Grammaire	Vocabulaire	
• Raconter des actions passées • Émettre des hypothèses (sur une intrigue, sur la fin d'une histoire) • Lire de petits messages électroniques	• Consonnes sourdes et sonores	• **Possessifs** : plusieurs possesseurs • **Pronoms COD** (3) : avec la négation • **Conjugaison** : passé composé (2)	• **Mots :** Album photo Collection Commissaire Disparition Échange Écrire (p.p. *écrit*) Encore Entendre Envoyer Garage Indices Inspecteur Intéresser Interroger Message Perdre (p.p. *perdu*) Raté Rigoler Sauf Se fâcher Se rencontrer Spéciale Tas Témoin Victime Voler Voleur	• **Expressions :** Avoir peur C'était top ! Dis-moi Être étonné Non plus

VOCABULAIRE PASSIF

Mots	*Expression*
Adversaire	Avoir l'air
Changer	
Envoyer	
Harmonica	
Police judiciaire	
Rire	

p. 48
Compréhension

→ *Compréhension globale orale et écrite.*

Préalable : rappel de l'histoire et émission d'hypothèses (livre fermé)

→ *Réemploi des structures avec « si ».*

On a ici deux situations totalement différentes, mais qui sont liées l'une à l'autre. On se rappellera la leçon précédente, où l'on avait appris la disparition de la jeune Alix, la fan de Désiré. On avait compris que Lou et Karim étaient intrigués, et Karim avait émis l'hypothèse suivante : « *Le jeune homme en noir, c'est peut-être Thomas* », hypothèse rejetée par Lou… et sans doute par les élèves.

Avant même de procéder aux activités de compréhension de cette leçon, on fera un bref rappel de l'histoire et on écrira au tableau les hypothèses proposées par les élèves. On pourra avoir au tableau des phrases de ce type :

– Hypothèse A (Karim)

« *Thomas est peut-être le jeune homme en noir.* »
« *Peut-être que Thomas est le jeune homme en noir, je pense que Thomas est le jeune homme en noir.* »
« *Si Thomas est le jeune homme en noir, il connaît Alix.* »
« *Si Thomas est le jeune homme en noir, il sait où est Alix.* »

– Hypothèse B (Lou)

« *Thomas ne peut pas être le jeune homme en noir.* »
« *Si le jeune homme en noir a des lunettes, alors ce n'est pas Thomas, Thomas n'a pas de lunettes.* »
« *Si le jeune homme en noir n'est pas Thomas, qui c'est ?* »

Observation du dessin

Une fois travaillées ces hypothèses, on ouvrira le livre et on fera observer le dessin : Thomas semble interrogé par un policier… et il a des lunettes noires ! Les élèves ont les moyens de dire des phrases telles que : « *Quelqu'un pose des questions à Thomas, on dirait un policier. Thomas a des lunettes noires !* »

On les aidera par contre pour les expressions « *être étonné* » ou « *avoir l'air étonné* » ou encore « *avoir peur* » et le mot *harmonica* (l'objet), transparent dans de nombreuses langues. Ces mots n'apparaissent pas directement dans le livre, mais sont utiles pour commenter et décrire différentes situations.

« *L'homme montre un objet à Thomas. C'est un harmonica. Thomas a l'air étonné. Thomas a peur (a l'air d'avoir peur).* »

Dès que les élèves auront remarqué cela, avant même qu'ils aient pu lire et essayé de comprendre le dialogue, on procédera à l'écoute de la situation 1, sans consigne préalable. Il s'agira simplement de vérifier que les hypothèses émises à partir du dessin (un policier interroge Thomas) sont justes.

🎧 **a. Écoute.**

→ *Compréhension orale à partir d'indices visuels.*

Grâce au ton et au dessin, on pourra remarquer avec les élèves, dès la première écoute, les points suivants :
– on se trouve dans le collège : il y a la CE du collège Jacques-Prévert ;
– l'homme est effectivement de la police ;
– le policier croit que Thomas est le jeune homme en noir.

Avant de continuer, voire de réécouter et d'aller plus avant dans la compréhension, on pourra demander aux élèves si eux croient que Thomas est le jeune homme en noir.
On pourra ainsi revoir les constructions du type :
« *Thomas n'est pas le jeune homme en noir, parce qu'il n'a pas de mobylette.* »
« *Thomas n'est pas le jeune homme en noir, parce qu'il ne connaît pas Alix.* »
« *Thomas est peut-être le jeune homme en noir, parce qu'il a été au concert de Désiré.* »

De fait, au niveau de l'histoire, l'interrogatoire de Thomas met en lumière un nouveau fait : « *on a volé une mobylette bleue* ». Le mot *voler* est connu de façon passive grâce à la blague de la leçon précédente, et la mobylette était un élément important du fait divers : Alix a été vue en compagnie d'un jeune homme en noir sur une mobylette !
On verra si les élèves relient les éléments de cette façon, ou s'ils « oublient » l'histoire de la mobylette. Lors de cette première écoute et mise en commun de la compréhension orale, si le thème du vol de la mobylette n'est pas retenu, on n'insistera pas.

On demandera simplement, pour poursuivre l'histoire, que les apprenants lisent les messages électroniques de la situation suivante.

🎧 b. Lis les messages, puis écoute.

➜ *Compréhension écrite puis orale. Émission et vérification d'hypothèses.*

Lecture

Il s'agit de trois messages électroniques de fans de Désiré. L'une d'entre eux, qui signe Loulou, n'est autre
que Lou, la jeune Antillaise. Officiellement, elle est devenue fan de Désiré et cherche des photos du
concert. De fait, comme on l'apprend ensuite dans le dialogue, c'est une ruse pour rechercher « le jeune
homme en noir ». Elle reçoit au moins deux réponses, l'une de deux filles fans de Désiré, et l'autre... d'un
jeune homme en noir : Dany, chemise et lunettes noires, propriétaire d'une mobylette... cassée !

En lisant les messages et en regardant la photo, on comprend que Thomas n'est pas le seul « suspect »
possible !

Les apprenants, qui en principe n'ont pas encore lu le dialogue, peuvent néanmoins « suivre l'histoi-
re », et émettre des hypothèses, parmi lesquelles :
– « *Loulou, c'est peut-être Lou.* »
– « *Si Loulou, c'est Lou, alors elle cherche le jeune homme en noir.* »
– « *Si Dany a une chemise noire, des lunettes noires et une mobylette, et s'il est fan de Désiré, c'est
peut-être le jeune homme en noir.* »
À partir de ces hypothèses, on fera écouter l'ensemble, qui, comme en leçon 7, est alterné.

Écoute

Transcription :

Lou : Je suis sûre que les fans de Désiré ont leur album photo du concert ! Et dans l'album, il y a peut-
être une photo d'Alix avec le jeune homme en noir. J'ai eu l'adresse du fan-club sur Internet. Regarde
le message que j'ai envoyé !

« Je ne vous connais pas encore, je suis une nouvelle fan de Désiré ! Je l'ai adoré au concert de la place
de la République !
C'était top ! J'ai fait un tas de photos super, mais je voudrais avoir une collection spéciale. Vous avez
fait des photos aussi ? Envoyez vos photos et on fait un échange ! Loulou. »

Karim : Ouais, pas mal. Et tu as eu des réponses ?
Lou : Oui, regarde.
Karim : Dany : il a des boutons, il a des lunettes...

« Salut Loulou
Tu es sympa. Voila mes photos du concert, et une photo de moi ! Je ne suis pas aussi beau que Désiré,
mais je chante très bien et j'adore rigoler... Et puis, j'ai une mobylette ! (Mais maintenant elle est au
garage) On se rencontre ? Dany »

« Désiré, c'est notre chanteur préféré ! Nos photos sont ratées, sauf une ! Regarde-la ! Et rendez-vous
samedi pour le goûter "Désiré", c'est au jardin des Plantes, tu viens ? Comme ça, tu vas nous connaître.
Lise et Laura »

En reliant le dialogue avec les messages, dont on a déjà élucidé le sens, on comprend bien que :
– « *Loulou, c'est Lou qui fait une enquête* »,
– « *Lou et Karim pensent que Dany est le jeune homme en noir* »...
C'est-à-dire qu'ils sont arrivés aux mêmes conclusions que les élèves.

🎧 c. Réponds.

Mise en commun des réponses des élèves puis correction.

🎧 d. Écoute les réponses (sur support audio seulement).

➜ *Vérification de la compréhension.*

Transcription :
• L'inspecteur interroge Thomas, parce qu'il croit qu'il est coupable.
• Lou envoie un message au fan-club de Désiré pour retrouver le jeune homme en noir.
• La réponse qui l'intéresse est celle de Dany : elle correspond à la description du journal.

🎧 **e. Répète** (sur support audio seulement).

➜ *Prononciation, expression de la négation (insistance).*

En reprenant des extraits du dialogue et en les transformant, on donne l'occasion aux élèves de mémoriser et systématiser certaines expressions de la négation
– avec explication : « *Non, je n'ai pas de..., je suis trop...* » ;
– double négation et emphase : « *Je ne la connais pas, et je ne vous connais pas non plus !* »
Rappelons que l'expression « *moi non plus !* » a été évoquée au niveau 1, avec « *pas moi* » et « *moi aussi* », qu'on peut retravailler à cette occasion.

Thomas : Non, je n'ai pas de mobylette ! Je suis trop petit !
Non, je n'ai pas de voiture, je suis trop petit !
Non, je ne bois pas de champagne, je suis trop petit !

Thomas :
Je ne suis pas un voleur !
Je ne suis pas un menteur !

Thomas :
Alix ? je ne la connais pas ! Et je ne vous connais pas non plus !
Dany ? je ne le connais pas ! Et je ne vous connais pas non plus !

p. 49
Conjugaison

Le passé composé

a. Retrouve les participes passés.

➜ *Conceptualisation, repérage.*

Suite à un travail individuel en classe ou à la maison, on corrigera en classe ces participes passés qui fonctionnent toujours avec l'auxiliaire *avoir*, et on demandera de les « classer » suivant leurs terminaisons.
On pourra se servir d'une classification par le son et, pour les apprenants de langues latines, se servir de la comparaison avec la langue maternelle (par exemple, si on a le participe « *preso* » en italien, ou « *près* » en catalan, il est facile de se rappeler que le participe *pris* rend un *s*).

• **son /e/** :
– infinitif « **-er** »   ➜   **-é**

• **son /i/** :
– *prendre, mettre*   ➜   **-is**
– *écrire*   ➜   **-it**
– *finir*   ➜   **-i**

• **son /y/** :
– *avoir*   ➜   **-eu**
– *boire, perdre*   ➜   **-u**

On pourra alors leur donner : *voir, vu* et *croire, cru* (cf. index de conjugaison).

Cahier d'exercices

Exercices 1, 2 et 3 (à faire à la maison).

c. Qu'est-ce qu'il a fait, Dany ? Réécris en utilisant le passé composé.

➜ *Réemploi à l'écrit.*

Correction :
• Il a écrit à Lou.
• Il a envoyé des photos.

• Il a bu un Coca.
• Il a fini ses devoirs.
• Il a cassé sa mobylette.

Cahier d'exercices

Exercice 4 (à faire en cours).
Exercice 8 (à faire à la maison).

Grammaire

1. Les possessifs (plusieurs possesseurs)

a. À qui sont ces chiens ?

➜ *Conceptualisation.*

On s'arrête ici sur une difficulté du français, en particulier pour les apprenants de certaine langues latines (espagnol, portugais, catalan), qui, à la 3ᵉ personne du pluriel, proposent le même possessif qu'à la 3ᵉ personne du singulier.
Les dessins permettent de comprendre comment la règle fonctionne, et l'on recommande, pour toutes les langues où ce problème se pose, de comparer avec la langue maternelle.
Ensuite seulement, on complètera le tableau.

b. Complète.

➜ *Conceptualisation, systématisation à l'oral puis à l'écrit.*

Il s'agit ici de faire repérer et comprendre l'ensemble du tableau, sans plus comparer avec un seul possesseur. De fait, depuis plusieurs leçons, certains de ces possessifs sont apparus de façon passive. Les apprenants ont ici à proposer « l'objet » de la possession, selon leurs goûts, et tout d'abord à l'oral. On entendra plusieurs propositions afin de bien vérifier la compréhension de la part des élèves.

Correction possible :
• **Notre** chanteur préféré   • **Nos** *professeurs*
• **Votre** *actrice préférée*   • **Vos** photos
• **Leur** *footballeur préféré*   • **Leurs** chiens

On fera ainsi remarquer que, contrairement à ce qui se passe lorsqu'il y a un seul possesseur, l'adjectif possessif ne change pas si l'objet de la possession est féminin ou masculin (*notre chanteur, notre actrice*).

c. Et dans votre classe, c'est comment ?

➜ *Réemploi à l'écrit.*

Correction :
Vous êtes combien dans *votre* classe ? Comment s'appellent *vos* professeurs ? Est-ce qu'ils aiment *leurs* élèves ? Et le prof d'histoire, il aime *ses* élèves ? Et vous, vous aimez *votre* prof d'histoire ?

Cahier d'exercices

Exercice 5 (à faire en cours).
Exercice 7 (à faire à la maison).

2. Les pronoms personnels compléments d'objet direct (suite)

a. Pronoms COD et pronoms toniques. Observe et complète.

➜ *Conceptualisation, rappel, systématisation.*

On profite de ce rappel sur les pronoms toniques pour donner enfin l'ensemble des pronoms COD, singulier et pluriel.

Correction :

Moi, il me connaît	Nous, il nous connaît
Toi, il *te* connaît	Vous, il vous connaît
Lui, il le connaît	Eux, il les connaît
Elle, Il *la* connaît	Elles, il *les* connaît

b. Pronoms COD et négation.

→ *Conceptualisation, repérage.*

Il s'agit ici de retrouver la place du pronom COD dans les constructions négatives : « *ne* + pronom COD + verbe + *pas* ».

On remarquera que cela est valable même pour les propositions impératives : « *Ne le mange pas !* »

> **Cahier d'exercices**
>
> Exercice 6 (à faire à la maison).

p. 50

c. Le rendez-vous manqué : complète et conjugue.

→ *Réemploi à l'écrit : pronoms COD et conjugaison du verbe « voir ».*

Correction :
Bastien : Où est Karim, tu *le vois* ?
Karim : Où est-ce qu'ils sont ? Je ne *les vois pas* !
(À la cabine téléphonique) : Allô, Lou ! Vous n'êtes pas au rendez-vous !
Lou : Si, si on est là. On est place d'Italie, devant le Grand Écran, tu ne *nous vois* pas ?
Karim *:* Non, je ne *vous vois* pas !

Prolongement : dramatisation

→ *Expression orale.*

Cette situation est une situation classique qui s'est beaucoup développée avec l'usage des téléphones portables. Les apprenants l'ont souvent vécue et l'apprécient. Quoi de mieux que de leur faire jouer la scène en français ?
On fera reprendre la scène, en remplaçant par les prénoms des élèves. Cela peut donner quelque chose comme :
(Gianni et Fiammetta, d'un côté de la classe, Vittorio de l'autre, regardant par la fenêtre, chacun avec un portable.)
Gianni : Où est Vittorio, tu le vois ?
Vittorio : Où est-ce qu'ils sont, je ne les vois pas ! Allô Fiammetta, vous n'êtes pas au rendez-vous !
Fiammetta : Si si, on est là, on est devant le tableau ! Tu ne nous vois pas ?
Vittorio : Non, non, je ne vous vois pas.
Ou Ah, si je vous vois !

Mots et expressions

→ *Enrichissement et reprise du vocabulaire des dialogues.*

En reprenant brièvement ce tableau de mots vus lors de la *Compréhension*, on en vérifiera la *Compréhension* et on essaiera de développer le sens de certains mots ou expressions :
– *faire un échange* : de photos, mais aussi un échange scolaire, etc. ;
– *envoyer* : des lettres par la poste, des courriels par Internet, des avions en papier à travers la classe, des mots à travers la classe ;
– *voler :* le voleur qui vole et l'*oiseau* qui vole.
Dans la série *faits divers*, on pourra rassembler les mots rencontrés auparavant en plus de ceux du tableau : *inspecteur, commissaire, indices, victime, interroger, voleur, voler, témoin,* mais aussi *coupable, suspect, enquête, recherches.*

Complète.

→ *Réemploi à l'écrit.*

Correction :
On enquête sur la *disparition* d'Alix. On a aussi *volé* une *mobylette*.
L'*inspecteur* Bégret cherche des *indices* et il interroge un *témoin*.

Les registres de langue

Depuis le début de leur apprentissage, les apprenants se sont familiarisés avec le problème des registres de langue, évoqué à plusieurs reprises. Ici, on fait un « arrêt sur image » et on regarde quelques-unes des expressions qui sont apparues dernièrement.

C'est aussi l'occasion d'introduire l'imparfait, de façon tout à fait implicite, de manière que les élèves puissent dire et entendre : « *J'ai été à tel endroit... j'ai fait telle chose, c'**était** bien, mal* », etc.

Cherche d'autres expressions familières que tu connais.

Autour de *rigoler*, on peut introduire *rigolo* et rappeler un mot apparu au niveau 1 : *marrant*, dont le pendant standard est *drôle*.

Dans la série des commentaires sur quelque chose, les apprenants ont à leur disposition une belle panoplie d'expressions, vues au niveau 1.

Standard	**Familier**
C'était bien.	*C'était chouette.*
C'était très bien !	*C'était super ! C'était top.*
Ce n'était pas bien.	*C'était bof, pas super,* etc.
C'était très mauvais...	*C'était nul...*

Note culturelle : toutes ces expressions familières ne sont pas fonction de la mode ou des milieux sociaux, contrairement à des expressions courantes actuellement qui veulent dire « super » comme : « *d'enfer* » ou « *chantmé !* », mot de verlan pour « *méchant* », et que nous avons préféré éviter.

Cahier d'exercices

Exercice 9 (à faire en cours).

Expression orale. Jeu.

Qu'est-ce qu'ils ont fait ?

→ *Expression orale spontanée.*

→ *Révision des nombres. Réemploi du passé composé.*

Note culturelle : ce jeu est une adaptation du jeu traditionnel « *1,2,3 soleil* ».

Un enfant, face à un arbre ou à un mur, compte et dit « 1,2,3 soleil ! ». Pendant ce temps-là, les autres avancent, jusqu'à ce qu'ils puissent toucher l'arbre ou le mur. Chaque fois que l'enfant qui compte se retourne, les joueurs doivent s'arrêter et rester sans bouger. Si l'enfant qui compte les voit bouger, ils retournent à leur point de départ.

La version du jeu proposée ici est la suivante :

Deux groupes sont en compétition.

Le groupe 1 envoie un joueur au tableau ; le joueur regarde les joueurs du groupe 2 (ou simplement deux joueurs) puis il doit compter jusqu'à 50 (ou 30 ou 20), en frappant sa main sur le tableau. À 50, il se retourne.

Il doit pouvoir repérer qui, dans le groupe 2, a changé de vêtement, et comment...

Il proposera donc des phrases comme :

« *Tu as enlevé ta chemise, ta montre. Tu as mis la chemise de...* »

« *Tu as caché ton livre, ouvert, fermé ton cahier* », etc.

Certains participes passés, comme « *ouvert* », ne sont pas encore connus : l'enseignant les donnera ; l'apprentissage est alors motivé par le besoin de dire ce qui s'est passé.

Quand le joueur a fini, on compte les points (un point par changement réel, un point en moins lorsque le joueur se trompe).

On fera ensuite l'inverse : un joueur du groupe 2 part au tableau et compte, les joueurs du groupe 1 changent de vêtements, etc.

Communication	Civilisation	Vocabulaire
• Lire et rédiger de petits articles pour une revue	• Les revues pour adolescents	**• Mots** Blague Courir (p.p. *couru*) Dire (p.p. *dit*) Glace Hôpital Public Publicité Vie **• Expressions** Avoir un accident Avoir le bras cassé Demi-page Tu as un drôle d'air ! Qu'est-ce qu'il t'arrive ? Qu'est-ce qu'il s'est passé ?

VOCABULAIRE PASSIF

Mots

Bousculer
Lesquelles
Plutôt
Rubriques : mode, santé, horoscope, planète web, eurêka, cyber-jeux, archéologie, paroles et chansons, techno
Suivre

Expressions

Choisissez-en
Passer par la tête
Page de couverture, de sommaire, etc.

Excusez-moi, j'ai oublié mon livre
J'ai oublié de faire l'exercice
Je n'ai pas compris
Je n'ai pas entendu, vous pouvez répéter ?
Faites moins de bruit, SVP
Tout le monde a fini ?
Vous avez compris ?

p. 51
Civilisation : Les revues ados

Notes culturelles : les revues pour adolescents et préadolescents sont de plus en plus nombreuses en France. C'est un marché en pleine explosion.

On trouve des revues spécialisées en jeux vidéo, sport ou musique, qui s'adressent à un public jeune pas spécialement adolescent, mais surtout masculin. Or, les garçons lisent moins que les filles, et les revues pour adolescents ont tendance à être soit mixtes, soit nettement pour les filles.

S'adressant directement à ces dernières, il existe deux types de revues, toutes les deux en progression :
– les « fanzines » : des revues parlant de stars (musique, séries télé, stars des concours télé comme *Star Academy, Pop-stars, Loftstory*, etc.) ciblant un public adolescent féminin : *Star-club* (avec plus d'un million d'exemplaires vendus), *Fan 2, Vanilly*, etc. Ce sont les revues les plus vendues et les plus lues dans les milieux populaires. La revue imaginaire *Copains*, dont on parle dans le livre, en est une de ce genre. On trouve ces revues dans les kiosques ;
– des revues généralistes pour filles de 11 à 15 ans, comme *Julie, Lolie* ou *Miss Star Club*, parlant de sujets divers, dont la mode et la santé. Elles préparent les jeunes adolescentes au monde des magazines féminins connus comme *Elle, Marie-Claire* ou, pour les plus jeunes (15-20 ans), *20 ans !* ou *Girls*.

Pour un public mixte, on trouve surtout des magazines éducatifs, c'est-à-dire correspondant la plupart du temps à un choix des parents, voire à une démarche d'abonnement. Ces revues s'adressent indifféremment aux garçons et aux filles, et on les retrouve dans les bibliothèques et les collèges. Il existe deux types de magazines éducatifs :
– plutôt spécialisés dans des sujets traditionnellement « garçons » (sciences, découvertes, géographie, etc.), mais en fait de plus en plus mixtes : *Science et Vie Junior* et *Géo Ado* ;
– des revues « généralistes », plutôt par abonnement, avec un titre par tranche d'âge, *Okapi 100 % ado*, *Les Clés de l'actualité junior*, pour les moins de 15 ans ; puis *Phosphore* et *Les Clés de l'actualité* à partir de 15 ans.
Si vous n'avez pas accès à ces revues dans votre pays, vous pouvez piocher des informations sur les sites suivants :
– www.bayardpresse.fr (*Okapi, Phosphore*)
– www.milanpresse.fr (*Lolie, Les Clés de l'actualité*)
– www@okapi.bayardpresse.fr
– www.excelsior.fr *(Science et Vie, 20 ans, AutoMoto)*

Les revues comme *Phosphore, Okapi 100 % ado* ou *Science et Vie Junior* se trouvent le plus souvent dans les médiathèques des Instituts français et Alliances françaises dans le monde. Vous pourrez sans doute en emprunter quelques exemplaires pour la classe.

Nous conseillons à l'enseignant d'avoir feuilleté ces revues ou consulté leurs sites Web avant de commencer le travail de la page de *Civilisation*. S'il peut en apporter en classe (1 pour 4-5 élèves), il fera alors des heureux !

1. Regarde ces revues pour adolescents

➜ *Observation de pages de couverture. Interculturel.*

Par les titres et les photos de couverture, les apprenants pourront facilement retrouver les revues qui semblent plus « fille » que les autres (*Lolie, Star-club*).
On comparera alors avec les revues existant dans le pays.
« *Lolie, c'est comme… Star-club, c'est comme…* »
On pourra aussi déclencher une discussion sur les revues « garçon » ou « fille ».
« *Est-ce qu'il y a vraiment des revues "garçon" ?* »
« *Pourquoi il y a plus de revues "fille" que de revues "garçon" :*
– *parce que les garçons ne lisent pas ?*
– *parce que les filles s'intéressent à tout et pas les garçons ?*
– *parce que les filles s'intéressent à des bêtises qui n'intéressent pas les garçons ?* » etc.

2. Les rubriques

À ton avis, de quoi parle chaque rubrique ?
Dans quelle(s) revue(s) on peut les trouver ?
➜ *Relier des informations, faire des inférences.*

Ces rubriques sont tirées des revues ci-dessus, mais sous des noms différents, elles peuvent apparaître dans l'une ou dans l'autre, ou dans plusieurs à la fois ! Ce qui importe ici, c'est que les apprenants aient une idée de ce qu'ils trouveront dans chaque revue. Nous proposons un « corrigé » tenant compte de ce qu'on trouve réellement dans chaque revue, quel que soit le titre de la rubrique.

	Star-club	Lolie	Science et Vie	Okapi	Géo ado
stars	X	X			
mode	X	X			
santé		X	X	X	
horoscope	X	X			
jeux	X	X	X	X	X
filles et garçons		X			
blagues	X	X	X	X	X
sport				X	X
courrier	X	X	X	X	X
planète Web			X	X	
eurêka			X		
cyber-jeux			X	X	
archéologie			X		X
cinéma	X	X	X		
fan-club	X				
paroles et chansons	X	X			
techno			X		X
musique	X	X		X	
lire		X		X	X

Ces rubriques disent parfois clairement de quoi elles parlent (*stars, horoscope, blagues, jeux*), parfois au contraire elles sont allusives (*eurêka* : parle de découvertes scientifiques ; *planète Web :* des sites Internet qui peuvent intéresser les ados ; *paroles et chansons* : donne les paroles – *lyrics* – des chansons qu'écoutent les ados ; *techno* : il ne s'agit pas de musique techno, mais de découvertes technologiques) et demandent un vocabulaire que l'élève ne connaît pas encore : c'est l'occasion de le lui donner, sans pour autant insister (vocabulaire passif).

On divisera la classe en six groupes de quatre-cinq élèves, chacun devant réfléchir sur le sens de trois ou quatre rubriques, et sur la revue où on les trouve. On laissera un temps aux élèves qui discuteront ensuite leurs trouvailles et hypothèses.

Cahier d'exercices

Pour apprendre

La partie « pour apprendre » de cette unité fait référence aux différents types de textes. On sait que si l'apprenant repère, par l'image, le type de texte qu'il a devant les yeux, il aura plus de facilité à en deviner le sens et à ne pas buter sur les mots nouveaux.

Lors de ce niveau 2, l'apprenant a eu devant les yeux de nombreux types de textes : messages, lettres, articles, recettes, modes d'emploi, etc. On peut donc s'arrêter avec lui sur les stratégies à développer en ce sens, tant en se servant de la compréhension du cahier qu'en utilisant les nombreux textes que l'on va découvrir en feuilletant les revues pour ados, ou les sites Webs de ces revues.

Compréhension écrite

Exercice 6 : *Fiche portrait n° 178 (Copains).*

Si le chanteur Désiré n'existe pas, les « fiches portraits » de chanteurs connus sont l'apanage de nombreuses revues comme *Star-club*. C'est sur ce modèle que nous avons élaboré celle-ci.

Prolongement

→ *Interculturel, compréhension écrite autonome, lecture sélective.*

Si l'enseignant dispose de ces revues, il pourra proposer aux élèves, toujours en groupes :
– de comparer leurs hypothèses avec la « réalité », en retrouvant les rubriques en question dans les revues ;

– de voir si une rubrique similaire (parlant de la même chose) se trouve dans la revue, avec un autre nom…

Variante : les apprenants regardent les sites Internet correspondant aux revues.

3. Et toi, tu lis une revue ?...

➜ *Expression orale, interculturel.*

Discussion sur les lectures des apprenants. Après un premier tour de table, on demande aux apprenants de repérer les rubriques qui correspondent à la revue qu'ils lisent habituellement. Cela permettra peut-être de mettre au jour des rubriques qui n'ont pas été citées auparavant : « *télévision* », « *achats* », ou « *cadeaux* », « *psychologie* », « *test* », « *tes études* », etc.

Prolongement : enquête

➜ *Réemploi à l'oral de la comparaison des quantités.*

L'enseignant procédera ainsi :
1) « *Qui lit une revue ? Levez le doigt !* »
Il compte et donne les pourcentages (ou demande à un groupe désigné comme « matheux » de le faire, par exemple le groupe de ceux qui ne lisent pas de revue).
Par ex. : 60 % des élèves lisent une revue.
2) « *Qui lit une revue "fille" ? Levez le doigt !* »
Le groupe des matheux compte et donne les pourcentages à partir des lecteurs de revue (= 100 %) !
3) « *Qui lit une revue de sport ?* » (On procédera de même.)
4) « *Qui lit une revue scientifique ?* » Etc.
Une fois réalisés les pourcentages, l'ensemble de la classe pourra discuter, comparer les chiffres et même les interpréter. De quoi préparer un article intéressant pour la revue de la classe !

p. 52
Projet : la revue de la classe

1. Quelles rubriques ?

➜ *Recherche d'idées en groupe.*

On pourra utiliser ici le brainstorming (les élèves citent toutes les rubriques qui leur passent par la tête et l'enseignant écrit) ou la technique du « panel de recherche d'idées », qui demande plus de temps mais implique autrement les élèves, y compris les plus timides.

La technique du panel : Chaque élève écrit au tableau le nom d'une rubrique. On acceptera, en plus des 19 rubriques citées en *Civilisation*, toutes celles qui auront pu apparaître, soit lors de la lecture de revues ados, soit lorsqu'on parlera avec les élèves de leurs revues. Attention, ils doivent être attentifs et ne pas écrire une rubrique déjà citée.

Une fois que toutes les rubriques seront écrites, on demandera à chacun de venir barrer une rubrique, et une seule (attention : plusieurs élèves peuvent barrer la même rubrique).

Ensuite, ils viendront entourer une rubrique, et une seule.

Puis on sélectionnera les rubriques de cette façon :
– s'il y a plus de 7 rubriques entourées et non barrées, on demandera aux élèves d'en éliminer ;
– s'il y en a moins de 7, on prendra en compte les rubriques entourées et barrées : celles qui sont le plus entourées sont sélectionnées… jusqu'à 7.

Attention : on aura de toute façon un « courrier des lecteurs » (écrit en leçon 7) et un « paroles et chansons » avec la chanson de Désiré. Si les apprenants ont sélectionné ces rubriques, en rajouter deux autres…

2. Quel format ?

Voici à peu près la maquette de la revue, sachant que la chanson, le courrier et la publicité peuvent figurer à des endroits différents.

Revue de la classe

Titre	Sommaire		
1	2	3	4

Fille de ma vie		Courrier	Pub
5	6	7	8

On donnera ce « chemin de fer » aux élèves pour qu'ils voient mieux comment se « construit » la revue. On pourra leur fournir quatre feuilles A3 pliées en deux pour qu'ils puissent visualiser.

3. On écrit son article

→ Travail en groupes, négociations.

La classe est divisée en huit groupes, un groupe par rubrique.

Le huitième groupe, chargé de la publicité, est aussi celui qui sélectionnera le « courrier des lecteurs » recueilli par le professeur en leçon 7, et il y répondra !

Selon les cas, les articles pourront être réalisés en classe ou en dehors de la classe. L'enseignant passera dans les groupes pour voir comment avance le travail et donner un coup de main si nécessaire. Les apprenants devront tenir compte de l'espace dont ils disposent dans la page et « négocier » avec les « journalistes » écrivant sur la même page.

Si le collège dispose d'un ordinateur avec correcteur orthographique en français, alors, c'est le luxe ! Il n'y a pas de document publicitaire dans le livre ; aussi peut-on leur en montrer dans des revues, ou laisser parler leur imagination.

4. Donnez un titre à votre revue

→ Recherche d'idées et vote.

Une fois tous les articles écrits, avant de les « mettre en page », on les lira à haute voix à l'ensemble de la classe. Ainsi, tout le monde sait ce qu'il y a dans la revue et peut proposer des titres, en brainstorming, suivi de vote à main levée.

On procédera ensuite à la mise en page et on finira par une chanson à chanter et à jouer !

᭡ Rassemblez le tout et... chantez la nouvelle chanson de Désiré !

Cette chanson est une parodie des chansons romantiques des *boys bands*, que les lectrices de *Star-club* et autres fanzines adorent. Il se peut que certains élèves n'aient aucune envie de chanter ce genre de chanson, ce qu'on respectera. On peut cependant proposer de faire chanter, par jeu, les filles d'un côté et les garçons de l'autre.

En plus de la version de Désiré, chantée par les garçons, les filles peuvent chanter en s'adressant à eux :

Dans la rue
J'ai vu un gars
Dans la nuit
J'ai vu un gars
Le gars de ma vie !

J'ai couru
J'ai crié
J'ai chanté !
Le gars de ma vie ! Hou hou hou
Tu es le gars de ma vie !

p. 53
BD : Qui a disparu ?

→ *Compréhension écrite autonome.*

Lecture

On pourra proposer aux apprenants de lire la BD seuls, à la maison.

C'est la suite logique de la dernière leçon : Dany a proposé un rendez-vous à Lou (Loulou), qui le soupçonne d'être « le jeune homme en noir ». On voit ici que le rendez-vous est « *au jardin du Luxembourg* », au centre de Paris, pas très loin du 13e arrondissement où habitent nos personnages.

En faisant lire à la maison, sans consigne préalable, on pousse les apprenants à reprendre eux-mêmes les éléments de l'histoire :
– la vignette 1 les renvoie au rendez-vous proposé par Dany, situation 2, leçon 9 ;
– les vignettes 2 et 3, avec l'apparition de Thomas, les renvoient à la situation 1 de la même leçon.

L'apparition d'Alix, avec un bras cassé, confirme les « soupçons » de Lou : Dany est bien le jeune homme en noir, et il connaît Alix.

Les apprenants n'auront aucune difficulté à relier les informations suivantes : Dany a une mobylette (cassée) (leçon 9), Alix a eu un accident (BD), pour trouver une explication plausible : *Le jour du concert, Dany et Alix ont eu un accident de mobylette, la mobylette est au garage, Alix s'est cassé un bras...*

Reste à élucider pourquoi Alix n'a pas prévenu ses parents et pourquoi Dany n'a rien dit. On ne sait pas non plus, à la fin de la BD, pourquoi Dany est au commissariat et Alix libre de ses mouvements ! Plusieurs solutions sont possibles :
– *Alix est retournée de son plein gré chez ses parents, et elle a expliqué l'histoire.*
– *C'est l'hôpital qui a prévenu les parents d'Alix.*
– *Les parents d'Alix ont porté plainte contre Dany parce qu'il a eu un accident de mobylette et qu'il a « caché » Alix.*

Par ailleurs, comme dans toute enquête policière, on a ici un certain nombre de *fausses pistes*, qui poussent les lecteurs à émettre des hypothèse qui se révéleront erronées :
– il y a eu un vol de mobylette (qui en fait n'a rien a voir avec l'histoire) le jour de la disparition d'Alix ;
– on a retrouvé l'harmonica de Thomas près de la mobylette volée ;
– Thomas est soupçonné.

Avec tous ces éléments, après avoir fait lire la BD à la maison, l'enseignant peut donc proposer une discussion sur l'histoire, en posant simplement la question : « *À votre avis, qu'est-ce qu'il s'est passé ?* »

Il peut aussi décider d'aller plus loin dans l'analyse du récit et de demander aux apprenants de confronter les informations sûres et les hypothèses.

🎧 Lecture avec écoute

Suite à ce travail, il fera relire l'ensemble avec écoute de l'enregistrement. Les apprenants tiendront compte de l'intonation.

Prolongement

→ *Rédaction de dialogues à partir d'hypothèses.*

→ *Dramatisation.*

Au lieu de faire simplement jouer la scène, on divisera la classe en deux groupes, l'un composé de garçons, l'autre de filles. Chaque groupe devra utiliser les hypothèses émises lors de la discussion précédente pour continuer le dialogue. Ensuite, on pourra faire jouer la scène.

Le groupe des garçons devra reprendre la discussion entre Thomas et Karim et imaginer ce qu'ils se disent. Cela peut prendre la forme suivante :

Thomas : Salut !
Karim : Qu'est-ce qu'il t'arrive, tu as un drôle d'air !
Thomas : La police me suit...
Karim : La police ?
Karim : Attends, tu vas me raconter ça...
Thomas : *Un inspecteur est venu au collège, il m'a posé un tas de questions... il croit que j'ai volé une mobylette.*
Karim : *Ah oui ?*

Thomas : *Et il pense que je connais une fille qui s'appelle Alix…*
Karim : *Et tu la connais ?*
Thomas : *Ben non !*
Les apprenants décideront si Karim explique à Thomas qu'ils ont peut-être retrouvé le jeune homme en noir…

Le groupe des filles, lui, reprendra et continuera le dialogue entre Alix et Lou, par exemple :
Alix : C'est toi, Loulou ?
Lou : Oui, c'est moi, et toi, qui tu es ?
Alix : Alix ! Dany ne peut pas venir, il est au commissariat…
Lou : *Tu es la fille qui a disparu, mais qu'est-ce qu'il s'est passé ?*
Alix : *J'ai eu un accident de mobylette*
Lou : *Avec Dany ?*
Alix : *Oui, c'est sa mobylette.*
Lou : *Et pourquoi Dany est au commissariat ?*
Alix : *Parce que.*
Aux apprenants de décider de cette explication… et de la jouer !

p. 54
Bilan : tu sais

Comme tous les bilans, celui-ci ci se fait avant « révision » et avant le travail dans le cahier, afin que l'enseignant et la classe aient une idée de ce qui a été acquis et de ce qui pose problème. Nous proposons ici une exploitation essentiellement orale.

1. Comparer des quantités

🎧 **Écoute, complète et compare avec ta classe.**

→ *Compréhension orale des nombres. Réemploi de la comparaison.*

Transcription :
Dans la classe de Karim, la 3ᵉ D, il y a : *2* roux, *7 élèves qui portent des lunettes, 10* blonds et *16 bruns.* Il *y a 16* filles et *12* garçons.

Correction :
Il y a *plus de* bruns *que* de blonds, il y a plus de filles que de garçons.
Il y a *moins de* roux *que* de blonds, moins de blonds que de bruns, moins de garçons que de filles.
Il y a *autant de* bruns *que* de filles.

2. Raconter une action passée

Regarde M. et Mme Dufour et dis ce qu'ils ont fait.

On observera les dessins et on interrogera différents élèves au hasard.

Correction possible :
Ils ont promené leurs chiens. Ils ont mangé une glace. Elle a cassé ses lunettes.

3. Exprimer la cause, le but

Trouve des réponses à ces questions.

On a vu, lors de la BD, que les apprenants avaient les moyens de répondre à ces questions ; on les reprend ici pour travailler l'expression de la cause et du but.

Correction possible :
• Pourquoi Alix a le bras cassé ? *Parce qu'elle a eu un accident de mobylette.*
• Pourquoi est-ce que Dany est au commissariat ? *Parce qu'il a eu un accident de mobylette avec Alix ; parce qu'il a caché Alix.*

Trouve des questions à ces réponses.

Correction possible :
• *Pourquoi Lou écrit au fan-club de Désiré ?* Lou écrit au fan-club pour rencontrer des fans de Désiré.
• *Pourquoi Lou veut rencontrer des fans de Désiré ?* Lou veut rencontrer les fans de Désiré pour retrouver Alix.
• *Pourquoi Lou rencontre Alix (et pas Dany) au jardin du Luxembourg ?* Alix rencontre Lou parce que Dany ne peut pas venir.

4. Donner ton avis, émettre des hypothèses

Ici encore, les trois questions permettent de reprendre les acquis en la matière, à l'oral. On aura des phrases du type :
« *Je crois que les chanteurs comme Désiré ne sont pas bons.* »
« *Je pense que les chanteurs comme Désiré sont nuls, sympas, super.* »
« *Alix a tort / a raison d'aller au concert toute seule. Les parents d'Alix ont tort de la laisser...* »
« *Peut-être que Dany a volé la mobylette, peut-être que la mobylette est à son frère...* »
« *Je crois que Dany a vraiment une mobylette : il l'a cassée, il le dit dans un mél à Lou.* »

5. Parler correctement selon la situation

Ici, on laissera les apprenants chercher individuellement ou par deux, on écoutera ensuite toutes les propositions.

Correction possible :
• Tu bouscules un monsieur dans la rue, tu dis : « *Pardon monsieur* », « *Excusez-moi monsieur* » « *Désolé !* » (cette dernière proposition étant bien moins polie).
• Tu n'es pas d'accord avec copain, tu dis : « *Je ne suis pas d'accord !* », « *Tu as tort* », « *Tu rêves !* »
• Tu parles avec un copain d'un très bon film que tu as vu, tu dis : « *C'était super !* », « *C'était top !* »
• Tu parles avec ton professeur d'un livre que tu as lu, tu dis : « *C'était intéressant / bien.* »

Une fois réalisé ce bilan, on se reportera avec les élèves au *Portfolio*, afin que chacun essaie d'évaluer ce qu'il sait. Puis on leur proposera de revoir l'ensemble en travaillant la partie *Échos* du cahier d'exercices.

Cahier d'exercices

Exercice 1 (révision : présent et passé composé).
Exercice 2 (révision : les possessifs).
Exercice 3 (révision : le COD).
Exercice 4 (révision : la comparaison de quantité).
Exercice 5 (révision : la cause et le but).
Exercice 7 (révision : expression écrite. Passé composé, mots et expressions).
C'est une révision de tous les acquis de l'unité. L'enseignant pourra décider, selon le niveau des élèves et le temps, quels exercices devront être faits en cours.

UNITÉ 4 • ON BOUGE?

➤ *Livre de l'élève : p. 55 à 68*
➤ *Cahier d'exercices : p. 32 à 39*

Objectifs d'enseignement/apprentissage

• Entraîner l'élève à comprendre des conversations à plus de trois interlocuteurs.
• Développer les mises en relation compréhension écrite / compréhension orale.
• Développer l'expression orale dans les situations de communication téléphonique.
• Développer l'expression orale et la prise de parole au sein d'un groupe.
• Faire réfléchir l'élève sur la formation du passé composé.
• Aider l'élève à prendre des repères lexicaux et grammaticaux par rapport au temps (présent, passé, futur).
• Faire réfléchir l'élève sur les niveaux de langue et le vouvoiement.
• Développer la notion de négation en français.
• Aider l'élève à différencier les nasales accompagnées de la semi-voyelle /j/.
• Faire découvrir à l'élève des villes et des régions de France.
• Sensibiliser l'élève au problème de l'environnement et de la vie dans les villes.

Communication	Phonétique	Grammaire	Vocabulaire	Civilisation	Projet
• Raconter des actions passées	• /jɔ̃/, /jɛ̃/, /jã/	• **Indicateurs temporels**	• Registres de langues (2) : vous/tu	• Marseille	• La sortie de la classe
• Parler de ses plans et intentions futures	• **Rappel :** les nasales	• **Connecteurs narratifs**	• Les sorties et excursions le week-end	• Sorties en région parisienne	
• Se situer dans le temps	• **Intonation :** appréciations négatives et positives	• **Conjugaison :** – *savoir, sortir, dormir* – *aller* + infinitif – *venir de* + infinitif – *être en train de* + infinitif	• La plage, la montagne, la ville, la campagne		
• Parler/ téléphoner à des amis ou à des inconnus			• Registres de langue (2) : standard / familier		
• Demander des renseignements		• **Passé composé** (2) : – l'auxiliaire *être* – la négation au passé composé	• Les nombres : milliers et dates		
• Dire ce qu'on sait faire					
• Décrire un lieu					
• Lire et rédiger de petits textes informatifs sur un lieu					
• Lire et rédiger un programme de sorties					

Thèmes transversaux : éducation à la consommation ; environnement.
Interdisciplinaire : géographie, histoire, sciences de la vie.

LEÇON 10

Qu'est-ce qu'on fait ?

→ **Tu te situes dans le temps. Tu dis ce que tu sais faire.
Tu parles poliment. Tu téléphones.**

➤ *Livre de l'élève p 56 à 59*
➤ *Cahier d'exercices : p 32-33*

Communication	Phonétique	Grammaire	Vocabulaire
• Raconter des actions passées (1) • Téléphoner à des amis ou à des inconnus • Se situer dans le temps • Parler de ses plans et intentions futures (1) • Dire ce qu'on sait faire		• **Conjugaison :** – *aller* + infinitif *venir de* + infinitif *être en train de* + infinitif – passé composé (2) : l'auxiliaire *être* – *savoir*	• **Mots :** Affaires de plage Boum Bricoler Crème solaire Déjà Maillot de bain Nager Niche Palmes Parasol Partir Pendant Plage Problème Se baigner Se réveiller Serviette Tungu • **Expressions** Allô ? Je suis bien au/chez… Au bord de la mer Être en train de Excusez-moi ! Faire la cuisine J'en ai marre Je m'ennuie Je suis occupé Passe-moi le sel, s'il te plaît Plusieurs fois Première nouvelle ! Qu'est-ce que tu fabriques ?

VOCABULAIRE PASSIF

Mots

Calanque
Fabriquer
Faire des tours de magie
Maintenant
Oiseau
Politesse
Professeur tuteur
Puis

Expressions

Oh, la chance !
Ouais

p. 56
Compréhension

🎧 a. Écoute.

Préalable : observation des dessins et rappel des personnages du niveau 1

Ces deux situations mettent en scène deux personnages du niveau 1 : Alex, le garçon manqué, dont on a appris en leçon 0 qu'elle est partie vivre à Marseille (lettre de Manon à Alex), et Sékou, un copain de Bastien, avec qui il s'est entraîné au « marathon inter collèges » l'année précédente (unité 4, niveau 1). Elles partent aussi du thème du week-end, temps de loisirs où il faut s'occuper, et où beaucoup d'adolescents connaissent l'ennui. De fait, toute l'unité 4 est centrée sur le thème du week-end… Encore une fois, sans faire lire le dialogue, on parlera du week-end et l'on fera reconnaître le personnage d'Alex dans le dessin. Puis on essaiera de voir si les apprenants se rappellent les autres personnages du niveau 1 : Vanessa, Manuel, Mathieu, Sékou…

La mère et la sœur de Bastien sont aussi des personnages rencontrés lors de l'unité 4 du niveau 1 ; on verra si les apprenants les reconnaissent.

On posera des questions sur ce que Bastien et sa sœur sont en train de faire.

On élucidera ainsi en préalable les mots *week-end, ennui-s'ennuyer, niche pour les oiseaux,* et l'on reverra le mot *maillot de bain (*vu en niveau 1). On passera ensuite à l'écoute.

Écoute livre fermé

→ *Compréhension orale globale à partir d'hypothèses, de souvenirs et d'indices visuels et sonores.*

On écoutera les deux situations d'affilée, puis on posera les questions suivantes :

« *Quel jour de la semaine ça se passe ?* » (Pendant le week-end.)

« *Qui parle au téléphone dans chaque situation ?* »

– situation 1 : la mère de Bastien, Bastien, Sékou (ce dernier, non visible sur le dessin) ;

– situation 2 : Manon (non visible) et Alex.

On parlera de ces deux personnages non visibles en insistant sur leur ton : « *Est-ce qu'ils sont contents ? Est-ce qu'ils s'ennuient ? Et les autres ados, est-ce qu'ils s'ennuient ?* »

En répondant à ces questions, les apprenants vont naturellement parler de ce que font ou ont fait les personnages (Bastien et Alex), préparant ainsi la réponse aux questions de compréhension.

Écoute, livre ouvert

→ *Mise en relation écrite et orale, vérification de la compréhension.*

Si les apprenants ont eu du mal à comprendre la situation, avant de passer à **b. Réponds**, on procédera à une écoute accompagnée de lecture et/ou attention aux dessins, ce qui permettra :

– de vérifier les réponses aux questions lors de la première écoute ;

– d'essayer de répondre aux questions écrites dans le livre, et enregistrées.

🎧 b. Réponds.

→ *Vérification de la compréhension globale.*

Écoute des questions à livre ouvert ou fermé

On écoutera les questions et l'on fera intervenir oralement les élèves, qui répondront rapidement et spontanément. S'ils ont bien compris la situation, on fera écouter les questions à livre fermé, sinon, on leur laissera le support écrit.

Question 1 : si l'on sait, parce qu'on le voit sur le dessin, que Bastien et sa sœur font une niche pour les oiseaux, en revanche, on ne sait pas exactement ce que font les personnages invisibles que sont Manon et Sékou. On a la nette impression qu'ils s'ennuient. Les élèves pourront reprendre la négation en disant : « *Sékou ne fait rien, il s'ennuie. Manon, elle s'ennuie, elle téléphone…* »

On verra ensuite, lors de l'écoute des réponses enregistrées, qu'il y a plusieurs façons de voir, imaginer ce que font les personnages invisibles.

Question 2 : si les élèves ont leur livre ouvert, il leur est facile de répondre : *Marseille.* Sinon, il sera intéressant de voir comment ils écrivent le nom de cette ville, dont ils ont déjà entendu parler et qui se trouve dans l'index de *Civilisation.*

Question 3 : il est facile de répondre livre ouvert, grâce aux dessins. Livre fermé, soit les élèves se souviennent des dessins vus en préalable, soit ils se souviennent du mot *maillot de bain,* vu au niveau 1.

On essaiera de faire imaginer ce que veut dire le mot *boum* : « *Un concert ? Une pièce de théâtre ? Une fête ? Un collège ?* »

🎧 **c. Écoute les réponses** (sur support audio seulement).

→ *Vérification de la compréhension.*

Transcription :
• Bastien et sa sœur sont en train de bricoler une niche pour les oiseaux, Sékou s'ennuie et Manon téléphone à Alex.
• Rappelle-toi : Alex est partie de Paris. Maintenant elle habite au bord de la mer, à Marseille.
• Hier, elle est allée à une boum, elle est en train de se préparer pour aller à la plage.

On comparera les réponses proposées en audio avec celles des élèves et l'on s'arrêtera sur l'élément de civilisation : Marseille.
On fera lire les informations contenues dans l'index et retrouver la ville sur la carte.
On parlera de l'église de Notre-Dame-de-la-Garde, que l'on voit dans le fond du dessin, et des célèbres calanques, petites plages dans les rochers où vont se baigner les Marseillais, et les autres !

Prolongement : civilisation

Si on le désire, on pourra développer le thème de Marseille, à partir de documents divers ou trouvés sur les sites suivants :
http://www.mairie-marseille.fr/
http://www.marseille-tourisme.com/
http://www.cogito.fr/marseill/marseill.htm

Note culturelle : depuis quelques années, Marseille est une ville très à la mode. Beaucoup de Parisiens y déménagent ou y vont en vacances. C'est une ville cosmopolite avec beaucoup d'activités culturelles, de quartiers différents, de sites naturels à proximité, comme les calanques ou les îles du Frioul, sans oublier l'île du château d'If où était emprisonné Edmond Dantes, le personnage du *Comte de Monte-Cristo*. Marseille n'est plus simplement la ville de la pétanque et de Marcel Pagnol, mais aussi celle de joueurs de foot comme Zidane, d'une célèbre équipe de football (l'OM, *Olympique de Marseille*), de groupes musicaux comme le Massilia Sound System, etc.

🎧 **d. Répète.**

→ *Prononciation : intonations et expressions liées à l'ennui et à l'envie.*

Transcription :
Sékou *:* Je m'ennuie.
Bastien : J'en ai marre du centre commercial.
Manon : Oh, la chance !

On reprend ici trois expressions issues des dialogues et typiques des adolescents. Il s'agit à la fois de travailler la prononciation de semi-voyelles et nasales (/ɥi/ de *je m'ennuie*, et /ɑ̃/) et de jouer sur l'intonation. On en profitera pour expliciter le sens de « *j'en ai marre* », qu'on pourra « conjuguer » de cette façon :
« *J'en ai marre du centre commercial.* »
« *J'en ai marre de mon frère, de ma sœur.* »
« *J'en ai marre de la télé.* »
« *J'en ai marre des jeux vidéo.* »
« *J'en ai marre des maths.* » Etc.

p. 57
Mots et expressions

→ *Enrichissement du vocabulaire.*

Le tableau correspond aux mots du dialogue ainsi qu'aux mots liés au champ lexical : « plage ». On reliera « *les affaires de plage* » avec les lieux cités dans la *Compréhension* : *au bord de la mer* et *calanques*, ainsi qu'avec les verbes *nager* et *se baigner*. On pourra poser une question du type : « *qu'est-ce qu'on fait à la plage ?* » pour retrouver ces verbes, et peut-être d'autres comme *jouer au foot, courir*… On pourra introduire aussi *prendre le soleil*. Par contre, on fera remarquer qu'à la plage, on ne *bricole* pas…

Dans quelques leçons, on reprendra les expressions liées au temps, qu'on peut déjà classer comme telles avec les élèves :
– *plusieurs fois* : qui renvoie à *une fois, deux fois, trois fois* ;
– *déjà* et *pendant* : les apprenants ont déjà vu de façon passive l'expression « *pendant ce temps-là* », très utile dans les récits et BD.

Cahier d'exercices

Exercice 9 (à faire à la maison).

1. La politesse : « tu » et « vous »

→ *Réflexion sur la langue : registres de langue.*

De fait, l'emploi du *vous* de politesse est connu implicitement grâce aux consignes de « *Pour communiquer* » et aux dialogues avec des personnes inconnues qui sont apparus tout au long des deux niveaux. Ici, on insistera sur la notion de sujet. On en profite aussi, avec le dessin, pour rappeler une expression de politesse (vue dans les tableaux de « *Pour communiquer* ») : « *Excusez-moi.* »
En reprenant le dialogue et en utilisant le dessin, les apprenants pourront répondre aux questions permettant de bien différencier le *tu* et le *vous*. Il est important de comparer ici avec la langue maternelle, non pas seulement pour voir quelle est la personne de politesse (une 2e personne pluriel, une 3e personne singulier, pas de personne de politesse), mais aussi pour voir si les situations dans lesquelles on emploie la personne de politesse correspondent dans les deux langues. Par exemple, en Espagne, on tutoiera facilement un inconnu, une vendeuse par exemple, à laquelle on dira : « *Donne-moi une baguette, s'il te plaît* », alors qu'en français, on aura systématiquement recours au vouvoiement. Le problème se pose aussi dans les rapports entre élèves et professeurs, qu'on vouvoie en France. La plupart des professeurs préfèrent aussi vouvoyer les adolescents, afin de ne pas les infantiliser.
Entrent en ligne de compte pour le choix de l'un ou l'autre mode d'adresse : la différence d'âge, la différence de statut, le degré de connaissance (on vouvoie les adultes, mais on tutoie ses parents).

Cahier d'exercices

Exercice 6 (à faire à la maison).

2. Au téléphone

🎧 a. Écoute et complète.

→ *Compréhension orale. Dictée et prise de notes.*

On s'intéresse ici à différents éléments qu'il est bon de savoir prendre en note ou sous la dictée; des nombres *(numéros de téléphone)*, des expressions comme *chez*, et une situation qui reprend le vouvoiement.

1re écoute

On fera écouter une première fois, puis on mettra en commun les « trouvailles » des élèves : il est probable qu'ils ne proposeront pas exactement les mêmes choses : ils devront les dire… et se mettre d'accord !

2e écoute et correction

On fera une pause après chaque phrase pour que l'apprenant ait le temps de noter et de commenter.

Transcription et correction :
(Support audio seulement)
Prof : Allô, je suis bien au *01 45 87 32 78* ?
Mère : Oui.
Prof : Je suis bien *chez Bastien* Leblond ?
Mère : Oui.
Prof : Bonjour, c'est le *professeur* tuteur de Bastien, *vous êtes* sa maman ?
Mère : Oui, c'est moi… il y a un *problème* ?

b. Comment on fait pour téléphoner ?

En comparant avec les dialogues de la leçon, on découvre que :
– quand on est sûr du numéro de téléphone, on ne dit pas « *je suis bien au...* » ;
– quand on connaît la personne et le numéro de téléphone : si c'est une maman, on la vouvoie ; si c'est un copain (une copine), on le (la) tutoie.

À ton avis, pourquoi le professeur veut parler avec la maman de Bastien ?

→ *Expression orale : émission d'hypothèses.*

À partir de ce que l'on connaît du personnage (redoublant, pas très studieux, toujours un peu en train de grogner) et de la situation (un prof qui appelle une maman à la maison), on peut imaginer qu'il a des problèmes scolaires :
– des mauvaises notes ;
– un problème de discipline avec un professeur ou un autre camarade (Vanessa, par exemple) ;
– un problème d'absentéisme : il a peut-être *manqué un cours* (*séché*, en langage familier), *il n'a pas été en cours, au collège.*
Les élèves ne savent pas dire tout cela, mais c'est l'occasion de leur apprendre, car voilà le genre de situation qu'ils connaissent et qui les intéresse. En revanche, s'ils ne pensent pas à toutes ces éventualités, ce n'est pas la peine de les embarrasser avec ce vocabulaire. La question vise à rappeler qu'on travaille sur le sens autant que sur la forme.

Cahier d'exercices

Exercice 7 (à faire à la maison).

🎧 c. Répète le dialogue.

→ *Prononciation. Dramatisation.*

On entend ici le dialogue « découpé », ce qui permet aux apprenants de répéter une première fois après chaque phrase.
On fera, au choix, répéter quelques élèves ou l'ensemble de la classe. Pour plus d'intérêt, une moitié de la classe tiendra le rôle de la mère et l'autre moitié celui du professeur tuteur : les apprenants « s'enverront » les répliques d'un bout à l'autre de la salle.

Expression orale

Jeu de rôles.

→ *Expression orale par paires.*

On reprend ici la même situation qu'avec Bastien : le professeur téléphone.
Les apprenants travailleront par paires. Chaque paire devra choisir : si le professeur tombe sur le père ou la mère de l'enfant, et quel problème est évoqué, compte tenu de la personnalité de chacun. Cela peut donner :
Groupe 1 (3 ou 4 paires, selon le nombre d'élèves) : le professeur tuteur et le père ou la mère de Karim : « *Karim n'a pas fait son devoir de français* », « *Karim n'a pas été en cours de...* », « *Karim a eu des mauvaises notes ce trimestre* » (ou le contraire, on ne sait rien sur ses capacités scolaires, si ce n'est qu'il est en 3ᵉ), « *Karim a gagné le concours de littérature avec son récit : "Un inspecteur au collège !"* .»
Groupe 2 (3 ou 4 paires) : le professeur tuteur et le père ou la mère de Marco. À part les explications données pour Karim, on peut avoir, vu les dons d'acrobatie de Marco : « *Marco a un bras cassé, une jambe cassée* », ou, vu sa gourmandise : « *Marco a mal au ventre.* »
Groupe 3 (3 ou 4 paires) : le professeur tuteur et le père ou la mère de Lou. Lou aussi peut s'être cassé une jambe, ou avoir manqué un cours, ou avoir utilisé son téléphone portable en classe...

p. 58
Conjugaison

1. Le passé composé

a. Observe le passé composé des verbes *aller, entrer, venir* et *partir*.
➜ *Repérage, conceptualisation.*

Les apprenants connaissent maintenant depuis un certain temps le passé composé avec *avoir*. Ils ont besoin de pouvoir utiliser des verbes courants qui se conjuguent avec *être*. Ces questions leur permettront de comprendre le fonctionnement du passe composé avec *être*.

Il y a en fait deux différences : l'accord du participe passé avec le sujet, et le verbe auxiliaire. Chaque élève trouvera au moins l'une de ces différences, et ensuite on reprendra les choses dans l'ordre : quand l'auxiliaire est *être*, alors le participe passé s'accorde avec le sujet.

> **Cahier d'exercices**
>
> Exercice 1 (à faire en cours).

b. « Qu'est-ce que tu as fait ce week-end ? »
➜ *Réemploi à l'écrit.*

L'exercice, quoique court, contient une progression : dans la première partie, tous les verbes se conjuguent avec *être* ; dans la deuxième partie, l'apprenant doit tenir compte des verbes qui se conjuguent avec *avoir*. Il est important de faire et corriger l'exercice en classe.

Correction :
Flore : Mes grands-parents *sont venus* à Paris. Nous *sommes allés* ensemble au restaurant, et puis ils *sont partis.*
Thomas : Ma grande sœur de Lyon *est venue* passer le week-end. On *a mangé* ensemble et puis, le soir, elle *est allée* au cinéma avec des amies, elles sont *rentrées* très tard. Elle *est partie* ce matin.

> **Cahier d'exercices**
>
> Exercice 2 (à faire à la maison).
> Exercice 3 (à faire en cours).
> Exercice 8 (à faire en cours). Insister sur la structure de la phrase. Les élèves pourront, par équipes, écrire d'autres phrases, les découper et donner à d'autres camarades qui devront les reconstruire. On pourra décerner des prix, nommer les gagnants…

2. « Être en train de »

a. Observe : futur, présent ou passé ?
➜ *Conceptualisation et reprise.*

On travaille ici le présent progressif en reprenant futur proche et passé récent, déjà connus et maîtrisés. En fait, le présent progressif est moins utilisé en français que dans beaucoup d'autres langues (anglais, espagnol, portugais, etc.), car très souvent le présent de l'indicatif s'emploie dans ce même sens : par exemple, l'expression familière « *Qu'est-ce que tu fabriques ?* » correspond, du point de vue du sens, à « *Qu'est-ce que tu es en train de faire ?* »

Correction :
• *Venir de* + infinitif correspond à une action passée.
• *Aller* + infinitif correspond à une action future.
• *Être en train de* + infinitif correspond à une action présente.

b. Regarde-les. Qu'est-ce qu'ils sont en train de faire ?
➜ *Réemploi à l'oral.*

Correction possible : EXT-99 est en train de jouer de l'harmonica. Le papa de Marco est en train de mettre la table. Leïla est en train de se coiffer.

Qu'est-ce qu'ils ont fait avant ? Qu'est-ce qu'ils vont faire ?

Correction possible :
- EXT-99 a pris l'harmonica à Thomas. Il va danser.
- Le papa de Marco a lu le journal. Il va manger avec sa famille.
- Elle a mis son gilet. Elle va partir à l'école, prendre son petit déjeuner…

Certains apprenants ou même enseignants seront tentés ici d'utiliser le passé récent. C'est une possibilité, mais l'usage a plutôt recours au passé composé : l'action est bel et bien terminée, et l'on insiste moins sur le fait qu'elle vient de se passer que sur le fait qu'elle en implique une autre, future…

Cahier d'exercices

Exercices 4 et 5 (à faire à la maison).

---

3. « Savoir »

a. Complète.
→ *Conceptualisation par tableau.*

Correction :

Je sais *danser*	Nous savons *faire la cuisine*
Tu sai**s** *chanter*	Vous **savez** *bricoler*
Il sait *nager*	Ils savent *faire des tours de magie*

b. Qu'est-ce qu'ils savent faire ?
→ *Réemploi à l'oral.*

Correction possible :
Marco sait faire le clown, Manon et Leïla savent cuisiner, Thomas sait jouer de la guitare.

Et toi, qu'est-ce que tu sais faire ? Demande à ton voisin.
→ *Expression orale. Enrichissement du vocabulaire.*

Selon leurs aptitudes ou capacités, les apprenants peuvent soit reprendre les exemples du livre (*bricoler, jouer au foot, jouer de l'harmonica, nager, faire un gâteau*, etc.) ou connus depuis le niveau 1 (*faire du foot, du basket, de la peinture, courir, chanter, danser, écrire des histoires, faire des photos*, etc.), soit demander à l'enseignant les mots nécessaires pour dire ce qu'ils savent faire :
« *Jouer du piano, de la flûte, de la guitare.* »
« *Jouer dans une pièce de théâtre.* »
« *Faire des acrobaties (avec ou sans skate-board) : sauter, courir sur un pied…* »
« *Faire des grimaces : tordre la bouche, loucher…* »
« *Fabriquer des miniatures de monuments, de dinosaures, de personnages.* »

Si les apprenants ont du mal à dire ce qu'ils savent faire, on peut les guider par thème :
« *Qui sait cuisiner ? Qui sait jouer d'un instrument de musique ? Qui sait faire un sport ?* »
Lorsque tout le monde ou presque aura parlé, on demandera aux plus timides, ou aux plus observateurs, de reprendre et synthétiser les dons et capacités de la classe. L'enseignant pourra commencer avec un exemple : « *Sandra, Vanessa, John et Kim savent jouer d'un instrument de musique… Qui sait faire un sport ? Qui sait faire de la peinture… ?* »

🎧 Jeu

Qu'est-ce qu'il fabrique ? (Sur support audio seulement)
→ *Expression orale à partir d'indices sonores (histoire sans paroles).*

On entend les bruits suivants : bruit d'intérieur de voiture, sifflements, la voiture se gare, claquement de porte de voiture, mouettes, vagues, pas sur le sable, pieds dans l'eau, l'homme dit : « *Ouh, elle est froide !* », on l'entend nager.

Correction possible :
Un homme est dans une voiture. Il siffle. Il se gare. Il ferme la porte de sa voiture. On entend la mer, les oiseaux. Il marche/court dans le sable. Il met les pieds dans l'eau et dit : « *Ouh, elle est froide !* »
Il nage…

On divise la classe en deux (ou quatre, ou six) groupes distincts. On explique que « *Qu'est-ce que qu'il fabrique ?* » correspond à la question : « *Qu'est-ce qu'il est en train de faire ?* »

1re écoute et mise en commun

Les apprenants prennent note des sons. Chaque groupe met en commun ses trouvailles, l'enseignant passe dans les groupes pour aider au niveau du vocabulaire si nécessaire. Ensuite, un représentant de chaque groupe énumère la suite des actions qu'il entend et devine.

L'enseignant écrit au tableau sous la dictée (une colonne d'actions par groupe), sans rien « corriger » des actions. Certains proposeront peut-être des interprétations différentes (les bruits de mouettes ressemblent parfois à ceux des bébés, etc.), ou auront oublié des bruits, donc des actions…

2e écoute

On vérifiera la suite des bruits et des actions en comparant avec les listes du tableau. Le groupe qui sera le plus proche de la réalité aura gagné. Attention, il peut y avoir des ex-æquo !

LEÇON 11

Les longs week-ends

➜ **Tu parles de ton week-end, de tes sorties.**

➤ *Livre de l'élève : p. 59 à 61*
➤ *Cahier d'exercices : p. 34-35*

Communication	Phonétique	Grammaire	Vocabulaire
• Raconter des actions passées (2) • Parler du week-end, des sorties • Se situer dans le temps		**Indicateurs temporels :** *tous les jours, après, ensuite, avant, l'année dernière* • **Connecteurs narratifs :** *alors, puis, finalement* **Conjugaison :** – passé composé (2) : auxiliaire *être* – *sortir, dormir*	**Mots :** Alors Après Avant Avoir envie de Bois Château Descendre (p.p. *descendu*) Dormir Ensuite Finalement Naître (p.p. *né*) Monter Mourir (p.p. *mort*) Pauvre Pique-nique Promenade Puis Rester Se promener Sortir Tomber **Expressions :** À la campagne Faire le ménage L'année dernière Le week-end dernier Ouais Pas terrible Prendre sa douche Tous les week-ends

VOCABULAIRE PASSIF

Entraînement
Minutieusement
Ours
Réveil
Se séparer
Succession d'événements

p. 59
Compréhension

🔊 **a. Écoute.**

→ *Compréhension orale à partir de la mise en relation d'informations.*

Avant écoute

→ *Observation du dessin : hypothèses sur les sentiments des personnages.*

Le dessin ici ne donne pas d'information sur le sujet de la conversation, en revanche il renseigne sur l'état d'esprit, les sentiments des personnages. On demandera donc aux apprenants, très rapidement :
– de citer les personnages ;
– de dire à chaque fois s'ils ont l'air *contents, tristes, ennuyés, étonnés.*

On s'arrêtera ensuite sur le titre, « *Les longs week-ends* », et l'on demandera aux élèves si pour eux, les week-ends, c'est long (« *parce qu'on s'ennuie* », par exemple) ou trop court (« *parce qu'on doit retourner au collège le lundi* » !).

Ensuite, livre fermé, on écoutera le document, avec deux consignes préalables : vérifier les hypothèses quant à l'humeur des personnages, et voir de quoi ils parlent.

1ʳᵉ écoute livre fermé

→ *Compréhension orale globale.*

Les apprenants pourront entendre que :
– Flore est contente, Thomas est plutôt content, Marco est content, Manon n'est pas très contente, Bastien et Lou sont moyennement contents ;
– il y a des adolescents qui sont sortis de chez eux, du quartier, de Paris, et d'autres qui n'ont pas bougé… Ceux qui n'ont pas bougé sont ceux qui sont mécontents ou moyennement contents.

Livre ouvert

→ *Lecture sélective, civilisation.*

Lors de la *Compréhension*, les apprenants ont entendu des noms de lieux, certains étant connus, comme *Honfleur* (unité 1) et *Vincennes* (zoo de Vincennes, au niveau 1), et d'autres pas. Ainsi, on demandera aux élèves de faire une lecture sélective (« balayage ») du dialogue pour retrouver les noms de lieux; on aura donc : *Honfleur* ; *Paris* ; *Fontainebleau* (château) ; *Vincennes* (bois).

On essaiera d'abord de voir ce dont se souviennent les élèves, puis on regardera sur la carte et dans l'index de *Civilisation* les informations sur ces endroits. Cela permettra d'élucider deux mots importants pour la compréhension : *château* (ce qui implique une visite « culturelle ») et *bois* (ce qui implique une visite « nature »). Le mot *pique-nique* est un mot transparent dans beaucoup de langues ; si ce n'est pas le cas, les apprenants, en regardant la tête que fait Marco, peuvent répondre à une question du type : « *À ton avis, un pique-nique, c'est… un jeu ? un repas ? un livre ?* »

2ᵉ écoute, livre ouvert

On fera ensuite réécouter le document, suivi des questions **(b. Réponds)**, auxquelles les apprenants devront répondre d'abord en cochant, ensuite oralement (mise en commun).

🔊 **c. Écoute la bonne réponse** (sur support audio seulement).

→ *Vérification de la compréhension.*

Après la mise en commun, on fera écouter (voire répéter par certains élèves) chacune des réponses que l'on vérifiera ensemble.

Transcription :
• Bastien a terminé la niche pour les oiseaux et il est allé au centre commercial.
• Marco a fait un pique-nique dans le bois de Vincennes.
• Manon a fait un pique-nique dans le bois de Vincennes.
• Flore a fait du cheval.
• Lou est allée au cinéma et au centre commercial.
• Thomas est allé au château de Fontainebleau.

Prolongement : civilisation

Recherches d'informations sur les endroits en question.

Sites Internet :
http://www.fontainebleau.com
http://www.honfleur.com
http://www. Paris.fr

b. Répète (support audio seulement).

➜ *Prononciation : intonations exclamatives négatives et positives.*

➜ *Phonétique : travail sur /ɥi/, /wa/, /wi/, /ø/, /ɛ/, /ɑ̃/ /ɛ̃/, /ɔ̃/.*

➜ *Communication : opinions négatives.*

En travail de répétition, on essaie de faire systématiser les structures courantes suivantes :
– pronom tonique + *aussi*
– *pas* + pronom tonique
– opinion négative avec mise en emphase : *pas* + adjectif + virgule + article défini (ou adjectif démonstratif) + nom

Du point de vue phonétique, c'est l'occasion de commencer à mettre en place la semi-voyelle /ɥi/ (de *nuit*) sur laquelle on s'arrêtera au niveau 3, et qu'on oppose à /wi/ et /wa/.

Il faudra donc prendre le temps de ces répétitions, fort utiles tant pour la prononciation que pour faciliter ensuite l'expression spontanée à l'oral, grâce à la systématisation de structures simples du français parlé.
On pourra au choix faire répéter l'ensemble de la classe, ou diviser la classe en trois groupes, chaque groupe citant une des répliques.

Transcription :
Lou : Ah oui ? Moi aussi !
Ah oui ? Elle aussi !
Ah oui ? Lui aussi !

Bastien : Ah non, pas moi !
Ah non, pas lui !
Ah non, pas eux !

Lou :
Pas terrible, le film !
Pas marrant, l'inspecteur !
Pas sympa, la cousine !

p. 60
Conjugaison

1. « Sortir »

a. Complète.

➜ *Conceptualisation.*

Les apprenants, en recherchant dans le dialogue et en se servant de leurs connaissances (ils savent que la 2e personne du singulier se termine toujours en -s, que la 1re du pluriel se termine en -*ons*, que la 3e du pluriel se termine en -*ent*), peuvent compléter le tableau. Grâce à la présence de « *sortez* », il peuvent voir que *sortir* ne se conjugue pas comme *finir*, qui donne « *finissez* ». Ils découvrent donc que les verbes en -*ir* peuvent avoir deux conjugaisons, une comme *dormir* ou *sortir*, et une autre comme *finir*.

Correction :

Je sor**s**	Nous sort**ons**	Passé composé : Je suis **sorti**
Tu sor**s**	Vous sortez	
Il / elle/ on sort	Ils sort**ent**	

Sortir, c'est comme *dormir* : conjugue *dormir*...

En conjuguant *dormir,* les apprenants douteront peut-être au pluriel : *nous dormons* (et pas *nous dortons*), cela permettra de mieux mettre en place la règle et de travailler la notion de radical.
Une fois que ce travail est réalisé à l'oral, on peut passer à un exercice de réemploi.

b. Complète en conjuguant avec *dormir* ou *sortir*.

→ *Réemploi à l'écrit.*

Afin de relier le sens à la forme, on doit ici réfléchir au sens des verbes avant de conjuguer. Par ailleurs, une dame qui parle de son mari et de ses chiens, c'est une dame qu'on a déjà rencontrée : la mamy de Flore. Il sera important de demander aux élèves s'ils imaginent qui parle, parmi les personnages du livre, car ils relieront ainsi sens et forme.

Correction : Tous les jours, mon mari et moi nous *sortons* pour promener les chiens. Les chiens ne *sortent* pas tout seuls ! Après leur promenade, ils *dorment* toute la matinée, quelle chance ! Moi, je ne *dors* pas le matin, je fais la vaisselle, le ménage. Ensuite, mon mari *sort* faire les courses, je mets la table et nous déjeunons.

2. Passé composé : l'auxiliaire « être »

a. Comment reconnaître les verbes qui se conjuguent avec l'auxiliaire *être* ?

→ *Conceptualisation, enrichissement de vocabulaire.*

Dans la leçon précédente, les apprenants ont découvert la difficulté de l'auxiliaire *être*. Ils ont appris que quatre verbes se conjuguaient avec *être*. Dans le dialogue de la *Compréhension* sont apparus d'autres verbes se conjuguant avec *être*. Il est temps pour eux d'avoir une idée globale de ces verbes, même si, bien sûr, ils ne vont pas tout mémoriser d'emblée…

La petite histoire qui est racontée, sur un mode ironique, est un moyen mnémotechnique pour mémoriser ces verbes. Les infinitifs proposés sont (dans l'ordre) : *naître, se laver* (tous les pronominaux)*, aller, partir, arriver, entrer, rentrer, rester, sortir, passer, venir, revenir, monter, descendre, tomber, mourir.* Afin de ne pas alourdir, nous n'avons pas cité tous les verbes avec le préfixe « re- » : *ressortir, remonter, redescendre.*

De même, pour les verbes *naître* et *mourir*, nous ne donnerons pas, à ce niveau, la conjugaison du présent de l'indicatif, difficile et peu utililisée. En effet, qui dit : « je *nais* » ou « *je meurs* » ?

p. 61

b. Mets le bon auxiliaire.

→ *Réemploi à l'écrit.*

Afin de ne pas confronter l'élève à la double difficulté de la maîtrise du participe passé et de l'auxiliaire, on travaillera ici progressivement ; d'abord avec un exercice portant exclusivement sur les auxiliaires, ensuite avec un exercice où les deux difficultés sont présentes.

Correction :
Ce matin, Marco et Manon se *sont* levés tôt. Ils *ont* pris leur douche. Ils *ont* préparé leur cartable et puis ils *ont* bu leur chocolat chaud. Marco *a* mangé la tartine de Manon, alors Manon s'*est* fâchée ! Elle *est* partie de la maison sans Marco et elle *est* arrivée au collège avant lui.

c. Conjugue.

→ *Réemploi à l'écrit.*

Correction :
Leïla et Karim *sont sortis* du collège ensemble, mais ils *se sont séparés* rue de Tolbiac. Leïla *est partie* à la bibliothèque et Karim *est allé* à 13e J.
À la bibliothèque, Leïla *a rencontré* Manon et elles *ont lu Lolie*. Karim *a eu* son entraînement de football. Karim et Leïla *sont rentrés* à la maison à la même heure.

Cahier d'exercices

Exercice 1 (à faire en cours). Rappel des verbes au présent.
Exercice 2 (à faire en cours). Faire remarquer à qui l'on pose la question (*tu-je, vous-nous*).
Exercice 3 (à faire en cours). Les mots *ambulance, hôpital* et *médecin* sont nouveaux, en donner le sens sans insister.
Exercice 4 (à faire à la maison).
Exercice 5 (à faire à la maison). Les enseignants qui le désirent pourront en profiter pour donner d'autres informations sur cet auteur, bien souvent connu des élèves.

Mots et expressions

→ *Enrichissement du vocabulaire.*

On demandera d'abord aux apprenants de retrouver les mots liés à des lieux, comme *bois* ou *château*, que l'on a expliqués lors de la *Compréhension*.

On expliquera ou rappellera (niveau 1) *dehors*, qui peut nous mener à *à l'intérieur* et *à l'extérieur* (en passif), et *à la campagne* qu'on pourra associer à *au bord de la mer*, appris lors de la leçon présente.

a. Cherche une autre façon de dire...

→ *Recherche de synonymes, registres de langue.*

– On travaillera d'abord les registres de langue avec les expressions *ouais* pour « *oui* » et *pas terrible*, pour « *pas très bon* », et, en restant dans le langage familier, on pourrait avoir : « *pas génial, pas top* », etc.
– « *prendre sa douche* » : se laver.
– « *le week-end dernier* » : samedi et dimanche.
– « *avoir envie de* » *:* vouloir.

Et toi, de quoi tu as envie ?

→ *Expression orale.*

Les élèves peuvent proposer des phrases comme :
« *J'ai envie de me promener.* »
« *J'ai envie de dormir.* »
« *J'ai envie de manger un gâteau au chocolat.* »
« *J'ai envie d'aller au château de Fontainebleau.* »
« *J'ai envie d'aller à la campagne.* »
« *J'ai envie de sortir...* »
Si les apprenants sont à court d'idées ou bloqués, l'enseignant peut les solliciter par des questions du type :
« *Tu as envie de faire un contrôle, un examen ?* »
« *Tu as envie d'aller au cinéma ?* »
« *Tu as envie d'aller aux toilettes ? de faire pipi ?* »
Les apprenants pourront donc répondre :
« *Oui, j'ai envie...* »
« *Non, je n'ai pas envie, pas envie du tout !* »
Rappelons qu'un des grands classiques des adolescents, c'est de dire constamment : « *J'ai pas envie !* » (on évitera encore cette année l'élision du « *ne* »).

Cahier d'exercices

Exercice 8 (à faire à la maison). Il s'agit ici d'un rappel des verbes étudiés depuis le niveau 1.

Grammaire

Situer dans le temps

a. Complète avec les mots du tableau « Mots et expressions ».

→ *Conceptualisation.*

Correction et commentaires :
Pour situer par rapport à un moment précis :
• *Avant* le déjeuner   →   Ils vont déjeuner
• *Pendant* le déjeuner   →   Ils sont en train de déjeuner
• *Après* le déjeuner   →   Ils viennent de déjeuner/ils ont déjeuné

Pendant, avant et *après* sont des mots connus de façon passive depuis longtemps. On systématisera ici, et l'on rappellera l'expression *pendant ce temps-là* ou *pendant ce temps*. On ne travaillera pas pour l'instant *pendant que*.

Pour raconter une succession d'événements :
D'abord, ensuite, et puis, alors, finalement.
On rappellera ici que pour raconter une succession d'événements, on n'est pas obligé d'utiliser toutes ces expressions, on peut par exemple avoir *d'abord* et *et puis*, sans rien d'autre.

Note linguistique : attention avec *alors,* qui est un indicateur temporel (adverbe de temps) mais aussi un connecteur logique (« si a = b, *alors* b = a ») ; on peut rappeler ce sens qui est apparu lorsqu'on a travaillé la condition.

Par ailleurs, en tant que connecteur logique, *alors* implique une conséquence : « *Alex a téléphoné, **alors** je suis allé la voir* » ; ce qui n'est pas le cas de *et puis,* qui n'implique que la succession d'événements.

Pour parler d'une période passée :

Samedi *dernier*, l'année *dernière*, le week-end *dernier*.

Il s'agit simplement ici de faire remarquer que *dernier* n'est pas invariable.

On peut si on le désire proposer le pendant de *dernier* au futur : *prochain* et *prochaine*.

b. Tu connais d'autres mots liés au temps ?

De fait, les apprenants connaissent aussi : *aujourd'hui, demain, hier,* les dates, saisons et moments de la journée (*matin, après-midi, soir*), les adverbes *maintenant, tôt, tard* et *bientôt*.

« *Tous les jours, tous les week-ends* » : on leur fera donc comprendre et mémoriser « *tous les* » dans le sens itératif : « *Tous les dimanches, j'achète des croissants pour le petit déjeuner.* » Il est important que ce sens soit assimilé, car, dans beaucoup de langues, on emploie plus facilement l'équivalent de « *chaque* ». Introduire « *tous les* » avant d'introduire « *chaque* » permet de prévenir ce type d'erreur.

Cahier d'exercices

Exercice 6 (à faire à la maison). Ne pas oublier les connecteurs temporels.
Exercice 7 (à faire à la maison).

Expression orale

Raconte minutieusement à ton camarade tout ce que tu as fait depuis ton réveil, ce matin.

➔ *Réemploi à l'oral du passé composé, des indicateurs temporels, du vocabulaire de la nourriture et de la classe.*

Les apprenants se mettront par deux et essaieront d'être le plus précis possible. L'enseignant leur précisera qu'ils peuvent s'aider de l'index des conjugaisons pour retrouver les participes passés. Il passera dans les rangs pour aider les élèves. Pour que la succession d'actions soit la plus minutieuse possible, il peut poser aux élèves les questions suivantes :

« *Qu'est-ce que tu as mangé ? bu ?* »

« *Quels cours tu as eus ?* »

« *Qu'est-ce que tu as fait à la récréation ?* »

Cela peut donner des explications (succession d'actions) comme :

« *D'abord, je me suis levé, et puis j'ai pris mon petit déjeuner, j'ai mangé des céréales, j'ai bu du chocolat, ensuite je me suis lavé, j'ai pris mon cartable et je suis parti au collège à pied. J'ai eu cours de SVT, puis de maths, et puis il y a eu la récréation. Et après, je suis rentré en cours de français.* »

Ou :

« *Je me suis levé, d'abord je me suis lavé (j'ai pris ma douche), ensuite j'ai préparé mon cartable, et puis j'ai pris mon petit déjeuner : j'ai mangé deux tartines et bu un Coca. Mon papa m'a accompagné au collège (j'ai été au collège en voiture avec mon papa). J'ai eu cours de SVT, puis de maths, et, à la récréation, j'ai joué au foot...* »

L'enseignant demandera aussi : « *Comparez : qu'est-ce qui est différent ?* »

Rébus

Ce rébus, très simple, reprend un mot de la leçon et permet de revoir, si on le désire, les noms d'animaux et/ou la formation du féminin : *chat/chatte ; chien/chienne* (comme *italien/italienne*) ; *renard/renarde*.

On peut aussi travailler sur le féminin des couleurs, en rappel : *roux/rousse...*

LEÇON 12

On sort de Paris.

→ **Tu organises une sortie. Tu comptes par milliers.**
Tu dis ce que tu n'as pas fait, ce que tu vas faire.

➤ *Livre de l'élève : p. 62 à 64*
➤ *Cahier d'exercices : p. 36-37*

Communication	Phonétique	Grammaire	Vocabulaire
• Raconter des actions passées (3) • Décrire un lieu • Parler de ses plans et intentions futures (2)	• /jɔ̃/, /jɛ̃/, /jɑ̃/ **Rappel** : les nasales	**Conjugaison** : passé composé (2) : la négation	• **Mots** : Accompagner Autocar Balade Car Carte postale Clairière Départ Depuis Emporter Endroit Excursion Forêt Glace Jeu de piste Marche Mer Montagne Parc de loisirs, d'attractions Randonnée Retour Rollers Sandwich Se balader Sortie Visite • **Expressions** : Aimer mieux Avoir mal au cœur D'habitude D'enfer ! J'y vais/je n'y vais pas Faire un pas • **Les nombres** : centaines et milliers ; multiplier, diviser, égale…

VOCABULAIRE PASSIF

Mots

Arrivée
Associé
Bienvenu
Construire
Emporter
Est, Ouest, Nord, Sud
Forfait
Inscription
Jusqu'à

K-way
Nombreux
Nourriture
Partie
Payer
Piste cyclable
Résidence d'été
Roi
Trajet

Expressions

C'est compris
Donner son avis
Pour tout

p. 62
Compréhension

🎧 **a. Lis l'affiche et écoute.**

➜ *Compréhension écrite et orale.*

Compréhension écrite

Les apprenants prennent connaissance de l'affiche. Il s'agit d'une affiche informative de l'association 13ᵉ J, concernant une sortie en forêt. En tant que telle, cette affiche (qui pourrait être une feuille) contient les informations suivantes : date ; lieu de promenade ; lieu de rencontre ; programme ; lieu et dates d'inscriptions ; prix ; « à emporter ».

Et bien sûr, les « accroches » publicitaires.

À la suite de cette lecture, on posera donc les questions suivantes :

« *De quoi ça parle ? De quels endroits ? De quelles dates ?* »

Et l'on cherchera ainsi les réponses aux deux premières questions de **« Réponds »**.

On regardera ensuite le petit dessin sous l'affiche : « *Qui sont les personnages ?* »

Une fois qu'on les aura reconnus, on fermera le livre et on passera à l'écoute proprement dite.

1ʳᵉ écoute, livre fermé

Écoute de l'ensemble.

La lecture de l'affiche, faite par un des animateurs de 13ᵉ J, est insérée dans la conversation entre les différents personnages. Il est donc évident pour les apprenants que les personnages commentent la sortie proposée.

On demandera aux apprenants s'ils ont reconnu les voix des personnages et s'ils peuvent dire qui a l'air intéressé par la sortie. On passera tout de suite aux questions de compréhension globale.

p. 63

🎧 **b. Réponds.**

On fera lire ces questions qui demandent un retour sur le texte et, par conséquent, une phase de réflexion, voire de travail à deux.

On laissera donc un temps aux élèves, puis on fera réécouter l'ensemble, avec les questions. À chaque question, on s'arrêtera pour entendre les propositions des élèves, qu'on écrira au tableau. C'est seulement ensuite qu'on passera à l'écoute des réponses.

Relecture

➜ *Compréhension écrite : recherche d'informations.*

Il y a d'un côté le texte de l'affiche, sur lequel on a déjà un peu travaillé et qui peut être relu, en explicitant le cas échéant un mot ou deux, et en aidant les apprenants à deviner le sens de certains mots comme *goûter* (c'est dans le contexte « *nourriture* », de la partie « *vous devez emporter* »), *visite, jeu de piste, départ, arrivée, retour.*

Il n'est pas nécessaire d'expliciter *bergerie,* on le fera plus tard.

2ᵉ écoute

➜ *Compréhension orale : faire des inférences, interpréter.*

Pour pouvoir répondre à la troisième question, qui correspond aux intentions des personnages, ces intentions étant parfois implicites, il faut non seulement interpréter les réponses mais aussi tenir compte de l'enthousiasme ou du manque d'enthousiasme que manifestent les personnages en parlant. On a déjà préparé les élèves à cela lors de la première écoute, mais suite à la lecture, une deuxième écoute est nécessaire pour faire entendre l'intérêt ou le manque d'intérêt que portent les personnages à la sortie en forêt.

Par exemple, à aucun moment il n'est dit que Thomas va faire la sortie, mais son enthousiasme, avec l'expression familière « *d'enfer !* », nous laisse penser que oui...

🎧 **c. Écoute les réponses** (sur support audio seulement).

➜ *Vérification de la compréhension.*

• 13ᵉ J propose une sortie dans la forêt de Rambouillet, le 10 juin, de 8 heures du matin à 6 heures du soir.

• Les six activités principales de la journée sont : le petit déjeuner dans la bergerie, la visite de la

bergerie, la balade en forêt, le pique-nique, le jeu de piste, le goûter.
• Tout le monde donne son avis, ses intentions : Bastien et Thomas veulent faire la sortie, Flore et Lou ne veulent pas, Marco et Manon n'ont pas décidé, ils ne savent pas.

On s'arrêtera sur chacune des réponses et on les comparera avec celles des élèves.
Pour la deuxième réponse, on pourra, en plus, demander l'heure prévue de chaque activité.
Pour la troisième réponse, on pourra être plus explicite (puisque les élèves ont dû ici deviner les intentions des personnages) :
– Bastien veut faire la sortie, parce qu'il aime la nature et les jeux de piste (il préfère une sortie en forêt à une sortie au parc Astérix).
– Thomas veut faire la sortie : il est très content de la sortie, il dit « *d'enfer !* ». Les apprenants ne connaissent pas cette expression familière, mais ils ont reconnu le ton enthousiaste de Thomas.
– Lou ne veut pas faire la sortie, elle dit : « *Je n'aime pas la nature.* »
– Flore dit : « *Je n'y vais pas, j'ai mal au cœur quand je prends le car…* » On explicitera alors ce « *j'ai mal au cœur* », qui ne correspond pas à une douleur au cœur, mais à des nausées.
– Marco parle surtout du parc Astérix où il a envie d'aller, et ne donne pas son avis.
– Manon semble prête à faire la sortie, mais elle ne le dit pas vraiment, elle dit : « *Je préfère la mer, mais c'est trop loin.* »

Et vous, vous voulez faire une sortie ?

➜ *Expression orale, réemploi du vocabulaire.*

Cette question d'expression orale permet de voir brièvement le vocabulaire et de préparer les élèves au projet qu'ils réaliseront quelque temps plus tard :
« *Quelles sorties sont possibles près du collège : la mer ? la montagne ? la forêt ? la campagne ? un parc d'attractions ?* »
« *Qui veut faire une sortie ?* »
« *Qui a mal au cœur en autocar ?* »
« *Qui n'est jamais allé à la mer ? à la montagne ? à un parc d'attractions ?* »

Les nombres et les dates

🎧 a. Écoute, et souligne le chiffre que tu entends.

➜ *Compréhension de nombres (centaines et milliers).*

Il s'agit ici de travailler les centaines et les milliers dans des situations courantes.

Avant écoute

Les enseignants qui le désirent pourront, avant de commencer, revoir les centaines et les milliers avec les élèves en leur demandant de dire quelques nombres écrits au tableau : 77, 189, 350, 520, 2 004 (date), 3 500, 10 000, 15 500.
Nous conseillons néanmoins de ne pas faire dire avant écoute les nombres de l'exercice.

Écoute

Transcription :
• Rambouillet, c'est d'abord une forêt de *treize mille hectares* ;
• C'est aussi un château, qui date de *mille trois cent soixante quinze.*
• En *mille sept cent quatre-vingt-trois*, le roi Louis XVI a acheté le château, et il a fait construire la bergerie.
• Depuis *mille huit cent soixante-dix*, c'est la résidence d'été des présidents de la République.

Après avoir entendu le document, les élèves donneront leur réponse en citant le nombre qu'ils ont entendu. On pourra faite réécouter le document une deuxième fois pour la correction. À la suite de cette deuxième écoute et de la correction, on pourra faire dire aux élèves le nombre qu'ils n'ont pas entendu, afin qu'ils entendent la différence.

Note culturelle et linguistique : pour les dates, certains Français disent, au lieu de mille sept cent quatre-vingt-trois, dix-sept cent quatre-vingt-trois. Nous avons bien sûr privilégié la version la plus simple. Mais attention, par exemple, pour la Révolution française, on entendra fréquemment dix-sept cent quatre-vingt-neuf, ou, pour la Première Guerre mondiale, dix-neuf cent quatorze…

Tu connais d'autres châteaux près de Paris ?

➜ *Expression orale, civilisation.*

➜ *Interdisciplinaire : histoire.*

Dans la leçon précédente, on a parlé du château de Fontainebleau, et de Vincennes, qui a aussi un château. On cite aussi plus loin le château de Versailles, très connu. C'est l'occasion de revoir ou découvrir ces châteaux, soit simplement en les citant et en lisant les informations de l'index de *Civilisation*, soit en demandant aux apprenants d'aller chercher des informations sur Internet ou dans une encyclopédie.
Voici quelques sites :
http://rambouillet.fr
http://versailles.fr
http://fontainebleau.fr

🎧 **b. Calcule.**

➜ *Interdisciplinaire : mathématiques.*

• Dans la forêt de Rambouillet, les associés de 13ᵉ J vont faire 7,3 km de marche. Ça fait combien de mètres ?
• Marco fait des pas de 50 cm, combien de pas il va faire pour faire la balade ?
Les apprenants se mettront par deux pour calculer ; on écrira au tableau le nom de quelques opérations mathématiques :

+ *plus*	: *divisé par*
– *moins*	= *égale*
x *multiplié par*	

On leur demandera ensuite d'expliquer comment ils ont calculé, par exemple :
« *7 kilomètre 3 égale 7 300 mètres.* »
« *Si Marco fait deux pas par mètre (un pas égale 0, 5 mètre, 50 centimètres), il faut mulplier par 2.*
7 300 mètres multiplié par 2 égale : 14 600 pas.
ou, *7 300 mètres divisé par 0,5 = 14 600 pas.* »

🎧 **c. Écoute les bonnes réponses et répète.**

➜ *Vérification de la compréhension et des calculs.*

➜ *Prononciation : répétition des nombres.*

On entend ici les bonnes réponses aux exercices **a.** et **b.** Il faudra donc dire aux élèves qu'on retourne en arrière.
Pour l'exercice **a.**, qui en fait a déjà été corrigé, c'est l'occasion de prendre le temps de répéter. Pour l'exercice **b.**, on corrigera et l'on répétera.

Transcription :
• **Exercice a** : 13 000, 1 375, 1 783, 1 870
• **Exercice b** : Marcos va faire 7, km 3, soit 7 300 mètres, divisé par 0,5 = 14 600 pas !

Grammaire

La négation au passé composé

a. Cherche les exemples p. 62.

➜ *Repérage, conceptualisation.*

Correction :
• Je *ne suis pas* allé au Parc Astérix !
• Je *n'ai rien* vu !
• Vous *n'êtes pas sortis* de Paris cette année ?
• Je ne me suis pas ennuyée.

Une fois que les apprenants auront retrouvé les exemples, ils pourront remarquer que :
– le *ne* est devant l'auxiliaire ;
– le *pas* est après l'auxiliaire, devant le participe passé ;
– le *rien* est devant le participe passé, comme le *pas*.

Exercice 1 (à faire en cours). Cet exercice contient une seule difficulté : l'ordre des mots. Nous conseillons de commencer par là, puis de reprendre le livre de l'élève.

b. Mets à la forme négative.

→ *Réemploi à l'écrit.*

Les apprenants feront cet exercice en classe, seuls ou par deux. Encore une fois, cet exercice s'appuie sur le sens : Flore est partie à sa maison de campagne de Honfleur, alors que Karim, lui, est resté à Paris, sans rien de précis à faire…

Flore : « Le week-end dernier,
• j'ai fait du cheval,
• j'ai vu mes grands-parents,
• j'ai eu des cadeaux,
• j'ai mangé une glace,
• Je me suis amusée. »

Karim : « *Le week-end dernier,*
je n'ai pas fait de cheval
je n'ai pas vu mes grands-parents,
je n'ai pas eu de cadeaux,
je n'ai pas mangé de glace,
je ne me suis pas amusé. »

Lors de la mise en commun, on fera attention à ce que les élèves prennent en compte le *pas de*, ainsi que l'accord du participe passé avec le sujet lorsqu'on a l'auxiliaire *être* : si Flore *s'est amusée*, Karim, sujet masculin, *s'est amusé*. Cela les aidera à faire l'exercice **c.** du livre de l'élève.

Cahier d'exercices

Exercice 2 (à faire à la maison).

p. 64

c. Conjugue comme dans l'exemple.

→ *Réemploi à l'écrit : conjugaison au passé composé (auxiliaires* être *et* avoir*) et négation.*

Ici, la difficulté est double, mais répartie en deux temps : d'abord retrouver le bon auxiliaire et conjuguer correctement les verbes ; ensuite, rédiger la même phrase à la forme négative. On s'appuie encore une fois sur le sens : d'accord, Flore a de la chance, elle part tous les week-ends à Honfleur où elle peut faire du cheval, mais ceux qui restent, comme Leïla et Karim (ou Bastien), peuvent aussi s'amuser…

Correction :
• *Leila a fait un gâteau.*
• *Leïla s'est promenée dans Paris.*
• *Leïla a rencontré Manon à la bibliothèque.*
• *Leïla a joué aux cartes.*
• *Leïla a rigolé avec Marco.*

Flore n'a pas fait de gâteau.
Flore ne s'est pas promenée dnas Paris.
Flore n'a pas rencontré Manon à la bibliothèque.
Flore n'a pas joué aux cartes.
Flore n'a pas rigolé avec Marco.

Prolongement : expression orale

Après la correction collective, on pourra s'arrêter sur le sens et demander aux élèves ce qu'ils pensent : « *Est-ce que Flore s'amuse plus que Leïla ? que Karim ?* »

Cahier d'exercices

Exercice 3 (à faire en cours).
Exercices 4 et 5 (à faire à la maison).

Mots et expressions

→ *Enrichissement du vocabulaire.*

On explicitera ici les mots nouveaux importants, apparus dans la partie *Compréhension* ou dans les exercices. Dans ce dessein, on commencera par l'exercice.

Cherche tes mots !

➜ *Découverte et mémorisation par synonymes et antonymes.*

En tenant compte du contexte dans lequel sont apparus les mots, les apprenants pourront facilement deviner, puis mémoriser les mots suivants.

Correction :

Trouve dans le tableau le synonyme de :

• je préfère : *j'aime mieux.*

• se promener : *se balader.*

• le car : *l'autocar.*

• une excursion : *une sortie, une randonnée* (attention : *la randonnée* est pédestre ou à vélo, alors que la sortie ou l'excursion peuvent êtres faites en car).

Trouve dans le tableau le contraire de :

• s'ennuyer : *s'amuser.*

• la mer : *la montagne* ou *la forêt.*

• un repas complet (entrée, plat, dessert) : *un sandwich.*

Prolongement : rappel et enrichissement du vocabulaire

• On pourra reprendre le mot transparent *rollers* et parler d'autres sports du même genre, jeux dont le nom vient bien souvent de l'anglais : *le skate* ou *skate-board, le surf* (à la mer), et puis reparler des sports déjà connus : *le ski, le foot, le basket, le tennis…*

• Avec « *avoir mal au cœur* », on pourra reprendre l'expression et revoir les parties du corps. L'enseignant montre une partie de son corps, la tête par exemple, et un élève lui demande : « *Vous avez mal à la tête ?* » Il répond : « *Oui, j'ai mal à la tête.* » Il passera ensuite l'activité en relais, et l'élève qui a posé la question devra à son tour avoir mal quelque part.
Rappelons le vocabulaire connu : *tête, yeux, cheveux, nez, bouche, oreilles, bras, mains, doigts, dos, ventre, jambe, pieds…*

Note linguistique : Attention ! « *avoir mal aux cheveux* », c'est, en langage familier, « *prendre une cuite* », avoir mal à la tête pour avoir trop bu d'alcool la veille.

Et toi, qu'est-ce que tu aimes mieux ?…

➜ *Expression orale, reprise du vocabulaire.*

On introduit ici le mot *campagne*, apparu auparavant de façon passive. Il s'agit de donner aux élèves l'occasion de parler de l'endroit où ils vont habituellement, en vacances par exemple… Est-ce la maison des grands-parents, en milieu rural (*à la campagne*), ou bien la côte (*au bord de la mer*) ?
Pour décrire l'endroit, on pourra reprendre les expressions suivantes :

« *C'est vert, gris, jaune…* »

« *C'est beau, c'est moche, c'est sympa, c'est triste…* »

« *Il y a de la neige, des montagnes, des clairières, des arbres, des animaux, des bateaux, des oiseaux, des poissons, des immeubles, des maisons, des fermes, des restaurants, des cafés…* »

On peut, si on le juge nécessaire, rajouter le vocabulaire suivant :

– à la mer : *des marchands de glaces, des coquillages, du sable* ;

– à la montagne : *des rochers, des grottes…* ;

– à la campagne : *des prés, des champs de blé, de maïs, etc.*

Expression écrite

Tu as fait une sortie avec ta classe. Écris une carte postale à ta grand-mère.

➜ *Expression écrite, reprise du vocabulaire et des contenus grammaticaux de la leçon.*

Vraisemblablement, les apprenants auront fait dans l'année une sortie qu'ils pourront expliquer. Si ce n'est pas le cas, ils pourront inventer.
Dans tous les cas, l'enseignant est là pour les guider et leur donner des consignes plus précises :

– comment décrire l'endroit ;

– se rappeler le programme avec heures de départ, d'arrivée, de repas, de retour.

Les apprenants peuvent rédiger cette « carte postale » à la maison ou en classe.

Il est important qu'ils n'oublient pas le type d'écrit : c'est une carte postale informelle, il faut écrire l'adresse, la date, une formule d'entrée (*Chère mamy*) et une formule de salutation (*Mille bises, Gros bisous, Je t'embrasse,* etc.). Ce travail est individuel : chacun sa propre expérience.

Si les apprenants ont visité un musée, ils auront besoin d'un vocabulaire spécifique fourni par l'enseignant : *statue, tableau, portrait,* etc.

Compare avec ton voisin.

➜ *Lecture, expression orale. Réemploi de la négation au passé composé.*

Si l'enseignant a corrigé les « cartes postales » individuellement, ce qui semble le plus judicieux, cette activité se fera après correction. Mais s'il procède à une correction collective, cette activité se fera avant.

Tout d'abord, chaque apprenant lira à haute voix sa carte postale à son voisin. Ensuite, le voisin lira la sienne et, ensemble, ils commenteront les différences :

« *Tu n'as pas pris le car ?* »

« *Tu n'as pas mangé, goûté ?* »

« *Tu n'as pas fait la visite du château ? (la salle X ou Y du château ?)* »

« *Tu n'as pas vu la statue, le portrait, la photo de… ?* »

« *Tu n'as pas vu tel animal ? tel arbre ? Tu n'as rien vu !* »

Cahier d'exercices

Exercice 6 (à faire en cours).

Prononciation : /jɔ̃/, /jɛ̃/, /jɑ̃/

🎧 Écoute la différence et coche la bonne case.

➜ *Discrimination phonétique.*

À travers la semi-voyelle /j/, on travaille en fait aussi les nasales /ɑ̃/, /ɔ̃/ et /ɛ̃/.

Transcription :

excursion – c'est bien – la viande – ce n'est rien – un pion – avion.

🎧 b. Répète en ronde.

➜ *Prononciation en groupe : écoute des autres.*

L'enseignant insistera particulièrement sur ces nasales qui posent toujours problème. Mais c'est aussi un exercice de civisme et d'écoute des autres : il faut être bien coordonné pour le faire…

Après avoir entendu une fois l'ensemble et l'avoir répété en chœur, les apprenants se disposeront si possible en cercle et formeront quatre groupes distincts. Guidés par l'enseignant, ils diront à la suite :

Groupe 1 : *Rien*

Groupe 2 : *Pour le chien*

Groupe 3 : *Pas de viande, pas de pain*

Groupe 4 : *Ce n'est pas bien !*

Il faudra sans doute trois ou quatre tours pour qu'il n'y ait pas de pause entre les groupes. Une fois que chaque groupe maîtrise bien sa partie, on change :

Groupe 2 : *Rien*

Groupe 3 : *Pour le chien*

Groupe 4 : *Pas de viande, pas de pain*

Groupe 1 : *Ce n'est pas bien !*

Et ainsi de suite…

Chanson

🎧 Chante la chanson de l'excursion.

➜ *Prononciation. Interculturel. Mémorisation par le corps.*

Cette dernière activité peut être faite en deux temps.

Compréhension, écoute

Tout d'abord, pour cette fin de leçon, on prendra connaissance de la chanson et de sa signification. On reverra le son /jɔ̃/, que l'on vient de travailler.

Le rythme est celui des chansons de marche que l'on chante lors des randonnées. On discutera de celles que connaissent les apprenants dans leur langue maternelle.

On travaillera ensuite le sens :

– les pas que l'on fait (comme Marco qui en fait 14 600) ; les directions que l'on prend (*est, ouest, nord, sud*), que l'on pourra expliciter en dessinant une boussole au tableau ou en disant : « *Le soleil se lève à l'est, il se couche à l'ouest* » ;

– l'impératif « *rions* » étant suivi de rires, il est facile d'en comprendre le sens, et l'on rappellera « *rigoler* », verbe familier pour le verbe « *rire* ».

On fera ensuite réécouter la chanson, et ceux qui le voudront commenceront à l'entonner.

Note culturelle : la chanson d'excursion la plus traditionnelle est :

« *1 kilomètre à pied, ça use, ça use, 1 km à pied, ça use les souliers.*
2 km à pied, ça use, ça use, 2 km à pied, ça use les souliers.
3 km à pied, ça use, ça use… »

Chant avec gestuelle

Si vous réalisez le jeu de piste (proposé plus loin) lors d'une excursion avec vos élèves, ou lorsque vous ferez la page *Projet* de la partie *Échos*, vous pourrez faire chanter la chanson de cette façon, après réécoute de l'original, ou avec l'original.

Les apprenants doivent pouvoir tourner tout autour de la classe (ou dans la cour), en file indienne. Ils doivent avant avoir repéré où se trouvent le nord, le sud, l'est et l'ouest.

L'enseignant (ou un élève leader) prend la tête de la file et chante :
« *On part en excursion* »

Les élèves, en chœur, chantent :
« *Un pas* », et ils avancent d'un pas
« *Deux pas* », et ils avancent d'un pas
« *Trois pas* », et ils avancent d'un pas

L'enseignant reprend :
« *On prend une direction* », ils continuent d'avancer

Enseignant et ados reprennent :
« *À l'est, à l'ouest*
Au nord, au sud », en montrant de la main chaque point cardinal.

Tout le monde reprend ensuite :
« *On part en excursion*
Rions ! » et là, qui veut peut rire.

Il faut chanter cette chanson en boucle sur au moins un tour : le premier de la ronde doit être revenu à son point de départ.

■ *Échos* ■

Communication	Civilisation	Vocabulaire
• Lire et rédiger de petits textes informatifs sur un lieu • Lire et rédiger un programme de sorties	• Sorties en région parisienne : les forêts de Rambouillet, de Compiègne	• **Mots** Bicyclette Canette Intérieur/Extérieur Itinéraire Passionné Possible Prix Ramasser Récupérer Restaurant Voyage VTT (vélo tout terrain) • **Expressions** Est-ce que vous avez corrigé les contrôles ? J'ai fini ! J'ai quelle note ? Qu'est-ce que je dois faire maintenant ?

VOCABULAIRE PASSIF

Mots

Ambiance
Architecte
Bowling
Complexe ludique
Culturel
Encyclopédie
Entrée
Équitation
Escalade
Figure
Hectare
Heures d'ouverture
Impressionnant
Jeter
Ludique
Milieu naturel
Nautique
Pause
Payant
Peaufiner
Pratiqué
Recycler
Révolution
Rivière
Saut
Skate-board
Tarif

Expressions

En fonction de
Marcher sur les pieds de quelqu'un
Qui a appris la chanson ?
Vous avez révisé le passé composé ?
Vous êtes prêts ?

Civilisation : sorties en région parisienne

→ *Compréhension écrite, recherche d'informations.*

Note culturelle : les sorties pour enfants et adolescents en région parisienne sont nombreuses et variées. Mis à part les nombreux spectacles (cinéma, théâtre, cirque, contes) proposés, on peut trouver des activités de plein air pour tous les goûts. On ne parlera pas ici des zoos, évoqués au niveau 1. Néanmoins, le bois de Vincennes et le bois de Boulogne sont des promenades pour les petits Parisiens. Les parcs de la ville sont nombreux : jardin du Luxembourg, jardin des Plantes, parc Montsouris, parc Monceau, parc Georges-Brassens, etc. N'oublions pas non plus la récente « Coulée verte » qui traverse une partie de Paris. Elle relie la porte de Bercy à la Bastille.

En dehors de Paris, les endroits les plus proches sont la forêt de Fontainebleau, la forêt de Dourdan, le parc de Saint-Cloud, près de Versailles, la forêt de Rambouillet et la forêt de Compiègne. N'oublions pas bien sûr Disneyland Paris, très apprécié des enfants et ados !

Pour plus d'informations, vous pouvez consulter les sites suivants :
• Informations sur les sorties : chercher dans le guide de voila.fr à « loisirs », ou essayer les sites suivants :
www.cityjunior.com
undimanche.com

• Informations touristiques et historiques sur des endroits précis. Outre ceux cités plus haut :
http://www.chateauversailles.fr/FR/622.asp
http://www.mairie-compiegne.fr/cadres_tourisme.html
http://www.rambouillet.fr

• informations sur la forêt (SVT) :
http://www.ac-montpellier.fr/ressources/99/99enaccueil.html

À toutes les questions figurant dans le livre de l'élève, l'enseignant pourra rajouter :
« *Quelles autres activités on peut faire ?* »

Il laissera les apprenants prendre connaissance des textes et des photos, puis il pourra procéder à la mise en commun, à l'oral, de la compréhension des textes. Il pourra réaliser cet encadré au tableau ou sur un transparent, et recopier les réponses des élèves.

Draveil (base de loisirs)	Rambouillet (forêt)	Épinay (base de loisirs)	Compiègne (forêt)
– skateboard – *roller*	– roller – vélo – *randonnée* – *VTT* – *cheval*	– escalade – se baigner (activités nautiques, *canyoning, canoë*) – bowling – restaurant	– randonnée – course à pied – cheval – VTT – *vélo* – roller – visite du château

En italiques : activités implicites qui peuvent êtres suggérées par les élèves.

Par la suite, les élèves citeront les activités pratiquées par les jeunes sur les photos.

Prolongement : enrichissement du vocabulaire

Une fois réalisé ce tableau, on peut faire un arrêt sur le vocabulaire :
– rechercher, par exemple, des synonymes : faire de l'*équitation* et faire du *cheval*, c'est la même chose ;
– faire du *vélo* et de la *bicyclette*, c'est la même chose. Le *VTT* (vélo tout terrain) est un genre de bicyclette qui n'a pas besoin de *pistes cyclables* ;
– les activités se faisant à pied sont : *la marche à pied* ou *randonnée*, *la course à pied* ou *le jogging* ;
– les activités se réalisant dans l'eau sont : *la natation, la baignade, le canoë-kayak, le canyoning…* ;
– une activité culturelle : la visite d'un château, d'un musée.

Et toi, qu'est-ce que tu as envie de faire ? Quelle sortie ?
→ *Expression orale.*

Les apprenants ayant envie de faire la même activité se réuniront par groupes. On pourra ainsi voir en peu de temps quelle est la sortie la plus attrayante !

Tu as le téléphone, appelle pour connaître les heures et les jours d'ouverture.
→ *Expression orale : jeu de rôles.*

Pour chaque groupe, correspondant à chacune des quatre sorties proposées, on aura deux sous-groupes : le sous-groupe des « jeunes » (celui qui appellera au téléphone), et le sous-groupe des « professionnels » (celui qui répondra).

Les jeunes qui voudront faire du vélo ou du roller en forêt téléphoneront pour connaître les horaires d'ouverture pour la location de vélos ou de rollers...

Chaque sous-groupe prépare sa partie :
– les « jeunes » : doivent décider du jour de la sortie et les heures approximatives ;
– les « professionnels » doivent décider des jours et heures d'ouverture en tenant compte des réalités françaises.
Une fois ces décisions prises, un « jeune » téléphone à un « professionnel » et obtient les informations nécessaires.
Il devra ensuite transmettre ces informations à son groupe, et voir s'ils doivent changer le jour ou les horaires de leur sortie.

Note culturelle : les forêts sont toujours ouvertes, mais en France, les musées (et châteaux) sont traditionnellement fermés le mardi, les bases de loisirs ne ferment sûrement pas le mercredi, puisque de nombreux adolescents n'ont pas cours ce jour-là.

p. 66
Projet : la sortie de classe

→ *Expression orale, travail en groupe, négociation...*

En plus de ce projet proposé dans le livre de l'élève, nous proposons plus loin un véritable « *jeu de piste* » à réaliser avec les élèves lors d'une sortie dans la nature, ou dans la cour !

Matériel

Afin de pouvoir réaliser cette activité, l'enseignant aura préalablement recueilli le matériel d'information suivant (ou l'aura demandé aux élèves) :
– dépliants informatifs (en langue maternelle) sur les différents endroits à visiter dans la région ;
– une carte de la région, permettant de calculer le nombre de kilomètres ;
– des horaires de train ou d'autocar pour les destinations probablement choisies par les élèves ;
– dans les collèges (et pays) où l'on dispose d'Internet, les apprenants pourront rechercher ces informations sur Internet (tourisme de la ville, recherche d'itinéraires, compagnies locales de transports, etc.).

1. Quelles sorties ?

Énumérez les possibilités.

Après avoir explicité ce que recouvre chaque type de sortie, on cherchera avec les élèves toutes les possibilités qu'offre la région. Ainsi, par exemple, les collégiens de Braga, au nord du Portugal, peuvent trouver :
– une sortie culturelle : la visite du monastère de Tibães, ou du musée de la ville, le musée Nogueira Da Silva, ou de l'église du Bom Jésus, etc. ;
– une sortie « nature » *:* une sortie dans le parc national du Geres (montagne, lac et forêt), ou au bord de la mer, à Esposende ;
– une sortie « ludique » : au centre de loisirs Bracalandia de la ville de Braga, ou à la piscine...

Peut-on faire deux sorties en une ? Réfléchissez.

Après avoir énuméré les possibilités, les apprenants pourront essayer de les associer les unes aux autres, comme l'ont fait les organisateurs de 13e J pour la sortie à Rambouillet : visite de la Bergerie nationale et balade en forêt... On peut faire de même avec les exemples ci-dessus : visite d'un monastère et promenade en forêt ; sortie dans le parc national du Geres et visite de Bracalandia...

Énumérez les possibilités et... votez !

Lorsque les apprenants auront énuméré les différentes possibilités, reprises au tableau par l'enseignant, ce dernier leur demandera de voter à main levée. Il posera simplement la question : « *Qui vote pour.... ?* » et comptera les mains levées.

2. Préparez le programme !

→ *Interdisciplinaire, recherche d'information.*

→ *Négociation, travail en groupe.*

Groupe 1 : le programme horaire

→ *Interdisciplinaire : mathématiques pratiques.*

Matériel : cartes, horaires de car.

• Les apprenants se trouvant dans ce groupe devront tout d'abord voir l'itinéraire sur une carte.

• Ils pourront ensuite consulter des horaires de car ou bien supposer avec le **groupe 2** que la classe « louera » un car, circulant à une moyenne de 60 km/heure (ou plus, ou moins, selon les autocars et les régions !) ; ils calculeront ainsi le temps de voyage : voyage aller-retour, mais aussi, puisque l'on fait un circuit (au moins deux activités), voyage d'un endroit à visiter à l'autre.

• Ils devront décider du temps des repas, cela en consultant le **groupe 3** : c'est lui qui décide quels repas (petit déjeuner, déjeuner, goûter) sont pris à l'intérieur (en payant) et quels repas sont pris à l'extérieur (en pique-nique, chacun emportant son repas).

• Ils penseront aussi au temps de pause (il peut y avoir plusieurs pauses).

• Ils donneront à la fin un programme complet avec les horaires précis.

Groupe 2 : l'argent

→ *Interdisciplinaire : mathématiques pratiques, calcul à l'oral.*

Matériel : horaires (avec tarifs) de car ou de train, dépliants (avec tarifs) des musées ou centres de loisirs à visiter. Dépliants concernant des restaurants avec leurs tarifs. L'enseignant fournira (approximativement) le prix de la location d'un autocar (chauffeur et essence compris) pour la classe.

• **Vous êtes combien d'enfants ? Combien d'adultes doivent vous accompagner ?**
Les apprenants compteront les enfants présents dans la classe et tiendront compte de la loi de leur pays : obligation d'avoir au moins 1 adulte pour 8, 10, 15, 20 enfants ?

• **Calculez le prix du voyage en train ou en car.**
En se servant des horaires (avec tarifs) du car et du train, et en négociant avec le groupe 1, le groupe 2 décidera des modalités du voyage : car collectif loué pour l'occasion ? Transports traditionnels (bus, métro, train, lignes de cars courantes) ? Il tiendra compte de deux critères : le temps de voyage et le prix du voyage dans chacun des cas.

• **Si on doit payer un repas, calculez le prix du repas.**
En consultant des dépliants ou Internet, les apprenants pourront trouver des restaurants pas chers (y compris de type McDonald's) ou opter pour la solution pique-nique ; dans ce dernier cas, ils n'ont rien à calculer mais ils doivent absolument en discuter avec le **groupe 3** !

• **Si on doit payer une entrée pour le musée, le parc d'attractions, la piscine, calculez.**
Les apprenants rechercheront sur les dépliants le tarif des activités de la sortie. Ils devront ensuite faire un calcul de l'ensemble des coûts :
– prix des transports ;
– prix (éventuel) des repas (X par repas à multiplier par le nombre de participants) ;
– prix des entrées de musée, piscine, etc. (à multiplier par le nombre de participants).
On obtiendra un total qu'on redivisera ensuite par le nombre de participants, pour savoir combien doit coûter la sortie par personne !
À la fin, le groupe devra donner au tableau l'information suivante :
Prix de l'excursion : ...

Prolongement

Les enseignants qui le désirent peuvent demander aux apprenants de retrouver le prix de l'excursion en euros (s'ils donnent le cours du jour à leurs élèves !)

Groupe 3 : la logistique

→ *Expression écrite. Interdisciplinaire : géographie, SVT.*

Matériel : dépliants sur les endroits à visiter.

Qu'est-ce que chaque élève doit emporter ?
– comme vêtements : un maillot de bain et une serviette ? un k-way ?
– comme nourriture et boisson : tenir compte des choix réalisés par les groupes 1 et 2. Négocier le cas échéant : un seul élève ne peut pas emporter avec lui trois repas !
– comme argent : à discuter avec le **groupe 2** : en principe, le groupe 2 aura déjà compté dans le prix de l'excursion les entrées de musées ou bases de loisirs et des transports, mais chacun peut vouloir ramener un souvenir, acheter une boisson, etc.

À la fin, le groupe devra avoir rédigé un petit texte commençant par : « *Vous devez emporter...* »

Groupe 4 : la publicité

→ *Expression écrite. Interdisciplinaire : géographie, histoire.*

Matériel : dépliants sur les endroits à visiter, feutres, feuille A3 pour affiche.
En se servant des exemples de la partie *Civilisation*, les apprenants de ce groupe rédigeront un petit texte informatif sur les deux endroits à visiter.
Ils recueilleront aussi les informations des groupes 1, 2 et 3 et les mettront en page, en se servant le cas échéant de l'exemple de l'affiche de 13e J (leçon 12).

À la fin, la classe aura une belle affiche contenant toutes les informations nécessaires à cette excursion !

Cahier d'exercices

Échos. La partie « Pour apprendre » donne des conseils utiles pour l'expression écrite.

Projet de plein air : jeu de piste en forêt

Mode d'emploi

Cette activité facultative de plein air, à faire de préférence en forêt reprend et enrichit les acquis de l'unité 4 en mettant les apprenants dans une situation réelle : le jeu de piste.

C'est une activité interdisciplinaire, à laquelle on peut inviter les enseignants de SVT ou histoire-géographie. Il est en effet nécessaire d'obtenir la collaboration d'au moins un professeur-animateur.

Il est souhaitable de faire cette activité avant la lecture de la BD.

S'il n'y a pas de forêt dans votre région ou si vos élèves ne peuvent pas sortir du collège, vous pouvez recréer ce jeu de piste en dessinant et en plaçant dans la cour les différents éléments du décor : un panneau de carrefour, l'arbre le plus large, l'arbre le plus haut, etc.

La forêt qui a servi de référence à ce jeu de piste est la forêt de Compiègne, à propos de laquelle vous pouvez trouver nombre d'informations sur le site suivant :
http://www.mairie-compiegne.fr/cadres_tourisme.html

1. Avant de faire participer les élèves, vous devez vous-même vous munir de :
– une montre ;
– un thermomètre-baromètre ;
– un carnet où vous noterez l'heure de départ et d'arrivée de chaque groupe ;
– une pierre (s'il n'y en a pas dans votre forêt) pour la fiche 2 ;
– un nid d'oiseau abandonné ou reconstitué (la fiche 3) ;
– un panneau en bois où vous écrirez « arbre bicentenaire » (fiche 5) ;
– un peu de mousse (fiche 6) ;
– autant de canettes de Coca – ou autres boissons – vides que de groupes (fiche 7) ;

– une poubelle (s'il n'y en a pas au carrefour de votre forêt) (fiche 8) ;
– la feuille de route et les fiches photocopiables ;
– des brassards de couleur que vous pouvez peut-être emprunter au prof de gym (une couleur par groupe).

2. Toujours avant de faire participer les élèves, vous devez placer les différentes fiches à des endroits stratégiques :
– **fiche 1** : à l'entrée de la forêt, placez/clouez la fiche sur l'arbre le plus large se trouvant au début du chemin.
– **fiche 2** : au premier carrefour en suivant le chemin, placez la fiche (sous une pierre, etc.) et indiquez la direction en dessinant une flèche : attention, pensez que les élèves feront une boucle et devront arriver au carrefour à la fiche 7 ;
– **fiche 3** : placez la fiche dans votre « nid abandonné » et placez le tout sur un petit arbre (ou au bas d'un petit arbre) ;
– **fiche 4** : trouvez l'arbre le plus haut du parcours, essayez de placer la fiche entre les racines de l'arbre ou, sinon, creusez un peu la terre sous l'arbre et cachez-y la fiche (elle doit être un peu visible) ;
– **fiche 5** : choisissez sur votre parcours un vieil arbre ; devant, placez une plaque sur laquelle il est écrit « arbre bicentenaire » ; derrière la plaque, collez votre fiche ;
– **fiche 6** : faites 77 petits pas depuis votre arbre bicentenaire ; trouvez près du chemin un peu de mousse, décollez-la, glissez la fiche 6 dessous ;
– **fiche 7** : peu avant le carrefour, vous déposez près du chemin une canette de Coca, ou une bouteille de boisson gazeuse locale, dans laquelle vous aurez soigneusement placé la fiche 7. Attention, vous devez avoir autant de canettes de Coca que de groupes de participants. L'un des animateurs doit rester sur place afin de récupérer le message et le mettre dans une autre canette de Coca ;
– **fiche 8** : au carrefour se trouve une poubelle (que vous devrez apporter vous-même si elle n'existe pas) dans laquelle les élèves sont supposés jeter leurs canettes. Dans la poubelle se trouve, bien visible, la fiche 8.
Un animateur se tient à la poubelle et voit les groupes arriver.
Chaque équipe compte le temps qu'elle a mis.

3. Quelques jours avant la sortie pour le jeu de piste, l'enseignant expliquera :
« *Vous connaissez les jeux de pistes ?*
La classe se divise en 3 ou 4 groupes ou équipes, chaque groupe a une couleur.
Vous devez trouver les pistes que nous vous indiquons, et là, il y a des messages qui vous aident à aller plus loin, et qui vous posent des énigmes.
Attention : vous devez remettre ces messages à leur place !
Le groupe qui arrive le premier et qui trouve toutes les énigmes le plus rapidement a gagné. »

4. Il constituera les équipes et distribuera une feuille photocopiable par équipe. Il vérifiera que chaque groupe dispose des éléments nécessaires (thermomètre, calculette, etc.) et il fournira à chaque participant le brassard correspondant à la couleur de son équipe.

5. Il laissera partir les équipes l'une après l'autre, avec cinq à dix minutes de battement entre les groupes. Il notera l'heure de départ de chacun.

6. L'enseignant ou un autre animateur pourra accompagner partiellement certains groupes. Il devra se trouver à l'emplacement de la fiche 7 (la canette de Coca, avant le carrefour) pour replacer les cannettes.

7. L'enseignant ou un autre animateur devra se trouver à la case arrivée (le carrefour), devant la poubelle, afin de noter l'heure d'arrivée des participants et de vérifier avec eux leurs réponses.

Solutions :
Fiche 1 : Selon l'heure et la température ambiante.
Fiche 2 : 3,6 km = 3 600 mètres divisé par 2,5 = 1 440 coups de pédale.
Fiche 3 : En été, le climat en forêt est plus chaud. Il fait plus humide. Température à mesurer.
Fiche 4 : Couleur des feuilles : selon saison. Les feuilles des arbres interceptent les pluies et absorbent jusqu'à 25 % des pluies annuelles.
Fiche 5 : Cet arbre bicentenaire a vu passer un homme célèbre qui a restauré le château de Compiègne, après la Révolution. C'est Napoléon Ier.
Fiche 6 : La mousse des sols de la forêt favorise la pénétration de l'eau de pluie dans le sous-sol : Vrai.
Fiche 7 : L'objet n'appartient pas à la forêt, on doit le mettre dans une poubelle et/ou le recycler.

BD : Le jeu de piste

→ *Compréhension globale autonome.*

Cette BD reprend le thème du jeu de piste et de la défense de l'environnement.
Elle ne présente pas de difficulté particulière de compréhension, surtout si l'on se réfère aux expressions des personnages, tant sur le dessin qu'à l'audio.
On pourra faire lire la BD une première fois à la maison, puis faire écouter et lire en classe.

Lecture autonome

Si les apprenants ont eux-mêmes fait le jeu de piste, ou s'ils connaissent ce genre de jeux, on peut leur poser à l'avance les questions suivantes :
« *Quelle est la couleur de l'équipe ?* »
« *Où se trouvent les fiches messages ?* »
Une fois qu'ils ont répondu à ces questions (« *L'équipe a la couleur rouge* », « *Les fiches messages se trouvent :* **1.** *dans une canette de Coca,* **2.** *derrière une poubelle* »), il leur sera facile de trouver la réponse à ces deux autres questions :
« *L'équipe qu'on voit, c'est : la première ? la deuxième ? la dernière ?* » (La dernière.)
« *Qu'est-ce qu'elle a gagné ?* » (Le droit de recycler les canettes !)

Vraisemblablement, les apprenants trouveront eux-mêmes que cela n'est pas un vrai cadeau (*Kdo*, comme écrivent les ados...) et comprendront ainsi le sens de « *on s'est fait avoir* ». Sinon, le ton de Bastien permettra de retrouver le sens, lors de l'écoute.

🎧 Lecture et écoute simultanées

→ *Faire des inférences.*

Les apprenants reprendront l'ensemble de la BD avec le son. Ils tiendront compte de l'intonation pour comprendre.
– les reproches implicites de Leïla : « *Ça, c'est Bastien* » (qui veut dire *:* « *C'est sûrement Bastien qui a jeté la canette par terre* ») ;
– la déception de Bastien : « *Eh ben, on s'est fait avoir !* » Non seulement l'équipe rouge est la dernière, mais en plus, elle doit ramasser les poubelles !

→ *Compréhension détaillée. Reprise et enrichissement du vocabulaire.*

La sensibilisation à l'environnement est le thème de la BD (et du jeu de piste) et, par conséquent, on pourra s'arrêter sur « *je respecte le milieu naturel* », qui peut être dit aussi de cette manière : « *Je fais attention à l'environnement* », à la nature.
Les mots *ramasser* et *jeter* sont totalement compréhensibles dans la situation.
On pourra les reprendre avec les élèves, sur le même thème :
– qu'est-ce qu'on doit/on peut *ramasser* dans la forêt ? *(les canettes de Coca, les champignons, les glands, les châtaignes)* ;
– qu'est-ce qu'on ne peut pas *jeter* ? *(Les canettes de Coca, les allumettes, les mouchoirs en papier, les bouteilles, les sacs de chips...).*

Pour le mot *recycler,* on pourra donner des exemples de recyclage, le plus simple étant celui du papier. Mais puisqu'on propose ici de recycler des canettes en métal, on demandera aux élèves comment on peut les recycler :
– pour faire du papier aluminium ?
– pour faire des sculptures, des jouets ?
– autres ?

Prononciation : reprise de quelques expressions

On ne fera pas ici de dramatisation, car elle demande trop de mouvement, mais, on cherchera avec les élèves d'autres situations dans lesquelles on pourra trouver :
– « *Ça, c'est Untel !* » (sous-entendu, c'est la faute à Untel).
– « *Non, ce n'est pas moi !* »
– Et l'expression « *Eh ben, on s'est fait avoir* », qui veut dire en langage plus soutenu : « *On s'est moqué de nous !* » On pourra conjuguer : « *Je me suis fait avoir ! Tu t'es fait avoir...* »

Par exemple :
• Tu as perdu ton plus beau stylo. Tu crois que ta sœur l'a pris.
– Tu dis : « … »
– Elle dit : « … »

• Tu rentres dans la classe, ton cartable est tout renversé. Tu penses que c'est un camarade.
– Tu dis : « … »
– Il dit : « … »

• Tu as acheté un jeu de cartes « magique » dans un magasin. Tu rentres chez toi, le jeu est normal, mais il y a écrit « magique » sur les cartes.
– Tu dis : « … »

Après ces premiers exemples, on demandera aux élèves de trouver d'autres situations.

p. 68
Bilan : tu sais

1. Tu dis ce que tu sais faire

Demande à ton voisin ce qu'il sait faire.
→ *Expression orale par paires.*

Les apprenants se servent des dessins pour dire entre eux ce qu'ils savent faire. L'enseignant passe dans les rangs pour écouter, suggérer, corriger.
Par exemple : « *Je sais bouger les oreilles, jouer avec des balles, faire du skate* », etc.

2. Tu parles de tes projets
→ *Expression orale individuelle.*

L'enseignant pose des questions à quelques élèves seulement. Les autres élèves soufflent si nécessaire et voient s'ils se souviennent des points de langue correspondants.

3. Tu te situes dans le temps

a. Louise prend le train pour Marseille. Commente les dessins.

À l'oral ou à l'écrit, chacun s'essaie à commenter le dessin.
Par exemple : « *Elle vient de faire ses bagages, elle a fait ses bagages, elle a préparé ses affaires.* »
« *Elle est en train de monter dans le train.* »
« *Le train va partir. Elle va partir.* »

b. Imagine. Qu'est-ce que fait Louise pendant le voyage ? Avant ? Après ?

C'est un bon exercice à faire à l'écrit, mais on peut aussi le commenter dans la classe à l'oral. L'enseignant devra choisir s'il préfère utiliser le présent ou le passé.
Par exemple :
« *Pendant le voyage, elle lit un livre, elle écoute de la musique, elle écrit une lettre, elle parle avec une dame.* »
« *Avant le voyage, elle a d'abord préparé ses bagages, ensuite elle a téléphoné à sa mamy, et puis elle a embrassé sa maman et son papa.* »
« *Après le voyage, elle est arrivée à Marseille, elle a vu sa mamy, alors elle a couru et elle l'a embrassée !* »

4. Tu dis ce que tu as fait, ce que tu n'as pas fait

🎧 Écoute ce que dit Thomas à sa cousine.

Transcription :
Je suis allé à la sortie 13e J, c'était top ! On est partis à 8 h du matin. On n'a pas fait de cheval, on n'a pas fait de vélo mais on a fait du roller et puis on a joué au jeu de piste. Je n'ai pas gagné, mais j'ai appris beaucoup de choses ! On est arrivés à 8 h du soir à Paris, très fatigués !

Correction :

Qu'est-ce qu'il a fait ?	Qu'est-ce qu'il n'a pas fait ?
Il a fait du roller.	Il n'a pas fait de vélo.
Il a fait un jeu de piste.	Il n'a pas fait de cheval.
Il a appris beaucoup de choses.	Il n'a pas gagné.

5. Tu parles poliment

Qu'est-ce que tu dis dans les situations suivantes ?

Correction possible :

• Tu téléphones à Allô-Pizza pour commander une pizza, une dame te répond :
« *Allô, bonjour madame, je voudrais un pizza. Vous pouvez faire une pizza aux carottes ?* »

• Tu demandes l'heure à un monsieur dans la rue : « *Pardon monsieur, est-ce que vous avez l'heure ?* »
« *Excusez-moi, monsieur, quelle heure est-il, s'il vous plaît ?* »

• Tu marches sur les pieds d'un copain : « *Oh, pardon ! Excuse-moi ! Désolé !* »

• Une camarade de classe te propose d'aller au centre commercial. Tu n'as pas envie :
« *Non, je n'ai pas envie, j'en ai marre du centre commercial.* »

Cahier d'exercices

Suite à ce bilan, les apprenants peuvent s'évaluer en utilisant le *Portfolio*, puis commencer à reprendre les points de langue qui posent problème en utilisant la partie *Échos* du cahier d'exercices. C'est une révision de tous les acquis de l'unité. Le professeur pourra décider, selon le niveau des élèves et le temps, quels exercices pourront être faits en cours.

Exercice 1 : révision du passé composé.
Exercice 2 : révision du passé composé et des expressions de temps.
Exercice 3 : révision du passé récent.
Exercice 4 : révision du présent progressif.
Exercice 5 : révision du futur proche.

Compréhension écrite :
Exercice 6 : révision des nombres, des dates et du vocabulaire.

Expression écrite
Exercice 7 : révision du passé composé, des expressions de temps et de l'ensemble des « mots et expressions ».

 **UNITÉ 4** JEU DE PISTE EN FORÊT

Feuille de route

Vous connaissez les jeux de piste ?

La classe se divise en trois ou quatre équipes de couleurs différentes.

Vous devez trouver les pistes que nous vous indiquons. Là, il y a des messages qui vous aident à aller plus loin.

Pour ce jeu de piste, chaque équipe doit emmener :
– 1 thermomètre
– 1 calculette
– 1 carnet et 1 crayon

Vous êtes arrivés devant la forêt. Cherchez l'arbre le plus large : vous trouverez la fiche n° 1.

Vous êtes à un carrefour : cherchez la fiche n° 2.

Vous êtes au milieu du parcours : vous avez trouvé la fiche n° 3.

Vous êtes devant l'arbre le plus haut de la forêt : vous avez trouvé la fiche n° 4.

Vous êtes près de l'arbre bicentenaire : vous avez trouvé la fiche n° 5.

Vous avez marché, vous avez regardé par terre, et vous avez trouvé la fiche n° 6.

Vous avez trouvé l'objet insolite et la fiche n° 7 !

Vous êtes revenus au carrefour de départ : cherchez la dernière fiche, le dernier message !

Les messages

Fiches photocopiables à découper et à déposer dans les différents endroits cités plus haut.

Fiche n° 1

D'abord, mesurez la température extérieure. Notez-la sur le carnet avec l'heure exacte et le lieu. Ensuite, avancez derrière cet arbre, vous allez trouver un chemin, avec un carrefour. À ce carrefour, il y a des indications et, sous une pierre, la fiche n° 2.

Fiche n° 2

Karim est avec vous sur la piste cyclable de Pierrefonds. Parcours 3,6 km. Quand il pédale, il avance de 2,5 m. Combien de coups de pédale est-ce qu'il faut pour qu'il termine ce parcours ?
Avant de faire ce même parcours, écrivez la réponse sur votre carnet. Si vous êtes à vélo, comptez vos coups de pédale et comparez. Qui est allé plus vite ?
Pendant le parcours, cherchez la fiche n° 3 sur un petit arbre, dans un nid d'oiseau abandonné.

Fiche n° 3

Vous êtes en plein milieu de la forêt. Vous pouvez maintenant répondre à ces questions de SVT :
• En été, le climat en forêt est :
– plus chaud
– moins chaud
• Il fait :
– plus sec
– plus humide
• Répondez sur votre petit carnet, puis mesurez la température.
Puis continuez votre route. Cherchez l'arbre le plus haut du parcours, sous cet arbre, vous trouverez la fiche n° 4.

Fiche n° 4

Regardez les couleurs des feuilles et répondez à cette question sur votre petit carnet.
• Les feuilles des arbres interceptent les pluies et absorbent jusqu'à :
– 10 % ?   – 25 % ?   – 35 % des pluies annuelles ?
Vous avez presque terminé votre parcours. Mais avant, cherchez l'arbre bicentenaire, il est indiqué par une petite plaque. Près de la plaque, cherchez bien… vous trouverez la fiche n° 5.

Fiche n° 5

• Cet arbre bicentenaire a vu passer un homme célèbre qui a restauré le château de Compiègne après la Révolution. C'est :
– Napoléon Ier   – Louis XIV   – Charles de Gaulle
Écrivez la réponse sur votre carnet et regardez par terre. Avancez de 77 pas. Regardez à droite, à gauche… et vous trouverez la fiche n° 6.

Fiche n° 6

La fiche n° 6 est cachée dans la mousse (*humus*).
• La mousse des sols de la forêt favorise la pénétration de l'eau de pluie dans le sous-sol : vrai ou faux ?
Répondez sur votre carnet et apportez un peu de mousse. Puis courez jusqu'au carrefour du départ : en cherchant un objet insolite, vous trouverez la fiche n° 7.

Fiche n° 7

Vous avez trouvé la fiche dans un objet insolite.
• Cet objet, est-ce qu'il appartient à la forêt ?
• Qu'est-ce que vous devez en faire ?
• Cherchez vite où vous devez le mettre et vous aurez gagné !

Fiche n° 8

Vous avez gagné, ou presque !
Regardez l'heure à laquelle vous êtes arrivés. Écrivez-la dans le petit carnet.
Comparez les réponses avec les camarades des autres équipes… Qui a vraiment gagné ?

CAHIER D'EXERCICES. CORRIGÉS.

LEÇON 0
p. 4-7

CONJUGAISON

1.

– Salut !
– Comment tu *t'appelles* ?
– Et tu *as* quel âge ?
– Et tu *es* à quel collège ?
– Tiens ! Moi aussi.

– Salut !
– Je *m'appelle* Céline Dufour.
– J'*ai* 13 ans.
– Je *suis* au collège Jacques-Prévert.

2.

– Vous *voulez* venir chez moi cet après-midi ?
– Non, ne *pouvons* pas. Nous *nous entraînons* de 17 h à 19 h.
– Vous *vous entraînez* ? Qu'est-ce que vous *faites* ?
– Nous *faisons* du foot.
– Et dimanche, vous *pouvez* venir dimanche ?
– Oh non, nous *allons* à la piscine avec nos parents.

3.

Ne chante pas ! *Range* ta chambre ! *Fais* la vaisselle ! Ne *regarde* pas la télé !

GRAMMAIRE

4.

– On va au centre commercial ? Je veux acheter une jupe rouge, *un* t-shirt blanc et *des* baskets. J'adore *les* baskets rouges de Chloé !
– Moi, j'adore *l'*anorak de Céline.

5.

– D'où est-ce que vous venez ?
– Je viens de l'hôpital. J'ai mal *au* pied.
– D'où est-ce que tu viens ?
– Je viens *de la* pharmacie. J'ai mal *à la* tête.
– Où est-ce que tu vas ?
– Je vais *au* cinéma. Il y a le dernier film de Spielberg.
– Où est-ce que vous allez ?
– On va *au* stade. Le PSG joue contre le Real Madrid.

6.

J'adore ma famille ! *Mon* père s'appelle Thomas, il est super sympa ; *ma* mère s'appelle Christine, elle cuisine super bien, et *mes* sœurs s'appellent Noémie et Florence, elles sont adorables.
J'aime bien aussi la famille de Malika. *Son* père s'appelle Kader, il rigole tout le temps ; *sa* mère s'appelle Hakima, elle est toujours contente, et *son* grand frère s'appelle Omar, il joue avec nous au basket.

7.

– Tu aimes ce pantalon noir ? Il est à la mode.
– Oui, mais je préfère *ces* jeans.
– Et *cette* jupe. Elle n'est pas mal. Elle va bien avec *ce* pull !
– Regarde *cet* anorak jaune. Il est nul !
– Bon, alors je vais acheter *ces* jeans, *ce* blouson bleu et *ce* tee-shirt rose.
– Oh là là ! Tu vas acheter tout ça ?

8.

Robin est français. Il est roux, grand et sérieux. Il n'est pas gros : il est mince et sportif. Il a 13 ans. Bénédicte et Delphine sont *rousses, grandes et sérieuses. Elles ne sont pas grosses : elles sont minces et sportives. Elles ont 13 ans.*

9.

– Vous êtes M. Sadoul ? – Non, je *ne* suis *pas* M. Sadoul.
– Vous habitez rue Levat ? – Non, je *n'*habite *pas* rue Levat.
– Mais vous êtes professeur au lycée Jacques-Prévert ? – Non, je *ne suis pas* professeur.
– Alors votre fils s'appelle Julien ? – Non, je *n'ai pas d'*enfants.
– Mais vous avez un chien ? – Non, je *n'ai pas de* chien.
– Ah, alors, vous *n'*êtes *pas* M. Sadoul !

10.

Nom : *Comment est-ce que tu t'appelles ?*
Âge : *Tu as quel âge ?*
Nationalité : Quelle est ta nationalité ?
Cours : *Tu es en quel cours ?*
Adresse : *Où est-ce que tu habites ?*
Situation de famille : *Tu as des frères ou des sœurs ?*
Goûts : *Qu'est-ce que tu aimes ?*

MOTS ET EXPRESSIONS

11.

Ils vont au collège.
Il *joue* au basket.
Elle *fait de la musique.*
Elles *viennent du cinéma.*

12.

Chloé *se lève.* Elle *se lave.* Elle *déjeune.* Elle *fait la vaisselle.* Elle *regarde la télé.*

13.

En face de la porte, il y a la fenêtre. À côté de la porte, il y a le lit. Sur le lit, il y a un chat. Sous le lit, il y a des chaussures. À droite, il y a une table. Devant la table, il y a une chaise. Entre la table et le lit, il y a un cartable.

14.

Chloé : Demain c'est mon anniversaire *et je vais faire une fête. Est-ce que vous voulez venir ?*
Sandra : *D'accord, je veux bien.*
Myriam : *Moi, je ne peux pas. C'est l'anniversaire de ma grand-mère.*

15.

                              (Ville), le 20 septembre 2004
Salut !
Je m'appelle *X. J'ai X ans. Je suis italien, mais mon père est suisse.*
Je ne suis pas très grand, mais je suis blond et maigre. J'ai les yeux verts.
Je suis en 4ᵉ.
J'habite à Rome avec mes parents et mes deux sœurs. Mes parents sont professeurs et mes deux sœurs étudient au lycée.

                                                    Bises,

16.

Dix + 11 = *vingt et un* + 11 = *trente-deux* + 11 = quarante-quatre
+ 11 = *cinquante-cinq* + 11 = *soixante-six* + 11 = *soixante-dix-sept*
+ 11 = *quatre-vingt-huit* + 11 = *quatre-vingt-dix-neuf.*

UNITÉ 1
LEÇON 1
p. 8-9

GRAMMAIRE ET CONJUGAISON

1.

Je *connais* Alizée. Tu *connais* Alizée. Ludovic *connaît* Alizée. Marine *connaît* Alizée. Julie et Benoît *connaissent* Alizée. Nous *connaissons* tous Alizée ! Et vous, vous la *connaissez* ?

2.

Bonjour ! Asseyez-vous, s'il vous plaît ! Tarek, tu vas effacer le tableau. Maintenant, on *va commencer* le cours, Jade tu *vas corriger* les exercices et puis nous *allons lire* le texte de la page 30 et vous *allez souligner* les verbes en -ER. Denis et Myriam *vont aller* au tableau pour écrire les infinitifs.

3.

13 h 20. Elle va faire la vaisselle. 13 h 25. Elle *fait la vaisselle*. 13 h 40. Elle *vient de faire la vaisselle*. 17 h. Ils *vont jouer* au tennis. 17 h 15. Ils *jouent au tennis*. 18 h 15. Ils *viennent de jouer au tennis*.

4.

– Oh ! J'aime Kévin. Qu'est-ce que je peux faire ?
– Tu l'aimes ? Alors, tu *le* rencontres à la sortie du collège et tu *l'*invites à ta fête.
– Et sa petite amie ? Ouh ! Je *la* déteste ! Je *la* trouve nulle !

MOTS ET EXPRESSIONS

5.
– On l'utilise quand il fait froid – *Le pull.*
– On la regarde le soir – *La télé.*
– On le promène dans la rue – *Le chien.*
– Les chiens l'adorent – *La viande.*

6.
Flore est snob.

7.
a. C'est un garçon. Il est petit et gros. Il porte des lunettes, un pull vert, un pantalon marron et une casquette rouge. Il aime le tennis.
b. Elle s'appelle Sarah. Elle est grande, mince et brune. Elle porte un tee-shirt jaune, une minijupe bleue et des chaussures noires. Elle fait de la musique. Elle a un chien.

8.

Prénom	Nationalité	Description	Goûts
Caroline	*française*	*blonde*	*aime les maths*
Édouard	*belge*	*mignon*	*adore le cinéma*
Mario	*italien*	*brun*	*aime le basket*

Caroline est française. Elle est blonde. Elle aime les maths.
Édouard est belge. Il est mignon. Il adore le cinéma.
Mario est italien. Il est mignon. Il aime le basket.
Le ballon est à *Mario.*

LEÇON 2
p. 10-11

GRAMMAIRE ET CONJUGAISON

1.

À 8 heures, ma grande sœur *prend* le train pour aller à l'aéroport et puis elle *prend* l'avion ; elle est hôtesse de l'air. Mon père et ma mère *prennent* la voiture pour aller au bureau. Mon frère et moi, nous *prenons* le bus pour aller au collège.

2.

– Tu *apprends* le français au collège ?
– Oui, dans mon pays on *apprend* le français à partir de 11 ans.
– Et vous *apprenez* aussi l'anglais ?
– Oui, nous *apprenons* l'anglais à 8 ans.
– Moi, j'*apprends* l'allemand et l'anglais, et je *comprends* un peu l'espagnol.

3.

Voici quelques conseils pour être en forme :
Étirez le dos !   Je l'étire.
Levez les bras dix fois !   Je *les* lève dix fois.
Levez la jambe droite cinq fois !   Je *la* lève cinq fois.
Levez la jambe gauche !   Je *la* lève.
Serrez le ventre !   Je *le* serre.
Tournez la tête à droite et à gauche !   Je *la* tourne à droite et à gauche.
Relâchez !   Ouf !

4.

J'ai toujours 20 sur 20 en français ! Le vocabulaire, c'est facile ; pour l'apprendre, je *l'*écris sur un post-it, je *le* dessine et je *le* répète le matin et le soir.
Pour faire les exercices, j'utilise les exemples et je *les* compare avec le livre.
Pour apprendre la grammaire, je *la* compare avec ma langue et avec d'autres structures.
Et pour apprendre les verbes, le *les* mémorise, je *les* copie, je *les* chante comme une chanson et je *les* compare avec les autres verbes !

MOTS ET EXPRESSIONS

5.

Il habite à Paris, en France. Elle *habite à Rabat, au Maroc.* Ils *habitent à Rome, en Italie.* Elles *habitent à New York, aux États Unis.*

6.

```
                Théodore - Augusta
                 /            \
    Loupert - Morathia   Onox - Christipuline
      /    |    \           /      \
  Eldar Halaelle Marie-Lotte  Baltazor Wolfy
```

Onox est le *père* de Wolfy et de Baltazor, l'*oncle* d'Eldar, Halaelle et Marie-Lotte et le *frère* de Morathia.
Augusta et Théodore sont les *grands-parents* d'Eldar, Halaelle et Marie-Lotte, Baltazor et Wolfy.
Baltazor et Wolfy sont les *cousins* d'Eldar, Halaelle et Marie-Lotte et les *petits-fils* d'Augusta et Théodore.
Morathia est la *tante* de Baltazor et Wolfy et la *mère* d'Eldar, Halaelle et Marie-Lotte.

7.

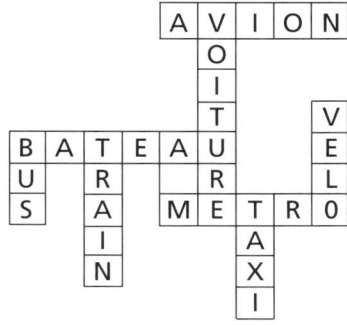

LEÇON 3
p. 12-13

GRAMMAIRE ET CONJUGAISON

1.
Moi, je suis espagnol et je *mange* à 2 heures de l'après-midi. Paul et Fiona sont anglais, ils *mangent* à midi. Hans est allemand et il *mange* aussi à midi. En général en Europe on *mange* à midi. Et toi, à quelle heure tu *manges* ?

2.
Le matin, je *bois* du lait, mes parents *boivent* du café et ma sœur *boit* du thé. Mais le dimanche nous *buvons* tous du chocolat chaud !

3.
– Bonjour monsieur !
– Bonjour les enfants ! Qu'est-ce que vous voulez ?
– On voudrait des œufs, *du* beurre et *de la* farine.
– C'est tout ?
– Non, on voudrait aussi *du* lait et *de l'*eau, deux bouteilles *d'*eau, et une tablette *de* chocolat.
– Voilà.
– Merci.

4.
– Maman, qu'est-ce qu'on va manger aujourd'hui ?
– On va manger de la soupe.
– Oh non, je ne veux pas *de* soupe ! Et après ?
– *Du* poisson.
– Encore *du* poisson ! Je déteste ça.
– Mais comme dessert il y a *des* crêpes.
– Il n'y a pas *de* gâteaux au chocolat ?
– Oh là là, ces enfants !

MOTS ET EXPRESSIONS

5.
Le petit chaperon rouge va voir sa grand-mère parce qu'elle est malade. Elle porte un panier avec *du beurre, du miel, du lait, du pain, du chocolat* et *des fruits,* sa grand-mère va être très contente.

6.
Il ne se coiffe pas.
Il n'aime pas *la soupe*.
Il ne mange pas *de poisson*.
Il ne boit pas *de chocolat*.

7.

Dans le deuxième caddie il n'y a pas de poisson. *Il n'y a pas de fruits. Il n'y a pas d'œufs. Il n'y a pas de pain. Il n'y a pas de farine.*

8.

Pour déjeuner je prends de la soupe, de la viande ou du poisson et après des fruits. J'aime beaucoup les oranges, mais je mange aussi des crêpes et des gâteaux. Je bois de l'eau mais je préfère boire du coca.

Échos 1

p. 14-15

GRAMMAIRE ET CONJUGAISON

1.
– Tu *connais* la cuisine italienne ? C'est très bon. On *mange* des pizzas et des pâtes et on *boit* du vin.
– Les enfants aussi ?
– Non, ils *boivent* de l'eau. Ils *apprennent* à manger des spaghettis à l'âge de 2 ans.
– Nous les Français, nous *mangeons* du fromage à partir de 1 an et nous *buvons* du café au lait comme les adultes.

2.
Je suis hôtesse de l'air à Air France et j'habite à Montréal, *au* Québec, *au* Canada. Je vais *aux* États-Unis toutes les semaines et *en* Europe deux fois par mois : *en* Hollande, *en* Suisse ou *au* Luxembourg. J'adore voyager !

3.
– Karine Forest est la tante de Sandra. Tu la connais ?
– Oui, je *la* connais. Elle est hôtesse de l'air et son mari est pilote, tu *le* connais ?
– Oui, je *l'*aime bien. Je *les* aime bien tous les deux.

4.
Les bébés mangent de la purée et ils boivent *du* lait et *de* l'eau. Ils adorent *le* sucre !
Ils ne mangent pas *de* viande et ils ne boivent pas *de* coca. Ils détestent *les* fruits.

MOTS ET EXPRESSIONS

5.
Tous les jours, il arrive à son épicerie en *bus* mais aujourd'hui il est en retard, il vient en *voiture*.
Dans l'épicerie il y a *du beurre* et *du lait* de Normandie. Les *fruits* arrivent des Antilles en *avion*.

6.
Le fils de ma tante est mon cousin.
La sœur de mon papa *est ma tante.*
Le fils de mon fils *est mon petit-fils.*
La mère de mon père *est ma grand-mère.*
Les fils de mes enfants *sont mes petits enfants.*
Le frère de ma maman *est mon oncle.*

COMPRÉHENSION ÉCRITE

7.
a. Les spécialités chinoises. Relie les mots aux dessins : *a.* canard laqué, *b.* ravioli chinois, *c.* riz.
b. – Jade a combien d'oncles et de tantes ? *: 3 oncles et 2 tantes.*
– Où est-ce que ses grands-parents habitent ? Avec qui ? – *À Londres avec tante Xiao Wu.*
– Qu'est-ce que Jade va faire pour les fêtes ? – *Elle va à Londres.*
– Quel moyen de transport elle va prendre ? – *Le train.*

EXPRESSION ÉCRITE

8.

Les fêtes à Valence, en Espagne.
Chez moi, pour les fêtes, c'est traditionnel.
À Noël, toute la famille va chez mes grands-parents.
On mange de la soupe, de la dinde et des gâteaux au chocolat.
Mes grands-parents, mes parents, mes oncles et mes tantes boivent du champagne et les enfants, nous buvons de l'eau et du coca.
Après, on chante et on danse.
On a les cadeaux le 6 janvier. C'est la fête des Rois !

UNITÉ 2
LEÇON 4
p. 16-17

GRAMMAIRE ET CONJUGAISON

1.
– Comment tu t'appelles ?
– Je m'appelle Nicolas, madame.
– *Quel* est ton nom ?
– Dulac.
– *Où* sont tes parents ?
– Ils sont dans l'appartement.
– *Est-ce* que vous venez de très loin ?
– Non, nous venons de Suisse.
– Tu as *combien de* frères et de sœurs ?
– Je suis fils unique.

2.
– Bonjour, *qu'est-ce que vous voulez* ? – Je voudrais 250 grammes de ■✶□✳✻▲★✻●.
– 250 grammes de *quoi* ? – 250 grammes de jambon !
– *C'est tout* ? – Non, je veux aussi du pâté.
– *Combien de pâté* ? – 200 grammes.

3.
On *doit* préparer la fête du 21 juin. On va être 15. Kévin, tu *dois* acheter les boissons et les chips. Sarah et Caroline, vous *devez* préparer les sandwiches. Édouard *doit* faire un grand gâteau au chocolat. Moi, je *dois* préparer les guirlandes et la musique.
On va bien s'amuser !

4.
Pierre va acheter un litre de lait, *250 grammes/quatre tranches de* jambon, *un paquet de* spaghettis, *une bouteille d*'eau, *un kilo de* farine, *une tablette de* chocolat.

5.
Masculin : Du lait, *du jambon, du chocolat.*
Féminin : *De l'eau, de la farine.*
Pluriel : *Des spaghettis.*

MOTS ET EXPRESSIONS

6.
Pour être en forme, *il faut faire du sport.*
Pour avoir de bonnes notes, *il faut étudier.*
Pour l'anniversaire de maman, *il faut acheter un cadeau.*
Pour aller au collège, *il faut prendre le bus.*

7.
Pour la fête, il y a assez de jus d'orange, *il y a peu de coca, il y a assez de chips, il y a beaucoup de sandwiches et il y a peu de gâteaux.*

8.
Ingrédients : De la farine, 200 g ; *des* œufs, 4 ; *du* sucre, 50 g ; *du* sel, 10 g ; *du* lait, 1/4 litre ; *du* beurre, 150 g ; *des* pommes, 2.
Liste des courses : un paquet de farine ; *une douzaine d'*œufs ; *un kilo de* sucre ; *un paquet de* sel ; *un litre de* lait ; *un paquet de* beurre ; *un kilo de* pommes.

LEÇON 5
p. 18-19

GRAMMAIRE ET CONJUGAISON

1.
Les éléphants <u>sont</u> des animaux très gros. Ils <u>font</u> plus de 6 000 kilos. Ils <u>ont</u> un long nez qu'on <u>appelle</u> la trompe.
Ils <u>doivent</u> beaucoup manger : ils <u>mangent</u> 200 kilos de nourriture par jour.
Quand ils <u>sont</u> petits, ils <u>restent</u> à côté de leur maman et ils <u>apprennent</u> à marcher.
Les éléphants <u>boivent</u> de 140 à 170 litres d'eau et ils <u>peuvent</u> aspirer 9 litres à la fois. Ils <u>vont</u> boire tôt le matin et tard le soir. Ils <u>adorent</u> prendre leur bain.
Quand ils <u>prennent</u> de l'âge, ils <u>préfèrent</u> vivre seuls. Ils <u>veulent</u> être libres.
Au zoo, ils <u>reconnaissent</u> la voix de leur maître.

Infinitif	être	faire	avoir	appeler	devoir	manger	rester	apprendre
3ᵉ sing.	il est	il fait	il a	il appelle	il doit	il mange	il reste	il apprend
Infinitif	boire	pouvoir	aller	adorer	prendre	préférer	vouloir	reconnaître
3ᵉ sing.	il boit	il peut	il va	il adore	il prend	il préfère	il veut	il reconnaît

2.

	Oui	Si	Non
Les Pyrénées séparent la France de l'Espagne.	x		
Paris n'est pas la capitale de la France.		x	
Le Vietnam n'est pas en Asie.		x	
Rome n'est pas la capitale de la Suisse.			x

3.
La viande est plus chère que les œufs.
La farine est *aussi chère que* le sucre.
Le pain est *moins cher que* les gâteaux.
Les poires sont *aussi chères que* les pommes.
Les œufs *sont plus chers que* le pain et le sucre.

4.

Si tu veux faire du foot, prends un ballon !
Si les élèves *veulent* avoir de bonnes notes, *ils* doivent travailler.
Si tu *vas* manger, *tu dois* te laver les mains.
Si tu *as* mal à la tête, *prends* une aspirine !

MOTS ET EXPRESSIONS

5.

Il doit mettre la table. *Il doit passer l'aspirateur. Il doit faire un gâteau. Il doit ranger la chambre. Il doit descendre la poubelle. Il doit faire les courses. Il doit aller chercher le journal. Il doit faire la vaisselle.*

6.

Ton frère prend 5 euros dans le portefeuille de ta maman. Toi, tu dis : « C'est mal ! »
Ta maman pense que c'est toi. Tu dis : « *Ce n'est pas juste !* »
Ta sœur achète un pull de 100 euros. Tu dis : « C'est cher ! »
Tu achètes un pantalon. Tu demandes son avis à ton ami. Tu dis : « *Qu'est-ce que tu en penses ?* »

7.
a. *Barbara.*
b. *Séverine.*
c. *Émeline.*
d. *Carmen.*

8.

Si tu veux venir au cinéma avec nous, achète les pop-corn *et ne parle pas à maman de ma petite amie !...*

LEÇON 6
p. 20-21

GRAMMAIRE ET CONJUGAISON

1.

Viens – *venez*. Mange – *mangez*. Arrive – *arrivez*. Joue – *jouez*. Mets – *mettez*. Bois – *buvez*. Va – *allez*.

2.

Mange/mangez plus vite !
Viens/venez me voir !
Va/allez acheter le journal !
Joue/jouez au basket !
Bois/buvez du lait !
Mets/mettez la table !
Arrive/arrivez à l'heure !

3.

– Denis, avant d'aller au collège, fais ta toilette, *prends ton petit déjeuner et prépare tes affaires pour le collège.*
– *À midi, ta sœur et toi, achetez une baguette et mettez la table.*
– *L'après-midi, faites vos devoirs.*

4.

– Allez les enfants, on va prendre le petit déjeuner !
– Maman, nous *mettons* la table ?
– Oui, toi, tu *mets* le café et le lait, et vous, vous *mettez* le pain et la confiture.
– Écoute, Éric, ne *mets* pas la télé si fort, on est en famille.
– Papa, je *mets* du sucre dans ton café ?
– Oui, merci.
– Maman, je peux *mettre* de la confiture sur les tartines ?
– Mais non Ludovic, tu sais que tu fais régime !

5.

Organiser <u>la fête</u> ! – *Organisez-la* !
Faire <u>la décoration de la classe</u> ! *Faites-la* !
Acheter <u>les boissons et les sandwiches</u> ! *Achetez-les* !
Chanter <u>les chansons de Noël</u> ! *Chantez-les* !
Boire et manger ! *Buvez et mangez* !

6.

– Mamy, je prends <u>mon goûter</u> ? – Oui, *prends-le* !
– Je peux manger <u>mon gâteau préféré</u> ? – Oui, *tu peux le manger.*
– Est-ce que je peux regarder <u>les dessins animés</u> ? – Oui, *tu peux les regarder.*
– Tu vas faire <u>les courses</u> ? – Oui, *je vais les faire.*
– Je peux <u>t</u>'accompagner ? – Oui, *tu peux m'accompagner.*
– Alors, je fais <u>mes devoirs</u> après les courses ? – Oui, *fais-les après les courses.*

MOTS ET EXPRESSIONS

7.

Je les préfère blanches. – *Les baskets.*
Je l'aime beaucoup. – *Le tee-shirt, le pull, la jupe, le chapeau, la casquette, la robe.*
Je la trouve trop longue. – *La jupe.*
Je les adore. – *Les chaussures.*
Je les préfère blancs. – *Les jeans.*
Je le déteste, il est vraiment vieux. – *Le chapeau.*

8.

Prépare tes affaires !
Achète des fleurs pour sa maman.
Ne mets pas les pieds sur la table !
Ne mange pas avec les doigts !

Échos 2

p. 22-23

GRAMMAIRE ET CONJUGAISON

1.

– On va faire une tortilla.
– C'est *quoi* la tortilla ?
– C'est une omelette espagnole.
– Et *qu'est-ce qu'*il faut pour faire une omelette espagnole ?
– Il faut *des* œufs, *des* pommes de terre et *de l'*huile.
– Il ne faut pas *de* sel ?
– Mais si. Bien sûr !
– *Combien* d'œufs ?
– Et *combien* de pommes de terre ?
– Et *qu'est-ce qu'*on va manger avec ça ?
– *De la* salade.

2.

– Où est-ce que ta maman *met* le lait ? – Elle *le met* dans le frigo.
– Où est-ce que je peux *mettre* mes vêtements ? – *Tu peux les mettre dans le placard.*
– Où est-ce que tu *mets* ta casquette ? – *Je la mets sur la tête.*

MOTS ET EXPRESSIONS

3. *(Plusieurs possibilités)*
Avant d'aller au lycée, *tu dois prendre ta douche, préparer le petit déjeuner et ranger ta chambre.*
À midi, *il faut acheter le pain, mettre la table et manger.*
À la rentrée du collège, *fais tes devoirs, regarde un peu la télé et prépare ton cartable.*

4.
Si *tu veux gagner un peu d'argent de poche,* passe l'aspirateur !
Si *tu vas à une fête d'anniversaire,* tu dois apporter un cadeau.
Si *on va au Japon,* il faut prendre l'avion.

5.
a. Retrouve les aliments cachés dans le dessin !
une baguette, une bouteille de coca, un paquet de spaghettis, une salade, des côtelettes et une banane.
b. Avec ces aliments on peut faire un repas. Qu'est-ce qu'on peut prendre ?
– comme entrée : *des spaghettis.*
– comme plat : *de la viande* avec *de la salade.*
– comme dessert : *une banane.*
– comme boisson : *un coca.*

6.
L'éléphant est plus grand que le chien. Le chien est aussi grand qu'un chat. L'oiseau est plus petit que le chien.

COMPRÉHENSION ÉCRITE

7.
SuperMarcou se bat contre : ⬚x⬚ des méchants
SuperMarcou a deux objets magiques, retrouve-les ! : *1. Le chapeau 2. Le nez rouge.*
Qu'est-ce qu'il faut faire pour gagner ? *Il faut faire disparaître 113 méchants et 13 super-méchants.*
Qu'est-ce qu'il faut faire pour passer au niveau 2 ? *Il faut faire disparaître 226 méchants et 26 super-méchants.*

EXPRESSION ÉCRITE

8.
Ingrédients : *Des œufs, 4. Du beurre, 40 g. De la farine, 100 g. Du sucre, 100 g. Du chocolat : 1 tablette.*
Recette : *Cassez les œufs et battez-les. Mélangez-les avec le sucre. Ajoutez le beurre et la farine. Ajoutez le chocolat chaud. Mettez le mélange dans le four 35 minutes.*

GRAMMAIRE ET CONJUGAISON

1.

C'est l'après-midi. La pluie ne finit pas de tomber. Boris regarde la télé.

Sa mère : « Boris, *finis* tes devoirs ! »

Boris : « Attends, le film *finit* dans dix minutes. J'aime les films qui *finissent* bien. »

Sa mère : « Oh, Boris, tu *finis* toujours par faire ce que tu veux. Maintenant, les enfants, on mange. Vous *finissez* de mettre la table. »

Boris : « Attends, nous *finissons* de regarder la pub. »

2.

Il n'est pas mal, mon nouveau collège. Il est (+) *plus* grand, mais il y a (–) *moins d'*élèves. Il y a (=) *autant de* classes, elles sont (+) *plus* petites mais (=) *aussi* jolies. À la bibliothèque, il y a (–) *moins de* livres mais (+) *plus d'*ordinateurs. À la cantine, on mange (+) *plus de* pâtes et (–) *moins de* légumes.

Mes copains sont très sympas et les filles sont (+) *plus* belles *que* les filles de mon ancien collège.

Les profs sont, en général, (+) *plus* gentils et (–) *moins* sévères, mais pas la prof d'histoire-géo, elle est (+) *plus* moche et (–) *moins* sympa *que* Mme Pascal, la prof de l'année dernière.

3.

Ce sont des chats, *ils sont* noirs, *ils sont* mignons.

C'est un chanteur, *il est* super ! *C'est* Faudel, *il est* français.

C'est une tour, *c'est* la tour Eiffel, *elle est* très belle.

Ce sont Julia et Benoît, *ce sont* mes amis. *Ils sont* jumeaux, *ils sont* très sympas.

MOTS ET EXPRESSIONS

4.

```
R  S  E  C  O  I  F  F  E  R        R
E  S'       S  S' A  P  P  E  L  E  R
N  O     E                    R     S'
E  C     L              T        S  I
M  C     A           N           E  N
O  U     V        O  R        R  F  S
R  P     E     Ç     E        E  A  C
P  E     R  N        S        V  C  R
E  R     E           U        E  H  I
S  E  R  E  S  S  E  M  B  L  E  R
   E                 A        E  R  E
S  R  E  R  I  T  E  S'       S
```

5.

Elle se lave et elle *se coiffe* quand elle *se lève*.

Pour le dos il est bon de *s'étirer*.

Ils *s'amusent* beaucoup pendant les cours de français.

Je *me promène* dans le parc avec mon chien.

Aujourd'hui, tu *t'occupes* de la vaisselle.

Je veux *m'inscrire* au fan club d'Alizée.

Les gens qui *se ressemblent* finissent toujours par *se rencontrer*.

6.

Voilà le placard d'Isabelle. Voilà le placard de Julia.

Dans le placard de Julia, il y a *plus de pantalons, moins de chemises, moins de pulls et autant de baskets que dans le placard d'Isabelle.*

7.

X, le 7 avril 2005
Chère « amie des copains »,
Je m'appelle… et j'ai 13 ans. J'aime beaucoup un garçon de ma classe mais il ne m'aime pas.
Il est beau, il est brun, il a les yeux verts, il est sympa. Il joue dans l'équipe de basket du collège. Toutes mes copines l'adorent. Mais lui, il préfère Claire, une fille de 4ᵉ.
Moi, je ne suis pas belle et je suis très timide.
Qu'est-ce que je peux faire ?

LEÇON 8
p. 26-27

GRAMMAIRE ET CONJUGAISON

1.

Ajouter : *ajouté*
Arrêter : *arrêté*
Disparaître : *disparu*
Faire : *fait*

Jouer : *joué*
Marcher : *marché*
Raconter : *raconté*
Voir : *vu*

2.

Cendrillon a fait la vaisselle, puis elle *a commencé* à se préparer pour aller à la fête du *château*, mais sa belle-mère *a décidé* de l'enfermer dans sa chambre. Elle *a pleuré,* alors la *fée a utilisé* sa magie pour l'aider : elle *a fait* une belle robe et un *carrosse*.
Cendrillon *a rencontré* le prince, ils *ont dansé* et ils *ont mangé* beaucoup de *gâteaux*.
Cendrillon *a vu* l'horloge : minuit moins cinq ! elle *a disparu* dans son *carrosse* et elle a perdu *une chaussure.*

3.

– On ne doit pas parler en cours.
– Il a *mangé* trop de quiche, il a mal au ventre.
– *Parlez* plus fort, s'il vous plaît !
– Hier, au cours d'Éducation Civique, on a *parlé* des droits des ados.
– Ne *mangez* pas trop de viande, il faut *manger* plus de légumes.

4.

a. Pourquoi est-ce que la police fait une enquête ? *Parce qu'Alix a disparu.* – Pour retrouver Alix.
b. Pourquoi est-ce que Karim pense que Thomas est le jeune homme en noir ? *Parce qu'ils se ressemblent.*
c. Pourquoi est-ce qu'Alix va au concert de Désiré ? *Parce qu'elle l'aime.* – *Pour l'écouter chanter.*
– *Parce que c'est gratuit.*

MOTS ET EXPRESSIONS

5.

Hier, Myriam a mangé un croissant, *elle a fait ses devoirs, elle a regardé la télé et elle a joué au basket.*

6.

a. Pourquoi est-ce qu'il fait la vaisselle ? – Pour aider sa maman. – Parce que sa maman a un bras cassé.
b. Pourquoi est-ce qu'il veut s'inscrire au gymnase ? – *Pour* être en forme. – *Parce qu'il est très gros.*
c. Pourquoi est-ce qu'il prépare un gâteau ? – *Parce que c'est son anniversaire.* – *Pour fêter son anniversaire.*
d. Pourquoi est-ce qu'il regarde la télé ? – *Parce qu'il y a un match de foot.* – *Pour* voir l'équipe de France.

7.

Paul : Je crois que le Brésil va gagner la Coupe du monde.
Robin : Tu as raison. Ils sont super.
Kévin : Tu te trompes ! Je pense que l'Espagne va gagner parce qu'ils jouent très bien.
Paul : Tu rêves ! Ils sont nuls !

LEÇON 9
p. 28-29

GRAMMAIRE ET CONJUGAISON

1.

Verbes en -ER	Verbes en -IR	Verbes en -OIR, -RE
téléphoné, *arrêté, raconté, cassé*	*fini, dormi, choisi*	*vu, perdu, entendu, vendu*

2.

Le participe passé des verbes en -ER finit en *-É.*
Le participe passé des verbes en -IR finit en *-I.*
Le participe passé des verbes en -OIR et en -RE finit en *-U.*

3.

Avoir : *eu.* – Être : *été.* – Écrire : *écrit.* – Faire : *fait.* – Disparaître : *disparu.* – Prendre : *pris.* – Boire : *bu.* – Mettre *mis.*

4.

La star du football français a commencé à jouer au football très jeune. Il *a fait* ses études à Marseille. En 1989, il *a quitté* sa famille pour aller jouer avec l'équipe de Cannes.
Magnifique sportif, il *a joué* dans plusieurs équipes (Cannes, Girondins, Juventus et Real Madrid) et dans l'Équipe nationale de France.
En 1998, il *a gagné* la Coupe du monde et la Coupe des champions.
Il *a habité* en France, en Italie et en Espagne. Il *a épousé* Véronique et ils *ont eu* trois enfants.
Il *a enregistré* un disque pour l'Unicef.
En 2002, il *a gagné* 6 millions d'euros, mais il *a été* triste parce qu'il *a eu* mal à la cuisse et l'Équipe nationale de France *a perdu* la Coupe du monde 2002.

5.

Ces vacances, nous allons faire du camping avec nos parents et la famille Dulac à Pézenas. Nous allons dormir dans *notre* tente et eux, ils vont dormir dans *leur* caravane.
Là-bas, je rencontre toujours *mes* amis Rémy et Bruno, *leurs* parents et *leur* chien Bobby.

6.

a. – Tu connais les « 113 » ? – Non, je ne les connais pas.
– Et tu connais « Lord Kossitty » ? – Non, je *ne le* connais pas. Je ne connais pas trop le hip-hop.
b. – Tu regardes la série *Charmed* à la télé ? – Non, je *ne la* regarde pas.
– Pourquoi ? Tu *ne l'*aimes pas ? – Non, je *ne l'aime pas*, moi. Je *la* trouve nulle.

MOTS ET EXPRESSIONS

7.

C'est son livre. – Ce sont *leurs enfants/leurs parents.* – C'est *leur* voiture. – Ce sont *ses baskets.*

8.

Jade a lavé la salade. Elle a coupé les tomates. Elle a ajouté l'huile et le sel. Elle a mélangé le tout.

9.

– Je veux aller à la fête. – *Tu rêves ! Ce n'est pas possible !*
– C'est Cendrillon ! – *Tu te trompes !*
– Et la fête ? – *C'était top !*

GRAMMAIRE ET CONJUGAISON

1.

– Qu'est-ce que tu fais ? – Je *regarde* la télé. Tu ne le *vois* pas ?
– Et qu'est-ce que tu *as fait*, hier ? – Hier, j'*ai été* avec Pénélope au MacZonald. On *a mangé* un hamburger et on *a bu* un coca. Nous *avons rencontré* Alix… et j'*ai perdu* mes clés.

2.

– Maman, on peut aller à la piscine avec *nos* amis ?
– *Leurs* parents vont vous accompagner ?
– Non, mais *leur* grand frère vient avec nous.
– Mais vous avez rangé *votre* chambre ?
– Oui, maman.
– Bon, d'accord, mais n'oubliez pas *vos* devoirs !

3.

Je n'aime pas Aline ! Je ne *la* trouve *pas* intéressante. Je *ne la* vois pas souvent mais quand on *la* rencontre avec mes copains, elle ne *me/nous* regarde *pas*, elle *ne me/nous* parle pas.

MOTS ET EXPRESSIONS

4.

Sur le bureau de Julia, il y a moins de livres, plus de crayons, autant de cahiers et autant de dictionnaires que sur le bureau d'Isabelle.

5.

– Pourquoi il a une jambe dans le plâtre ? – *Parce qu'il a eu un accident.*
– Pourquoi est-ce qu'il passe l'aspirateur ? – *Pour gagner de l'argent.*

COMPRÉHENSION ÉCRITE

6.

– Où est né Désiré ? À quelle date ? – *À l'île de la Réunion, le 3 mai 1982.*
– Quels sont ses repas préférés ? – *Les spécialités réunionnaises et la pizza aux 4 fromages.*
– Comment est-ce qu'il a commencé dans la chanson ? – *À l'âge de 15 ans, pour des mariages et des fêtes de fin d'année.*
– Qui l'a aidé ? – *Céline Dion et Faudel.*

EXPRESSION ÉCRITE

7.

Le matin, à 10 h 30, elle a téléphoné à sa mamie et puis elle a écrit à Paul. Elle a invité Michel à dîner.
À 13 h, elle a mangé avec sa mamie.
L'après-midi, elle a acheté le cadeau de Kévin et elle a préparé l'examen de français.
À 20 h, elle a dîné avec Michel.

UNITÉ 4
LEÇON 10
p. 32–33

GRAMMAIRE ET CONJUGAISON

1.

En juillet 2002, j'ai voyagé en Espagne avec ma famille. Mon amie Alice *est* venue avec nous. Nous *sommes* allés à Cadix. Nous *avons* mangé tous les jours à 3 heures de l'après–midi, comme les Espagnols !

Le 15 juillet, on *est* partis vers Grenade, on *a* visité l'Alhambra et on *a* vu le Generalife.
Nous *sommes* rentrés en France le 25 juillet. Ces vacances *ont* été formidables. Il *a* fait très chaud mais j'*ai* adoré l'Espagne.

2.
Les voleurs sont entrés par la fenêtre.
Julia et Benoît *sont allés au cinéma.*
Chloé *est venue te voir.*
Hugo *est parti au foot.*
Sandra et Myriam *sont rentrées à 20 heures.*

3.
Hier, mes parents, mon frère et moi, nous sommes allés chez mamie pour son anniversaire. Nous *avons retrouvé* toute la famille ! Mon oncle Édouard *est venu* de Marseille et ma tante Élodie *est venue* de Lille.
Nous *avons mangé* un gros gâteau et nous *avons bu* du champagne. La fête *a été* superbe. Nous *sommes partis* à minuit !

4.
Chloé vient de se laver. Elle *est en train de* s'habiller. Elle *va sortir.*
Tarek *vient de* mettre la table. Il *est en train de* manger. Il *va* faire la vaisselle.

MOTS ET EXPRESSIONS

5.
Il est en train de nager. – *Elle est en train de se baigner.* – *Ils sont en train de se promener.* – *Elles sont en train de bricoler.*

6.
– Tu as froid. Demande à un copain de fermer la fenêtre. – *Tu peux fermer la fenêtre, s'il te plaît ?*
– Tu veux aller à la gare. Demande ton chemin à un monsieur. – *Monsieur, s'il vous plaît, où est la gare ?*

7.
a. – *Allô !*
– *Bonjour* monsieur, *c'est* Myriam. Est-ce que je peux *parler* à Sandra ?
– Oui, bien sûr.
b. – Allô, *je suis bien* au 01 84 58 50 05 ?
– Oui, madame.
– Bonjour, *c'est* madame Alonso, la mère de Julia.

8.
Sandra est allée à la piscine avec ses copains.
Maman a fait un gâteau au chocolat.

9.

C			L						
	R		I		S			S	
	S	E	R	V	I	E	T	T	E
		M	R		U	E	T	T	
		A	E		G			T	
		I		S	N	P		E	
	B	A	L	L	E	O		N	
		L			T	L		U	
		O				M	A	L	
		T				E		I	
						S			R
P	A	R	A	S	O	L			E

LEÇON 11
p. 34-35

GRAMMAIRE ET CONJUGAISON

1.

D'habitude, le dimanche je dors jusqu'à 9 heures. Puis je *prends* mon petit déjeuner et j'*accompagne* ma mère au marché : nous *achetons du* poisson, *de la* viande et nous *choisissons* les fruits.
L'après-midi, quand je *finis* de faire la vaisselle, je *sors* avec mes copains. On *va* au cinéma, on *se promène* ou on *joue* au basket parce qu'on *n'aime pas* le foot.
C'*est* bien parce que mon petit frère *ne vient pas* avec nous et on *peut* rigoler !

2.

– Qu'est-ce que tu as fait hier ? – Je suis resté à la maison toute la journée.
– *Où est-ce que tu es allé ce matin* ? – Ce matin, je suis allé à la bibliothèque.
– *Est-ce que tu as fait ton lit* ? – Oui, j'ai fait mon lit.
– *Pourquoi est-ce que tu es triste* ? – Parce que j'ai eu zéro au contrôle !
– *Elle est arrivée à quelle heure ? Quand est-ce qu'elle est arrivée ?* – Elle est arrivée à 10 h 30.
– *Quel est ton numéro de téléphone ?* – C'est le 01 23 24 25 26.
– *Comment est-ce que tu es venu ?* – Je suis venu en métro.
– *C'est combien ?* – 50 euros et dix centimes.

3.

Hier, j'ai eu un accident de *moto*. Je *suis sorti* du garage, une *voiture est passée* très vite et je *suis tombé*. Alors, j'*ai commencé* à crier. Une dame *a téléphoné* à l'hôpital, une *ambulance est arrivée* et nous *sommes partis* à l'hôpital.
Ma mère *est venue* très inquiète. Les *médecins ont été* très gentils et la police m'*a interrogé*.

4.

Dimanche : Marie se réveille à 7 h. Elle prend son petit déjeuner et elle sort pour acheter le journal. Elle se promène dans les rues solitaires, elle mange, elle regarde la télé, elle dîne et elle se couche.
Samedi, elle a fait la même chose, elle s'est réveillée à 7 h. Elle a pris son petit déjeuner et elle est *sortie pour acheter le journal. Elle s'est promenée dans les rues solitaires, elle a mangé, elle a regardé la télé, elle a dîné et elle s'est couchée.*

5.

Antoine de Saint-Exupéry est né à Lyon en 1900. Il *a étudié* à Paris et en Suisse. Il *a fait* son service militaire dans l'armée de l'air et il *est devenu* pilote. Très jeune, il *a commencé* à écrire.
Entre 1926 et 1931, il *est entré* travailler comme pilote chez Latécoère, et il *est allé* en Amérique du Sud. Il *a essayé* de relier New York à la Terre de Feu, mais il *a eu* un accident et il *est resté* à New York plusieurs mois.
En 1943, il *a écrit* « Le Petit Prince », son livre le plus connu.
Pendant la Seconde Guerre mondiale, il *est parti* en mission et il *a disparu*. Il *est mort* en 1944.

MOTS ET EXPRESSIONS

6.

D'abord, Sandra *a préparé ses affaires de plage*. Ensuite, *elle est allée à la plage. Après, elle s'est baignée. Et puis elle est rentrée à la maison.*

7.

a. Pendant la fête, on a chanté et on a dansé. *Avant, on a acheté des boissons, des sandwiches et des chips et on a décoré la salle. Après, on a rangé la maison.*
b. Pendant le repas, il a regardé la télé. *Avant, il a préparé le repas et il a mis la table. Après, il a fait la vaisselle et il est allé se promener.*

8.
– À la maison : *À la maison, je peux regarder la télé, écouter de la musique, jouer avec mon ordinateur, bricoler, aider ma maman (faire la vaisselle, passer l'aspirateur…) et faire mes devoirs.*
– Au collège : *Au collège, je peux jouer au basket et au football, apprendre, m'amuser et m'ennuyer.*
– Pour t'amuser : *Pour m'amuser, je peux aller au cinéma, à la piscine ou au stade, faire du sport, faire un pique-nique, jouer avec mes amis (aux cartes, au football…), nager, me baigner, me balader, lire un livre ou une revue…*

LEÇON 12
p. 36-37

GRAMMAIRE ET CONJUGAISON

1.

Vous n'êtes pas sortis cette année ?
Je n'ai pas vu mes grands-parents.

Nous ne nous sommes pas amusés.
Ils n'ont pas aimé la pizza.

2.
– Bonjour, chéri ! Tu as fait les courses ? – Non, je n'ai pas fait les courses.
– Alors, Juliette a préparé le repas ? – Non, *elle n'a pas préparé le repas.*
– Julia et Benoît sont arrivés ? – Non, *ils ne sont pas arrivés.*
– Tu es allé chez le docteur ? – Non, *je ne suis pas allé chez le docteur.*
– Tu as téléphoné à ta mère ? – Non, *je n'ai pas téléphoné à ma mère.*
– Mais alors, qu'est-ce que tu as fait ? – Rien.

3.
1b. Hier, Denis et sa maman *sont allés* déjeuner au MacZonald.
2f. D'abord, ils *ont fait* la queue.
3d. Ensuite, ils *ont pris* un BigMacZo, deux paquets de frites, un MacZoPoisson et deux cocas.
4c. Et puis, ils *ont cherché* une table.
5a. Alors, ils ont commencé à manger et quand ils *ont fini*, madame Brunel *a vu* un singe sous une table.
6e. Ils *sont allés* voir le singe et quand ils *sont revenus*, ils *ont vu* le sac ouvert. Elle *a regardé*, elle *a demandé* aux gens mais finalement elle *n'a pas retrouvé* son portefeuille !

MOTS ET EXPRESSIONS

4.
Il n'a pas acheté le CD de McSolaar. *Ils n'ont pas gagné. Ils ne sont pas allés à la plage. Ils ne sont pas entrés au cinéma.*

5.
Hier, elles sont allées au cinéma, elles ont mangé un hamburger et elles ont bu un coca. Elles ont fait leurs devoirs et elles ont joué au tennis.

6.
Paris, le 20 août 2005
Chère mamie,
Je suis allée à Nice avec maman et papa. Il a fait beau.
Je me suis baignée et j'ai fait du cheval. J'ai mangé beaucoup de glaces.
Je n'ai pas regardé la télé et je n'ai pas fait de rollers (ils se sont cassés).
J'ai été très contente parce que je me suis amusée.
Bises.
Blanche.

Échos 4

GRAMMAIRE ET CONJUGAISON

1.

Dimanche dernier, je *suis allée* avec mes grands-parents à Disneyland. Nous *avons pris* le train, nous *sommes partis* de Paris à 9 heures et nous *sommes arrivés* à 10 heures moins le quart. Papy *a acheté* les tickets et nous *sommes entrés*. D'abord, nous *avons fait* le tour dans le petit train et nous *sommes descendus* à Fantasyland. Ensuite, nous *sommes montés* dans beaucoup d'attractions et nous *avons visité* le château de la Belle au Bois Dormant. Mon frère *n'a pas aimé* le château, il est nul ! Mes grands-parents *ne sont pas entrés* dans l'attraction des Pirates. Ils *ont eu* peur !
À 7 heures, nous *avons vu* la parade, c'était génial !

2.

Nous *n'avons pas été* en Suisse !
D'abord, on *s'est réveillés* en retard.
Ensuite, on *n'a pas trouvé* de taxi pour aller à l'aéroport.
Après, on *a oublié* à la maison les billets d'avion.
Et puis, à l'aéroport, on *a perdu* les valises.
Et quelqu'un nous *a volé* les passeports !
Finalement, l'avion *est parti* sans nous et *alors*, on *est rentrés* à la maison. Ensuite, on *a pris* le bus et on *a mis* une heure et demie pour arriver ! Quelle vie de chien !

MOTS ET EXPRESSIONS

3.

Il vient de faire du VTT, il vient de prendre une douche et il vient de préparer un sandwich.

4.

Elle est en train d'écouter de la musique et elle est en train de lire.

5.

Ils vont faire les valises, ils vont prendre l'avion et ils vont partir en vacances.

COMPRÉHENSION ÉCRITE

6.

– Comment s'appelle le père de Louis XIV ? – *Louis XIII.*
– Pourquoi Louis XIV veut agrandir le pavillon de chasse ? – *Pour inviter ses amis parce qu'il fait de grandes fêtes.*
– Combien d'années se sont écoulées entre 1662 et l'installation du roi ? – *20 ans.*
– Cherche le mot qui correspond à la « définition » :
• faire plus grand : *agrandir*
• petite ville : *village*
• maison pour la chasse : *pavillon*
• immeuble, maison, etc. : *bâtiment*

EXPRESSION ÉCRITE

7.

Le 9 juillet, je me suis réveillé à 8 h. J'ai pris le petit déjeuner à 8 h 30 et puis j'ai rangé ma chambre.
De 9 h 30 à 11 h, j'ai eu cours d'anglais et après je me suis baigné à la piscine.
J'ai déjeuné à midi et de 2 h à 3 h j'ai joué avec mes amis aux cartes. Ensuite, je suis allé à la plage et j'ai rigolé avec mes copains.
J'ai dîné à 19 h 30 et après on a fait un jeu de piste.

Le point sur la langue

Exploitation pédagogique

Les fiches photocopiables de *Le point sur la langue* permettent aux apprenants de rassembler les connaissances acquises durant deux unités, soit pratiquement un semestre.

Elles peuvent être aussi très utiles lors des retours de vacances, pour reprendre et réviser les points de langue vus auparavant.

Les élèves peuvent d'abord travailler individuellement ou par deux et la mise en commun collective permettra de faire « le point sur la langue ».

Grammaire

1. Déterminants

En complétant le tableau, qui reprend aussi les définis et indéfinis vus au niveau 1, l'apprenant voit à quelle famille appartiennent les partitifs et à partir de quoi ils sont construits.

Indéfinis	Définis	Partitifs
un	le	du
une	la	de la, de l'
des	les	des

Avec la comparaison entre *un verre d'eau* et *de l'eau*, ils s'arrêtent sur le sens et l'emploi des partitifs.

2. Quantités précises et imprécises

Correction des exercices a et b :

Quantités précises	Quantités imprécises
un peu de	deux litres *de lait, d'eau, de coca*
beaucoup de	un kilo *de tomates, de patates*, etc.
assez de	une tranche *de jambon*
trop de	une bouteille *de lait, d'eau, de coca*
	un carré *de chocolat*
	une cuillère *de sucre en poudre, d'amandes en poudre*

On pourra reprendre les autres quantités évoquées : *la douzaine d'œufs, la tablette de chocolat*, etc.

Et, pour les quantités imprécises, demander aux élèves s'ils ont trop, pas assez, beaucoup de : *heures de cours, devoirs, examens, cours d'EPS, récréations, copains.*

3. Interrogation et négation

a. Tu fais les courses. Quelles questions va te poser le marchand ? Et toi, quelles questions tu vas lui poser ?

Le marchand peut poser les questions suivantes : *Qu'est-ce que tu veux ? Tu en veux combien ?* L'adolescent posera des questions comme : *Est-ce que vous avez des bananes ? C'est combien ?* ou, devant un fruit exotique : *Qu'est-ce que c'est ? C'est quoi ?* Ce qui nous intéresse ici, c'est qu'ils arrivent à se souvenir que :
– pour poser des questions sur la quantité, le prix : *Combien ?*
– pour poser des questions sur une chose : *Quoi ?* ou *Qu'est-ce que ?*

b. La négation
– Je *n'ai pas de* bananes, tu veux acheter des pommes ?
– Non, je *ne veux pas*. Je veux des bananes ou des mandarines.

– Je *n'ai pas de* mandarines.
– Mais, vous *n'avez rien* !

L'idée, ici, est de rappeler que quand on parle de *choses* qu'on n'a pas, on utilise *pas de* (voire *rien*), et quand on parle d'*actions* qu'on ne veut pas faire, on utilise *pas* tout seul.

4. Les pronoms COD

a. *Le, la, les*
L'idée, ici, est de rappeler le sens et l'emploi de *le, la, l', les* à la place de personnes ou de choses.
Il est beau, il joue bien, je l'adore. *Leonardo Di Caprio ou Gérard Depardieu.*
Je le prends pour aller en classe. *Le cartable, l'emploi du temps.*
Je la regarde le soir après les devoirs. *La télé.*

b. Place des pronoms COD
La règle qu'on veut faire retrouver est la suivante. Le pronom COD se trouve :
– avant le verbe en général, dans les phrases affirmatives ;
– après le verbe à l'impératif (phrases affirmatives) ;
– avant le verbe à l'infinitif (et après le verbe conjugué) dans les propositions infinitives, avec des semi-auxiliaires tels que *devoir* ou *pouvoir*.

Mots et expressions

1. Classe les mots que tu connais. Retrouve au moins sept mots par colonne.

Un travail de classement par champ lexical peut aider les apprenants à mémoriser les mots. Cela peut se faire sous forme de jeu du type « Baccalauréat » ; dans un temps donné, le gagnant est celui qui a trouvé le plus de mots.

Correction possible :

À boire	À manger	Pays	Dans la maison
du coca	des glaces	la Suisse	cuillers
du champagne	un gâteau	le Maroc	verres
du lait	des bananes	le Japon	aspirateur
de l'eau	de la viande	le Canada	assiettes
du café	du poisson	la Belgique	four
du thé	du chocolat	la France	canapé
du café au lait	des frites	le Venezuela	salon

2. Pays, nombres et distances : quelle distance il y a entre les sept pays que tu as choisi et ton collège ?

Cela permet de revoir les centaines et les milliers.

Tu as un(e) correspondant(e) dans chaque pays. Il/elle habite au…, en…, aux…

Cela permet de revoir les prépositions avant les noms de pays : *en Suisse, en Belgique, en France, au Canada, au Japon, au Venezuela*… On pourra demander aux élèves de retrouver la règle…

3. Les personnages et leur caractère

Décris les quatre nouveaux personnages du livre. Pour chaque personnage, trouve un trait de son caractère.

On cherche à la fois à reprendre le vocabulaire de la description physique et celui de la description psychologique, enrichis depuis le niveau 1. Il s'agit de faire reprendre des mots et expressions comme *rigolo, gourmand, sympa, snob, mignon, bête, patient, impatient, sérieux, marrant, intelligent, gros, mince, jolie, petit, brun, avoir les cheveux longs, courts, frisés*, etc. Cela peut donner :
Marco : petit blond, gourmand, rigolo, patient.
Karim : mince, grand, brun, frisé, sympa, mignon.
Flore : mince, grande, blonde, mignonne, snob, etc.
Lou : mince, frisée, brune (noire), sympa, sportive.

Conjugaison

1. *Connaître*

Il s'agit ici non seulement de revoir la conjugaison mais de rappeler qu'à partir de celle-ci, on peut conjuguer beaucoup d'autres verbes. On insistera sur la prononciation de *ils connaissent* : /ilkɔnɛs/

Je connais	Nous connaiss*ons*
Tu *connais*	Vous connaissez
Il/elle *connaît*	Ils/elles *connaissent*
On *connaît*	

2. *Prendre, manger, boire, mettre*

Tout d'abord, on placera les verbes dans le tableau, puis on demandera aux apprenants de retrouver oralement les conjugaisons, un apprenant peut aller au tableau et écrire sous la dictée. On fera vérifier ensuite en se servant de l'index de conjugaison à la fin du livre.

Prendre	Boire
Je prends	*Tu bois*
Ils prennent	*Vous buvez*
Mettre	**Manger**
Je mets	*Nous mangeons*
Vous mettez	*Je mange*

Les verbes qui se conjuguent :
– comme *prendre* sont : *apprendre, surprendre, reprendre* ;
– comme *mettre* : *permettre* ;
– comme *manger* : *ranger, échanger.*

On reliera *surprendre* à *surprise* et on fera remarquer que deux verbes bien connus comme *ranger* et *échanger* peuvent maintenant être conjugués. On les conjuguera oralement.

3. Exprimer l'obligation

On reprend ici la même explication que dans le livre, ce travail ne devant pas poser de difficultés.

Tu *dois* ranger ta chambre !	*Devoir* + infinitif
Il *faut* ranger ta chambre !	*Il faut* + infinitif
Range ta chambre !	Impératif

Le point sur la langue

Grammaire

1. Déterminants

Indéfinis	Définis	Partitifs
un	le	du
......	la	......
des	......	......

Compare :
un verre **d'**eau   **un** verre **de** coca
de l'eau   **du** coca

2. Quantités précises et imprécises

un peu de
une tranche de
deux litres de
beaucoup de
assez de
une cuiller de
un kilo de
un carré de
une bouteille de
trop de

a. Classe. Mets d'un côté les quantités imprécises et, de l'autre, les quantités précises.

b. Une tranche de quoi ? Pour chaque quantité précise, indique de quoi il s'agit.

3. Interrogation et négation

a. Tu fais les courses. Quelles questions va te poser le marchand ? Et toi, quelles questions tu vas lui poser ?
Pour poser des questions sur la quantité, le prix : ....

Pour poser des questions sur une chose : ....

b. Le marchand n'a pas tout ce que tu lui demandes. Trouve ce qu'il peut dire et ce que tu peux répondre en utilisant _ne… pas, ne… pas de, ne… rien_.

Le marchand : Je .... bananes, tu veux acheter des pommes ?

Toi : Non, ... Je veux des bananes ou des mandarines.

Le marchand : Je .... mandarines !

Toi : Mais, vous .... !

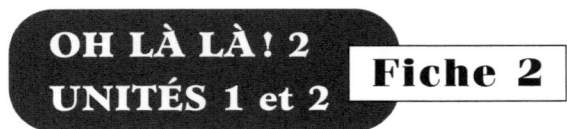

Grammaire (suite)

4. Les pronoms COD

a. Retrouve de quoi ou de qui on parle.
Il est beau, il joue bien, je l'adore.
Je le prends pour aller en classe.
Je la regarde le soir après les devoirs.

la télé,
l'emploi du temps,
le cartable,
Leonardo DiCaprio,
Gérard Depardieu

b. Place des pronoms COD.
Regarde ces trois phrases : où se trouve le pronom COD ?
Retrouve la règle.
Je le prends tous les jours pour aller en classe.
Ton cartable ? Il est là, prends-le !
Tu dois le prendre aujourd'hui : il faut le prendre tous les jours !

Mots et expressions

1. Classe les mots que tu connais. Retrouve au moins sept mots par colonne.

À boire	À m	Pays	Dans la maison
....	....	....	cuillers
....	un gâteau	....	....
....	....	....	....
....	....	....	....
....	....	....	....
....	....	....	....
....	des frites	le Venezuela	salon

2. Pays, nombres et distances : quelle distance il y a entre les sept pays que tu as choisis et ton collège ?

Tu as un(e) correspondant(e) dans chaque pays. Il/elle habite au…, en…, aux…

3. Les personnages et leur caractère

Décris les quatre nouveaux personnages du livre. Pour chaque personnage, trouve un trait de son caractère.

Conjugaison

1. *Connaître*

Complète.

Je connais	Nous connai ....
Tu	Vous connaissez
Il/elle	Ils/elles ....
On	

Beaucoup de verbes se conjuguent comme *connaître* : *paraître, apparaître, disparaître*.

Conjugue-les oralement !

2. *Prendre, manger, boire, mettre*
Mets les verbes conjugués dans la bonne case, puis retrouve la conjugaison entière.

Prendre	Boire
Mettre	**Manger**

Nous mangeons des croissants tous les jours !

Vous buvez du coca.

Ils prennent une douche tous les matins.

Je ne mange pas de pain, ça fait grossir !

Et toi, qu'est-ce que tu bois ?

Au McDonald's, je prends toujours un BigMac !

Vous mettez un pull en hiver.

Je mets mes lunettes.

Cherche ci-dessous les verbes qui se conjuguent comme *prendre*, comme *manger*, comme *mettre*, et conjugue.

Apprendre, changer, chanter, surprendre, venir, échanger, aller, reprendre, bouger, permettre, ranger.

4. Exprimer l'obligation
Comment on fait pour exprimer l'obligation ?

Tu d .... ranger ta chambre !

Il .... ranger ta chambre !

Range ta chambre !

Devoir + ...

.... + infinitif

Impératif

Le point sur la langue

UNITÉS 3 et 4
Exploitation pédagogique

Les fiches photocopiables de *Le point sur la langue* permettent aux apprenants de rassembler les connaissances acquises durant les deux dernières unités, soit pratiquement un semestre, et de les intégrer à ce qui avait été acquis au cours du premier semestre.

Les élèves peuvent d'abord travailler individuellement ou par deux et la mise en commun collective permettra de faire « le point sur la langue ».

Grammaire

1. La comparaison

On reprend ici des éléments vus dans l'unité 2 et dans l'unité 3, rassemblant ainsi les connaissances. Grâce à la question, on pourra faire remarquer que :
– quand il s'agit de quantité, on a *plus* ou *moins* avec *de* (*plus de... que de*) ;
– c'est lorsque la qualité ou la quantité est égale (=) que les mots sont différents : *aussi* et *autant* ;
– la qualité correspond aux adjectifs (et aux adverbes), la quantité aux noms (et aux verbes).

Pour ce qui est de la comparaison des verbes et des adverbes (*il court aussi vite*, *il court autant*), nous suggérons de ne pas en parler particulièrement à ce niveau.

	Qualité	Quantité
+	plus... que	*plus* de (nom) que *de*
–	*moins*... (adjectif) que	moins *de... que de*
=	aussi... (adjectif) que	*autant* de... que de

Quelle est la différence ? Qu'est-ce qu'on emploie avec les adjectifs ?

2. Les pronoms COD

En complétant le tableau, les apprenants ont une vision globale des pronoms COD, dont en fait ils ont acquis le plus difficile au cours des premières unités. Les enseignants qui le désirent peuvent leur faire confronter ce tableau aux conjugaisons des verbes pronominaux. Les apprenants verront alors que seules les 3ᵉ personnes sont différentes.

a. Complète le tableau.

1ʳᵉ pers sing	*me, m'*
2ᵉ pers sing	te, t'
3ᵉ pers sing (masc)	*le*, l'
3ᵉ pers sing (fém)	*la, l'*
1ʳᵉ pers pluriel	*nous*
2ᵉ pers sing	vous
3ᵉ pers pluriel	*les*

b. Place des pronoms COD.

	Phrase affirmative	Phrase négative
Au présent de l'indicatif	Ce croissant, je le mange.	Je ne *le mange pas*.
À l'impératif	Mange-le !	Ne le mange pas !
Avec infinitif	Il faut *le manger*.	Il ne faut pas le manger.

On observe en complétant ce tableau que le pronom COD est juste avant le verbe, même dans les phrases négatives (ou il est après *pas*), la seule exception étant l'impératif dans les phrases affirmatives.

3. Les adjectifs possessifs

C'est son chien, il s'appelle Médor.
Ces chiens sont à M. Higgins. Ce sont *ses* chiens, ils s'appellent Zeus et Apollon.
Ce chat appartient à Marco et Manon : c'est *leur* chat, il s'appelle Mistigri.
Ces chats sont à Lise et Laura : ce sont leurs chats.

Complète le tableau correction.

	Un seul possesseur		plusieurs possesseurs	
	singulier	pluriel	singulier	pluriel
Masculin	mon	*mes*	*notre*	nos
	ton	tes	votre	*vos*
	son	ses	leur	*leurs*
Féminin	ma			
	ta			
	sa			

Les apprenants doivent ici se souvenir des possessifs et retrouver le tableau. On leur demandera de trouver des animaux, des personnes ou des objets qui leur appartiennent ou qu'ils « partagent » avec quelqu'un (un frère, un copain de classe), de manière à pouvoir obtenir des phrases de type : *C'est mon jeu vidéo, C'est notre prof de maths, Ce sont nos livres*, etc.

4. La cause et le but

Réfléchis et complète.
a. Pour demander des explications sur une action, un événement, on pose la question : *Pourquoi* ?
Si on veut donner des explications, c'est-à-dire exprimer la cause, on emploie : *parce que* ou *car*.
Si on veut exprimer le but, on emploie : *pour* + infinitif.

Pour cette partie de conceptualisation, on a ajouté, en plus de ce qui existe dans le livre de l'élève, un mot dont le sens passif a été vu : *car*. On expliquera aux élèves que *car* s'emploie surtout à l'écrit et a le même sens que *parce que*, mais qu'on ne l'emploie pas pour répondre à la question *pourquoi* ?

b. Complète.
Pourquoi il fait nuit plus tôt en hiver ?
Parce que le soleil *est plus loin*… (par exemple)
Pourquoi on doit aller à l'école ?
Pour apprendre beaucoup de choses.
Parce que c'est important d'apprendre…

Conjugaison

1. Au présent de l'indicatif

a. Complète.

	finir	**dormir**	**voir**	**savoir**
Je	finis	*dors*	*vois*	*sais*
Tu	*finis*	dors	*vois*	sais
Il/elle	*finit*	*dort*	voit	*sait*
On	*finit*	*dort*	*voit*	sait
Nous	finissons	*dormons*	voyons	*savons*
Vous	*finissez*	dormez	*voyez*	savez
Ils/elles	finissent	*dorment*	*voient*	*savent*

Les verbes qui se conjuguent :
– comme *finir : choisir*, mais aussi des verbes dont les apprenants peuvent facilement comprendre le sens comme *grossir, grandir, maigrir, remplir, réussir*. On les proposera à cette occasion et on les fera conjuguer ;
– comme *dormir : partir, courir* ;
– comme *voir : croire*.

2. Passé récent, présent progressif, futur proche

On fera remarquer que le point commun est la construction infinitive.

Chacun de ces trois temps s'emploie pour insister sur le caractère « imminent » de l'action (proche du moment de la prise de parole) : c'est là, tout de suite, que ça va se passer, ça vient de se passer, c'est en train de se passer.

Le passé récent s'oppose au passé composé du fait qu'il est plus « récent », justement.

Le futur proche s'oppose au futur simple du fait qu'il est en principe plus proche, plus imminent. (Bien qu'actuellement, dans la réalité, le futur proche prenne souvent la place du futur simple pour des actions à réaliser dans un temps pas si proche que cela.)

Le présent progressif s'oppose au présent de l'indicatif pour **insister** sur le fait que l'action est en cours (car le présent de l'indicatif peut lui aussi indiquer une action en cours).

3. Au passé composé

a. Les auxiliaires *avoir* et *être*
Verbes avec *être* : *naître, monter, tomber, arriver, descendre, partir, mourir...*
Verbes avec *avoir* : *manger, pleurer, boire...*

On reverra les autres verbes et on confirmera en travaillant à partir de la leçon ou de l'index du livre.

On rappellera aussi l'accord du participé passé avec le sujet, lorsqu'on a l'auxiliaire *être*.

b. La négation au passé composé
Avec cet exercice, on rappellera la règle vue en cours : le *ne* se place avant l'auxiliaire, le *pas* après, c'est-à-dire avant le participe passé.

Mots et expressions

1. Cherche l'intrus

Courrier du cœur (rubrique de revue) : tous les autres mots parlent d'enquête policière.
Message (textes écrits, Internet) : tous les autres mots parlent de paysages, de la nature.
Gâteau (nourriture) : tous les autres mots parlent d'activités, de loisirs.

2. Lexique et grammaire

Adjectifs	Verbes	Noms	« Outils grammaticaux »
moche	interroger	niche	pendant
heureux	rechercher	château	avant
triste	fabriquer	bois	après
haut		fan-club	ensuite
large		douche	alors
		surprise	mais
		boum	

On reprendra avec les élèves les outils grammaticaux liés au temps (indicateurs temporels et connecteurs narratifs). Encore une fois, après réflexion de leur part, on les renverra à l'index ou à la leçon du livre.

3. Donner son opinion

Expressions négatives

Pas terrible ! Ce n'est pas juste ! Tu te trompes. Tu as tort. C'est nul ! Tu rêves.

Expressions positives

C'est top ! C'est bien ! D'enfer !

Langage familier

C'est top ! C'est bien ! D'enfer !
C'est nul ! Tu rêves ! Pas terrible !

4. Exprimer ses sensations, ses émotions, ses sentiments

À l'intérieur des leçons, on ne s'est pas arrêté particulièrement sur ces expressions qui ont été vues petit à petit, souvent d'abord en passif puis de façon active. On s'y arrête ici pour que les apprenants aient conscience de tout ce qu'ils savent. On fera attention à ce qu'ils distinguent bien les registres de langue.

a. Donne le contraire de :

j'ai froid	*j'ai chaud*
j'ai peur	*je n'ai pas peur*
je suis content	*je suis triste*
je suis malheureux	*je suis heureux*
je m'ennuie	*je m'amuse*

b. Donne le synonyme de :

j'en ai marre (familier)	*j'en ai assez*
j'ai envie de...	*je veux...*
rire	*rigoler (familier)*

Le point sur la langue

Grammaire

1. La comparaison

Lolita : Il y a autant d'élèves en 4ᵉ B qu'en 4ᵉ D.
Mathieu : Mais les élèves de 4ᵉ B sont plus sympas !
Lolita : Ils sont plus sympas, mais ils sont moins sérieux.
Mathieu : Ce n'est pas vrai : ils sont aussi sympas que les 4ᵉ D et ils sont aussi sérieux !

Retrouve les éléments de la comparaison et complète le tableau.

	Qualité	Quantité
+	plus ... que	... de ... que ...
–	... ... que	moins ... ...
=	aussi ... que	... de ... que de

Quelle est la différence ? Qu'est-ce qu'on emploie avec les adjectifs ?

2. Les pronoms COD

a. Complète le tableau.

1ʳᵉ pers sing	..., m'
2ᵉ pers sing	te, t'
3ᵉ pers sing (masc)	..., l'
3ᵉ pers sing (fém)	..., ...
1ʳᵉ pers pluriel	......
2ᵉ pers sing	vous
3ᵉ pers pluriel	......

b. Place des pronoms COD.

Complète et observe : quand est-ce que la place du COD change ?

	Phrase affirmative	Phrase négative
....	Ce croissant, je le mange.	Je ne ....
À l'impératif	Mange-le !	Ne le mange pas !
Avec infinitif	Il faut	Il ne faut pas le manger.

3. Les adjectifs possessifs

C'est son chien, il s'appelle Médor.
Ces chiens sont à M. Higgins. Ce sont .... chiens, ils s'appellent Zeus et Apollon.
Ce chat appartient à Marco et Manon : c'est .... chat, il s'appelle Mistigri.
Ces chats sont à Lise et Laura : ce sont leurs chats.

Complète le tableau.

	Un seul possesseur		plusieurs possesseurs	
	singulier	pluriel	singulier	pluriel
Masculin	mon	......	......	nos
	......	tes	votre	......
	son	ses	leur	......
Féminin	ma			
	ta			
	......			

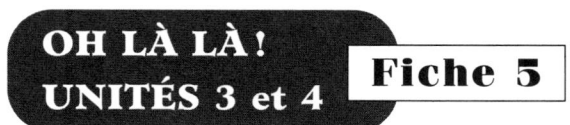

Grammaire (suite)

4. La cause et le but

Réfléchis et complète.

a. Pour demander des explications sur une action, un événement, on pose la question : P .... ?

Si on veut donner des explications, c'est-à-dire exprimer la cause, on emploie : p .... que ou car.
Si on veut exprimer le but, on emploie : .... + infinitif.

b. Complète.

.... il fait nuit plus tôt en hiver ?

Parce que ....

.... on doit aller à l'école ?

.... apprendre beaucoup de choses.

.... c'est important d'apprendre...

Conjugaison

1. Au présent de l'indicatif

a. Complète.

	Finir	Dormir	Voir	Savoir
Je	finis	....	....	....
Tu	....	dors	....	....
Il/elle	....	....	voit	....
On	....	....	....	sait
Nous	finissons	....	voyons	....
Vous	....	dormez	....	savez
Ils/elles	finissent	....	....	....

Retrouve des verbes qui se conjuguent comme *finir*, comme *dormir*, comme *voir*.

2. Passé récent, présent progressif, futur proche

Karim ? Il vient de partir !

Leïla ? Elle est en train de faire ses devoirs.

Bastien ? Il va bricoler un porte-stylo.

Quel point commun ont ces trois temps ? Ils se construisent comment ?

Quand est-ce qu'ils s'emploient ?

Grammaire (suite)

3. Au passé composé

a. Les auxiliaires *avoir* **et** *être*

Retrouve quels verbes se conjuguent avec *avoir*, et quels verbes avec *être*, retrouve les participes passés.

Naître, manger, pleurer, monter, boire, tomber, arriver, descendre, partir, mourir…

Il y a encore d'autres verbes. Rappelle-toi, et cherche dans ton livre !

Au secours, la petite fille est tombée !

Avec l'auxiliaire *être*, **le participe passé s'accorde avec : …**

b. La négation au passé composé

Il est venu	Il n'est pas venu
Il a pris une glace	Il n'a pas pris de glace
Il a tout vu	Il n'a rien vu

Souligne les éléments de la négation et dis où ils se placent.

Mots et expressions

1. Cherche l'intrus

• Suspect, inspecteur, courrier du cœur, témoin, voler, victime
• Mer, montagne, message, campagne, forêt
• Vélo, cheval, gâteau, randonnée, jeu de piste, natation

Tu as trouvé ? Tous les autres mots parlent de : ...

Et le mot intrus, il parle de quoi ? Trouve d'autres mots qui parlent de la même chose.

2. Lexique et grammaire

Adjectifs	Verbes	Noms	Outils grammaticaux
moche			pendant

Classe les mots de cette liste comme dans l'exemple : pendant, moche, interroger, niche, château, triste, bois, avant, rechercher, après, haut, disparaître, d'abord, fan-club, ensuite, fabriquer, alors, douche, mais, surprise, boum, heureux, large.

Dans les outils grammaticaux, quels mots servent à indiquer le temps ? à raconter une histoire ? Tu en connais d'autres ?

3. Donner son opinion

Voici quelques expressions qui servent à donner son opinion.

Lesquelles sont négatives ? Lesquelles sont positives ? Lesquelles appartiennent au langage familier ? Tu connais d'autres expressions ?

C'est top ! Pas terrible ! C'est nul ! Tu te trompes. Tu as tort. Tu rêves. C'est bien ! Ce n'est pas juste ! D'enfer !

4. Exprimer ses sensations, ses émotions, ses sentiments

a. Donne le contraire de :

j'ai froid – j'ai peur – je suis content – je suis malheureux – je m'ennuie

b. Donne le synonyme de :

j'en ai marre – j'ai envie de... – rire

TEST Unité 1

NOM : .... PRÉNOM : ....

CLASSE : .... DATE : ....

GRAMMAIRE

1. Les pronoms COD
Le papa de Thomas, le matin de Noël
a. <u>Ce livre</u>, je .... donne à ta maman.
b. <u>Cette chemise</u>, je .... aime bien ! Je .... porte pour le Nouvel An.
c. <u>Ce jeu vidéo</u>, tu .... veux ?
d. <u>Ces chocolats</u>, je .... adore ! Tu .... manges avec moi ?

2. Lis la lettre d'Alex à Manon, et complète.
Chère Manon,
Comment ça va ? Moi, je suis bien arrivée .... Marseille. C'est sympa. C'est un port. Il y a des bateaux qui vont .... Italie, ... Tunisie, ... Algérie, ... Maroc. Moi, un jour, je vais aller .... États-Unis !

3. Lis l'article du journaliste anglais et conjugue les verbes entre parenthèses.
Nous, le matin, nous (*manger*) .... des œufs et nous (*boire*) .... du thé. Les enfants français (*prendre*) .... le petit déjeuner vers 7 h 30. Ils (*boire*) .... du café au lait ou du chocolat chaud. Leïla (*boire*) .... du thé. En général, ils (*manger*) .... des tartines.

4. Les partitifs, la négation
Le journaliste anglais n'a pas fini son article, lis ses notes et fais une phrase.
Pour les fêtes, en France, il y a : viande ou dinde, marrons, bûche, champagne, mais il n'y a pas : coca-cola, christmas pudding

....

....

VOCABULAIRE

La nourriture
Qu'est-ce qu'on met généralement dans un gâteau ? Cite quatre choses. N'oublie pas l'article !

....

....

La famille
Explique ces deux mots.
La tante : C'est la s .... de la m .... ou du p ....
Le cousin : ....

COMPRÉHENSION ÉCRITE

Lis la suite de la lettre d'Alex et réponds.

Oui, ma tante Catherine habite à New York maintenant, et elle m'invite à venir la voir.
Son mari est américain. Elle a deux petites filles, mes cousines Mélanie et Amélie. Elle travaille dans une librairie qui s'appelle « La librairie française ». Cette année, pour les fêtes, elle vient nous voir à Marseille avec sa famille. Mon père est content, c'est sa sœur préférée ! Moi, j'aime bien mes cousines, mais elles sont petites : 5 et 7 ans. Je ne peux pas faire de basket avec elles !

La tante d'Alex s'appelle .... C'est la sœur de .... Elle habite à .... , elle travaille dans .... Les cousines d'Alex s'appellent .... Elles ont .... Le père des petites filles est .... Alex va retrouver sa tante à ....

TEST Unité 1

NOM : .... PRÉNOM : ....

CLASSE : .... DATE : ....

COMPRÉHENSION ORALE : « À la sortie du cours de gym acrobatique »

Écoute et réponds aux questions.

1. Qui parle ?

    a. ❏ Lou et Karim

    b. ❏ Lou et Bastien

    c. ❏ Lou et Marco

2. La grand-mère de Lou arrive :

    a. ❏ demain

    b. ❏ ce soir

    c. ❏ ce matin

3. Pour venir, la grand-mère de Lou prend :

    a. ❏ le train

    b. ❏ l'avion

    c. ❏ le bateau

4. La grand-mère voyage :

    a. ❏ toute la nuit

    b. ❏ toute la journée

    c. ❏ toute la soirée

5. Comme cadeaux, elle apporte :

    a. ❏ des robes, des livres, des gâteaux

    b. ❏ des robes, des chemises, des bateaux

    c. ❏ des robes, des chemises, des gâteaux

6. Marco préfère :

    a. ❏ la noix de coco

    b. ❏ le chocolat

    c. ❏ les gâteaux aux amandes

EXPRESSION ORALE

Qu'est-ce que tu vas faire pour la Saint-Sylvestre ?
Qu'est-ce que tu vas manger ?
Quels membres de la famille tu vas voir ?

EXPRESSION ÉCRITE

Écris à ton/ta correspondant/e.
Raconte-lui les fêtes de ton pays. Parle de tes cadeaux.
Pose-lui des questions sur les fêtes de son pays.

(Ville) ...., le (date) ....

Cher/chère ....

Comment ça va ? Chez moi ....

....

....

Salut !

Ta signature : ....

Corrigés TEST Unité 1

GRAMMAIRE (6 points)

1. Les pronoms COD. (1,5 point, soit 0,25 par réponse)
Le papa de Thomas, le matin de Noël
a. <u>Ce livre</u>, je *le* donne à ta maman.
b. <u>Cette chemise</u>, je *l'*aime bien ! Je *la* porte pour le Nouvel An.
c. <u>Ce jeu vidéo</u>, tu *le* veux ?
d. <u>Ces chocolats</u>, je *les* adore ! Tu *les* manges avec moi ?

2. Lis la lettre d'Alex à Manon et complète. (1,5 point, soit 0,25 par réponse)
Chère Manon,
Comment ça va ? Moi, je suis bien arrivée *à* Marseille. C'est sympa. C'est un port. Il y a des bateaux qui vont *en* Italie, *en* Tunisie, *en* Algérie, *au* Maroc. Moi, un jour, je vais aller *aux* États-Unis !

3. Lis l'article du journaliste anglais et conjugue les verbes entre parenthèses. (1,5 point, soit 0,25 par réponse)
Nous, le matin, nous *mangeons* des œufs et nous *buvons* du thé.
Les enfants français *prennent* le petit déjeuner vers 7 h 30. Ils *boivent* du café au lait ou du chocolat chaud. Leïla *boit* du thé. En général, ils *mangent* des tartines.

4. Les partitifs, la négation. (1,5 point, soit 0,25 par réponse)
Le journaliste anglais n'a pas fini son article, lis ses notes et fais une phrase.
Pour les fêtes, en France, il y a de la dinde, des marrons, de la bûche, du champagne, mais il n'y a pas de coca-cola, et pas de christmas pudding.

VOCABULAIRE (2 points)

La nourriture. (1 point)
Qu'est-ce qu'on met généralement dans un gâteau ? Cite quatre choses. N'oublie pas l'article !
(0,25 par chose. Si deux articles sont faux, on enlève 0,25.)
Correction possible : *du sucre, de la farine, des œufs, du beurre.*

La famille. (1 point)
Explique ces deux mots. (0,5 par explication. On tient compte de l'orthographe)
La tante : *C'est la sœur de la mère (maman) ou du père (papa).*
Le cousin : *C'est le fils de la tante ou de l'oncle. C'est le neveu de la mère ou du père.*

COMPRÉHENSION ÉCRITE (2 points)

Lis la suite de la lettre d'Alex et réponds. (8 réponses : 0,25 point par réponse)
La tante d'Alex s'appelle *Catherine*. C'est la sœur de *son père*. Elle habite à *New York*, elle travaille dans *une librairie*. Les cousines d'Alex s'appellent *Mélanie et Amélie*. Elles ont *5 et 7 ans*. Le père des petites filles est *américain*. Alex va retrouver sa tante à *Marseille*.

COMPRÉHENSION ORALE : « À la sortie du cours de gym acrobatique » (3 points)
(soit 0,5 point par réponse correcte)

Transcription :

Marco : Eh Lou, tu as l'air contente !

Lou : Oui ! Ma grand-mère arrive demain. Elle prend l'avion ce soir de Martinique !

Marco : Elle est dans l'avion toute la nuit ?

Lou : Eh oui, Marco, c'est loin, la Martinique !

Marco : Elle va t'apporter des cadeaux ?

Lou : Oui, elle a toujours des cadeaux pour toute la famille : des robes, des chemises et des gâteaux à la noix de coco !

Marco : Les gâteaux à la noix de coco, miam, miam… c'est bon ?

Lou : C'est très bon ! J'adore ça !

Marco : Moi, je préfère le chocolat.

1. c ; **2.** a ; **3.** b ; **4.** a ; **5.** c ; **6.** b.

EXPRESSION ORALE (3 points)

(soit 1 point par réponse, par exemple)

On prendra en compte : débit, prononciation/intonation, cohérence de la phrase, correction syntaxique.

Qu'est-ce que tu vas faire pour la Saint-Sylvestre ?

Je vais danser, chanter, jouer, manger des chocolats.

Qu'est-ce que tu vas manger ?

Je vais manger des chocolats, des gâteaux, des bonbons, de la viande…

Quels membres de la famille tu vas voir ?

Je vais voir mon papy, ma mamy, mon oncle, ma tante, mes cousines.

EXPRESSION ÉCRITE (4 points)

Le correspondant peut être réel ou inventé, s'il est inventé, ce peut être le correspondant inventé lors de la leçon 2.

On prendra en compte : cohérence de la phrase, correction syntaxique, orthographe.

Écris à ton/ta correspondant/e.

Raconte-lui les fêtes de ton pays. Parle de tes cadeaux.

Pose-lui des questions sur les fêtes de son pays.

Par exemple :

Madrid, le 12 décembre 2003

Chère Marie-Line,

Comment ça va ? Chez moi, la grande fête, c'est Noël. La famille est là. On mange du turron et de la viande. On a des cadeaux le 6 janvier, pour les Rois. Je vais avoir une trottinette, un CD de Céline Dion.

Et chez toi, c'est quand, les fêtes ? Quand est-ce que tu as des cadeaux ? Qu'est-ce qu'on mange, chez toi, pour les fêtes ? Raconte !

Salut !

Sofia

TEST Unité 2

NOM : .... PRÉNOM : ....

CLASSE : .... DATE : ....

GRAMMAIRE

1. Les pronoms COD
Transforme la phrase : mets des pronoms COD à la place des mots soulignés.

a. Mange tes légumes! .... !

b. Il faut ranger la chambre   Il faut .... !

c. On doit passer l'aspirateur   On ....

d. Mange ton poisson! .... !

e. J'aime regarder la télé   J'aime ....

f. J'aime bien ce gâteau   Je ....

2. *Assez, pas assez,* etc.
Regarde les quantités précises du plateau de Marco à la cantine, et commente!

3 assiettes de frites   Il y a .... de ....

1 steak de 150 g   Il y a .... de ....

10 g de salade   Il ....

Un demi-verre d'eau   ....

2 yaourts aux fruits   ....

3 tranches de pain   ....

3. Complète en conjuguant le verbe entre parenthèses.
La maman de Leïla : Les garçons, vous (*devoir*) .... aider Leïla : Karim, tu (*devoir*) .... aller faire les courses avec elle, tu (*mettre*) .... ton anorak, Leïla (*mettre*) .... son manteau et vous (*aller*) .... au supermarché. Kader et Ali, vous (*mettre*) .... la table.

4. La comparaison
Regarde ces dessins et compare le garçon et la fille.

Il est .... qu'elle. Elle est .... que lui.

Il est .... Elle est ....

Il est .... Elle est ....

VOCABULAIRE

1. La nourriture
Cite deux aliments que tu aimes, deux aliments que tu n'aimes pas

....

2. Donne ton opinion : qu'est-ce que tu dis quand...
a. ton papa donne 3 euros à ton frère et pas à toi !

b. ton papa te donne 5 euros pour la semaine.

c. ta maman ne veut pas t'acheter des baskets à 65 euros.

d. ta maman veut bien t'acheter des baskets à 65 euros, si tu passes l'aspirateur pendant un mois.

....

....

....

....

TEST Unité 2

NOM : ....   PRÉNOM : ....

CLASSE : ....   DATE : ....

COMPRÉHENSION ÉCRITE

Lis la lettre de Manon à Alex et réponds.

Paris, le 10 décembre

Salut Alex,
Ici, à Paris tout va bien, mais papa et maman ne sont pas beaucoup à la maison. Dans la semaine, ils tra-
vaillent, et le samedi ils font du sport, de la course à pied. Le samedi, c'est moi qui fais la cuisine, Marco passe
l'aspirateur, on met la table et ensuite papa et maman arrivent avec un dessert : une glace ou des gâteaux. Après,
c'est Marco qui fait la vaisselle : il veut gagner de l'argent pour ses vêtements de clown. L'après-midi, on va au
cinéma avec eux, ou alors à 13ᵉ J, et le soir on mange des pizzas devant la télé.
Bisous, Manon

1. Le samedi, qui fait quoi ?

	Faire la vaisselle	Passer l'aspirateur	Apporter un dessert	Mettre la table	Faire la cuisine	Faire du sport	Manger des pizzas
Les parents							
Marco							
Manon							

2. Qu'est-ce que font Marco et Manon le samedi après-midi ? Donne les deux possibilités.

EXPRESSION ÉCRITE

Tu es Alex, réponds à Manon et dis-lui ce que tu fais chez toi, ce que tu fais le samedi, avec tes parents...
Par exemple :

Marseille, le 12 décembre 2003

Chère Manon
Comment ça va ? Moi, à Marseille, je suis contente. À la maison, le samedi ....
...
...
...

Mille bises ! Alex

TEST Unité 2

NOM : ....   PRÉNOM : ....

CLASSE : ....   DATE : ....

COMPRÉHENSION ORALE : « Les devoirs de famille »

Écoute et réponds aux questions.

1. Qui parle ?
- **a.** ❏ Bastien et son papa
- **b.** ❏ Thomas et Karim
- **c.** ❏ Thomas et Bastien

2. Ils parlent de :
- **a.** ❏ devoirs du collège
- **b.** ❏ tâches ménagères
- **c.** ❏ filles

3. Si Thomas veut aller au cinéma, il doit :
- **a.** ❏ passer l'aspirateur
- **b.** ❏ faire ses devoirs
- **c.** ❏ faire la vaisselle

4. Si Thomas veut inviter des copains, il doit :
- **a.** ❏ ranger sa chambre
- **b.** ❏ faire ses devoirs
- **c.** ❏ faire les courses

5. Le copain de Thomas :
- **a.** ❏ met la table
- **b.** ❏ fait les courses
- **c.** ❏ range sa chambre
- **d.** ❏ ne met pas la table
- **e.** ❏ ne fait pas les courses
- **f.** ❏ ne range pas sa chambre

6. Thomas trouve que c'est bien de :
- **a.** ❏ ranger sa chambre
- **b.** ❏ manger sa soupe
- **c.** ❏ ranger le salon

EXPRESSION ORALE

1. Qu'est-ce que tu fais à la maison ? Qu'est-ce que tu aimes faire ? Qu'est-ce que tu détestes faire ?
2. Tu vas faire les courses à l'épicerie, joue la scène avec un copain.
3. La condition
Bastien veut faire du foot et s'acheter un jeu vidéo : sa maman pose ses conditions.

Si ....

Si ....

Corrigés TEST Unité 2

GRAMMAIRE (6 points)

1. Les pronoms COD. (1,5 point, soit 0,25 par réponse)
Transforme la phrase : mets des pronoms COD à la place des mots soulignés.

a. Mange <u>tes légumes</u> !	*Mange-les* !
b. Il faut ranger <u>la chambre</u>	Il faut *la ranger* !
c. On doit passer <u>l'aspirateur</u>	On *doit le passer*
d. Mange <u>ton poisson</u> !	*Mange-le* !
e. J'aime regarder <u>la télé</u>	J'aime *la regarder*
f. J'aime bien <u>ce gâteau</u>	Je *l'aime bien* !

2. *Assez, pas assez,* etc. (1,5 point, soit 0,25 par réponse)
Regarde les quantités précises du plateau de Marco à la cantine, et commente !
Les possibilités sont variées selon les goûts des élèves… à commenter ensuite… pour parler de régime équilibré et de la gourmandise de Marco ! On tiendra compte du sens et bien sûr du bon emploi des expressions de quantité, même à la forme négative.
Correction possible :

3 assiettes de frites	Il y a *trop/beaucoup* de *frites.*
1 steak de 150 g	Il y a *assez* de *viande/steak.*
10 g de salade	Il *n'y a pas beaucoup/pas assez* de *salade.*
	Il y a un peu de salade.
Un demi-verre d'eau	Il *n'y a pas beaucoup* d'eau.
	Il y a assez d'eau/un peu d'eau.
2 yaourts aux fruits	Il y a *assez* de *yaourts, trop* de *yaourts.*
3 tranches de pain	Il y a *beaucoup* de *pain, trop* de *pain, assez* de *pain.*

3. Complète en conjuguant le verbe entre parenthèses. (1,5 point, soit 0,25 par réponse)
La maman de Leïla : les garçons, vous *devez* aider Leïla : Karim, tu *dois* aller faire les courses avec elle, tu *mets* ton anorak, Leïla *met* son manteau et vous *allez* au supermarché. Kader et Ali, vous *mettez* la table.

4. La comparaison. (1,5 point, soit 0,25 par réponse)
Regarde ces dessins et compare le garçon et la fille.

Il est *plus grand* qu'elle.	Elle est *plus petite-moins grande* que lui.
Il est *aussi brun qu'elle.*	Elle est *aussi brune que lui.*
Il est *moins beau/mignon qu'elle.*	Elle est *plus mignonne/jolie/belle que lui.*

VOCABULAIRE (2 points)

1. La nourriture
Cite deux aliments que tu aimes, deux aliments que tu n'aimes pas. (1 point, soit 0,25 par réponse)
Par exemple :
J'aime le poisson, les frites. Je n'aime pas la soupe, la pizza surgelée.

2. Donne ton opinion : qu'est-ce que tu dis, quand… (1 point, soit 0,25 par réponse)
a. ton papa donne 3 euros à ton frère et pas à toi !
Ce n'est pas juste ! je ne suis pas d'accord / Ce n'est pas normal !
b. ton papa te donne 5 euros pour la semaine.
Merci ! C'est bien ! Ce n'est pas assez !
c. ta maman ne veut pas t'acheter des baskets à 65 euros.
Ce n'est pas juste ! 65 euros, ce n'est pas cher !
d. ta maman veut bien t'acheter des baskets à 65 euros, si tu passes l'aspirateur pendant un mois
Je ne suis pas d'accord ! Ce n'est pas juste ! C'est trop ! ou Ok ! D'accord ! C'est juste ! C'est normal ! C'est bien !

COMPRÉHENSION ÉCRITE (2 points)

1. Le samedi, qui fait quoi ? (1 point)

	Faire la vaisselle	Passer l'aspirateur	Apporter un dessert	Mettre la table	Faire la cuisine	Faire du sport	Manger des pizzas
Les parents			X			X	X
Marco	X	X		X			X
Manon				X	X		X

De 1 à 3 erreurs : 0,5 point.
Plus de 3 erreurs : on enlève le point entier.

2. Qu'est-ce que font Marco et Manon le samedi après-midi ? Donne les deux possibilités (1 point, soit 0,5 par bonne réponse).
Aller à 13e J, aller au cinéma avec les parents.

EXPRESSION ÉCRITE (4 points)
Tu es Alex, réponds à Manon et dis-lui ce que tu fais chez toi, ce que tu fais le samedi, avec tes parents…

Par exemple

Marseille, le 12 décembre 2003

Chère Manon
Comment ça va ? Moi, à Marseille, je suis contente. À la maison, le samedi après-midi, on regarde la télé. Et puis on va se promener dans la ville ou au bord de la mer. On fait les courses. Le soir, je fais la cuisine : des pizzas surgelées ou des sandwichs ! Et puis, on joue aux cartes avec les voisins !
Mille bises ! Alex

Corrigés TEST Unité 2

COMPRÉHENSION ORALE : « Les devoirs de famille » (3 points)
(soit 0,5 point par question)
« Les devoirs de famille »
Thomas : Tu fais beaucoup de choses à la maison, toi, Bastien ?
Bastien : Oui, et toi ?
Thomas : Moi, si je veux aller au cinéma, je dois passer l'aspirateur dans le salon !
Bastien : Pas moi ! C'est ma mère qui passe l'aspirateur !
Thomas : Et si je veux inviter des copains, je dois faire les courses.
Bastien : Chez moi, c'est ma mère qui fait les courses.
Thomas : Et je dois mettre la table tous les jours !
Bastien : C'est ma sœur qui met la table !
Thomas : Ben et toi, qu'est-ce que tu fais ?
Bastien : Si je veux faire du foot, je dois ranger ma chambre !
Thomas : Mais, ça, c'est normal ! C'est bien !
Bastien : Ah non, je ne suis pas d'accord !

1. c ; **2.** b ; **3.** a ; **4.** c ; **5.** c, d, e (si une seule erreur : 0 à la question) ; **6.** a.

EXPRESSION ORALE (3 points)
(soit 1 point par réponse, par exemple)
On prendra en compte : débit, prononciation/intonation, cohérence de la phrase, correction syn-taxique.
1. Qu'est-ce tu fais à la maison ? Qu'est-ce que tu aimes faire ? Qu'est-ce que tu détestes faire ?
Correction possible :
Je fais les courses, je mets la table, je fais la cuisine, je fais la vaisselle.
J'aime faire la cuisine, je déteste faire la vaisselle.

2. Tu vas faire les courses à l'épicerie, joue la scène avec un copain.
On recommande ici de donner une liste préalable pour faire jouer la scène. *Exemple :*
– Bonjour, je voudrais des carottes.
– Tu en veux combien ?
– Un kilo, s'il vous plaît.
– C'est tout ?
– Non, je voudrais du pâté et des yaourts.
– Combien ?
– 100 g de pâté et 4 yaourts.

3. La condition
Bastien veut faire du foot et s'acheter un jeu vidéo : sa maman pose ses conditions.
Correction possible :
SI tu veux faire du foot, cette année, tu dois faire tes devoirs.
Si tu veux un jeu vidéo, il faut le gagner ! Tu dois aider à la maison.

TEST Unité 3

NOM : ....   PRÉNOM : ....

CLASSE : ....   DATE : ....

GRAMMAIRE

1. Géographie. Compare les quantités et complète.

a. Dans le monde, il y a (+) .... Chinois .... Français.

b. En Europe, il y a (–) .... Suisses .... Français.

c. En Europe, il y a (=) .... Espagnols .... Polonais.

d. Il y a (+) .... animaux domestiques à Londres .... à Athènes.

2. Rois et présidents. Complète avec un possessif.

a. Élisabeth II est la reine d'Angleterre. Pour les Anglais, c'est .... reine !

b. Nous, les Français, nous avons un président : .... président s'appelle Jacques Chirac.

c. Les Espagnols ont un roi, et aussi un prince, le fils du roi Juan Carlos. Comment s'appelle .... fils ?

d. Et vous, comment s'appelle .... roi ? .... reine ? .... président ?

3. Complète.

M. Pichon et son fils Thomas sont au supermarché, ils (*choisir*) .... des fruits pour le dessert. Thomas (*vouloir*) .... des bananes et M. Pichon, des fraises. Ils (*finir*) .... par acheter des bananes et des fraises. Thomas dit : « Si on mélange les fraises et les bananes avec du yaourt, on (*finir*) .... par avoir un très bon dessert ! » Son papa répond : « Je (*croire*) .... que c'est une bonne idée ! » Et vous, qu'est-ce que vous (*croire*) .... ?

4. À Versailles. Mets cette histoire au passé.

Le roi Louis XIV	Le roi Louis XIV
prend son petit déjeuner	....
boit son café	....
il regarde par la fenêtre	....
il voit un oiseau	....
l'oiseau vole son croissant	....
le roi demande un autre croissant	....
il finit son petit déjeuner	....
et il met sa perruque !	....

5. Ils n'aiment rien !

Termine les phrases en transformant les mots soulignés par des pronoms COD.

a. Vous connaissez le chanteur Alpha Blondy ?   Non, nous .... !

b. Vous aimez Céline Dion ?   Non, nous .... !

c. Vous aimez les L5 ?   Non, nous .... !

d. Et nous, vous nous aimez ?   Non, nous .... !

VOCABULAIRE

1. Cite quatre mots qu'on trouve dans les enquêtes policières.

....

2. Trouve le mot familier pour :

Laid : ....

Tu te trompes ! : ....

TEST Unité 3

NOM : .... PRÉNOM : ....

CLASSE : .... DATE : ....

COMPRÉHENSION ÉCRITE

Le « collier de la reine » a disparu !

Hier après-midi, à la rédaction de la revue Copains, on a choisi « la reine des fans » de Désiré, le célèbre chanteur. C'est une jeune fille de 14 ans, Aude Scherer, qui a gagné le concours. La revue Copains et le club des fans ont donné à la nouvelle « reine » un très joli collier en argent, avec le portrait de Désiré. Et puis la fête a commencé : boissons sucrées, chips et rythmes endiablés ! Aude a même dansé avec son chanteur préféré !!! Les fans ont dansé et chanté pendant deux heures, et puis ils ont pensé à rentrer chez eux. Mais Aude a préféré rester. Quand la fête a fini, Aude a mis la main à son cou et elle a crié : « Mon collier ! »... Plus de collier...

1. Hier après-midi, il y avait une fête.

Où ? ....

Pour quoi faire ? ....

2. La reine des fans s'appelle .... Quel âge elle a ? ....

3. Qu'est-ce qu'elle a gagné ? Qu'est-ce qu'elle a perdu ?

4. Qu'est-ce qu'ont fait les fans hier après-midi ? Qu'est-ce qu'ils ont mangé ?

....

EXPRESSION ÉCRITE

Fait divers familial

Quelque chose dans ta maison a disparu. Raconte l'histoire comme un fait divers. Donne un titre, trouve une victime, un suspect ou un coupable, etc. Aide-toi des dessins.

TEST Unité 3

NOM : .... PRÉNOM : ....

CLASSE : .... DATE : ....

COMPRÉHENSION ORALE : « Au commissariat »

Écoute et réponds aux questions.

1. L'inspecteur parle avec :
- **a.** ❑ Thomas
- **b.** ❑ Karim
- **c.** ❑ Dany

2. Le garçon interrogé a :
- **a.** ❑ 13 ans
- **b.** ❑ 15 ans
- **c.** ❑ 16 ans

3. La mobylette est :
- **a.** ❑ âgée
- **b.** ❑ cassée
- **c.** ❑ passée

4. Le garçon a eu un accident :
- **a.** ❑ à une fête
- **b.** ❑ hier
- **c.** ❑ le jour d'un concert

5. Le garçon a eu un accident :
- **a.** ❑ tout seul
- **b.** ❑ avec un garçon
- **c.** ❑ avec une fille

6. Après l'accident, qu'est-ce qu'il a fait ?
- **a.** ❑ il est allé à l'hôpital
- **b.** ❑ il a appelé ses parents
- **c.** ❑ il a appelé les parents de…

EXPRESSION ORALE

1. Jeu de rôles. Explique à ton père comment tu as cassé tes lunettes.

2. Tu as été à un concert ? à une fête ? Raconte ce que tu as fait.

Corrigés TEST Unité 3

GRAMMAIRE (6,5 points)

1. Géographie. Compare les quantités. (1 point, soit 0,25 par réponse)
a. Dans le monde,il y a (+) *plus de* Chinois *que de* Français.
b. En Europe, il y a (–) *moins de* Suisses *que de* Français.
c. En Europe, il y a (=) *autant d'*Espagnols *que de* Polonais.
d. Il y a (+) *plus d'*animaux domestiques à Londres *qu'*à Athènes.

2. Rois et présidents. Complète avec un possessif. (1 point, soit 0,25 point par réponse)
a. Élisabeth II est la reine d'Angleterre. Pour les Anglais, c'est *leur* reine !
b. Nous, les Français, nous avons un président *: notre* président s'appelle Jacques Chirac.
c. Les Espagnols ont un roi, et aussi un prince, le fils du roi Juan Carlos. Comment s'appelle *son* fils ?
d. Et vous, comment s'appelle *votre* roi ? *votre* reine ? *votre* président ?

3. Complète. (1,5 point, soit 0,25 point par verbe)
M. Pichon et son fils Thomas sont au supermarché, ils *choisissent* des fruits pour le dessert. Thomas *veut* des bananes et M. Pichon, des fraises. Ils *finissent* par acheter des bananes et des fraises. Thomas dit : « Si on mélange les fraises et les bananes avec du yaourt, on *finit* par avoir un très bon dessert ! » Son papa répond : « Je *crois* que c'est une bonne idée ! » Et vous, qu'est-ce que vous *croyez* ?

4. À Versailles. Mets cette histoire au passé. (2 points, soit 0,25 par phrase)

Le roi Louis XIV	Le roi Louis XIV
prend son petit déjeuner	*a pris son petit déjeuner*
boit son café	*a bu son café*
il regarde par la fenêtre	*a regardé par la fenêtre*
il voit un oiseau	*a vu un oiseau*
l'oiseau vole son croissant	*l'oiseau a volé son croissant*
le roi demande un autre croissant	*le roi a demandé un autre croissant*
il finit son petit déjeuner	*il a fini son petit déjeuner*
et il met sa perruque !	*et il a mis sa perruque !*

5. Ils n'aiment rien ! (1 point, soit 0,25 par phrase)
Termine les phrases en transformant les mots soulignés par des pronoms COD.
a. Vous connaissez le chanteur Alpha Blondy ?   Non, nous *ne le connaissons pas* !
b. Vous aimez Céline Dion ?   Non, nous *ne l'aimons pas* !
c. Vous aimez les L5 ?   Non, nous *ne les aimons pas* !
d. Et nous, vous nous aimez ?   Non, nous *ne vous aimons pas* !

VOCABULAIRE (1,5 point)

1. Cite quatre mots qu'on trouve dans les enquêtes policières. (1 point)
Par exemple : *la police, l'inspecteur, un suspect, un coupable, un témoin.*
2. Trouve le mot familier pour : (0,5 point)
Laid : *Moche*
Tu te trompes ! : *Tu rêves !*

COMPRÉHENSION ÉCRITE (2 points)

(soit 0,25 point par réponse)
1. Hier après-midi, il y avait une fête : *à la rédaction de la revue* Copains, *pour choisir la reine des fans de Désiré.*
2. La reine des fans s'appelle *Aude Scherer, elle a 14 ans.*
3. Elle a gagné *un collier,* et elle a perdu *son collier !*
4. *Les fans ont dansé et mangé des chips.*

EXPRESSION ÉCRITE (4 points)

Fait divers familial
Quelque chose dans ta maison a disparu. Raconte l'histoire comme un fait divers. Donne un titre, trouve une victime, un suspect ou un coupable, etc. Aide-toi des dessins.
On tiendra compte de l'adéquation à la situation, du bon emploi de *chercher/retrouver/trouver*, du bon emploi du passé composé.

Par exemple :

Hier, maman a perdu sa montre. Elle a crié. Papa, maman, mon frère et moi, on a cherché dans le salon. Mon frère a retrouvé le stylo de papy. Maman a retrouvé la pipe de papa. J'ai vu le portable de mon frère dans le frigo. Et la montre ? On a trouvé la montre... sous le chat !

COMPRÉHENSION ORALE : « Au commissariat » (3 points)

Transcription :
L'inspecteur : D'abord, dis-moi ton nom.
Dany : Dany, enfin, Daniel Launay.
L'inspecteur : Tu as quel âge, exactement ?
Dany : 16 ans !
L'inspecteur : Et tu as une mobylette ?
Dany : Non, enfin oui, mais elle est cassée.
L'inspecteur : Quand est-ce que tu l'as cassée ?
Dany : Je ne me rappelle pas.
L'inspecteur : Eh bien rappelle-toi !
Dany : Le jour du concert de Désiré, j'ai eu un petit accident.
L'inspecteur : Et Alix Dumonteil, elle a eu un accident aussi ? Alix Dumonteil, elle était avec toi ?
Dany : Euh oui... Je l'ai emmenée à l'hôpital, elle a le bras cassé !
L'inspecteur : Et tu as pensé à ses parents ????
Dany : Non... Enfin, oui, mais... J'ai perdu le numéro de téléphone !

1. c ; **2.** c ; **3.** b ; **4.** c ; **5.** c ; **6.** a.

EXPRESSION ORALE (3 points)

Selon comment on réalise l'évaluation, on peut donner ces deux activités à la suite, ou au choix.

1. Jeu de rôles. Explique à ton père comment tu as cassé tes lunettes.
Par exemple :
– Euh, papa, j'ai cassé mes lunettes.
– Tu as cassé tes lunettes ? Comment ?
– Je suis allé en cours d'EPS. J'ai posé les lunettes par terre. Le prof a marché dessus (sur les lunettes) / j'ai marché dessus.

2. Tu as été à un concert ? À une fête ? Raconte ce que tu as fait.
Par exemple :
J'ai apporté des chips, du coca, de la musique.
J'ai bu du coca.
J'ai dansé avec des filles, des garçons.
J'ai écouté la musique.
J'ai mangé des chips, des gâteaux.

TEST Unité 4

NOM : .... PRÉNOM : ....

CLASSE : .... DATE : ....

GRAMMAIRE

1. *Aller, venir de, être en train de*
Complète.

Dany est sur sa mobylette, il .... chanter… Attention, il .... tomber !
Ça y est ! Il .... tomber ! Maintenant, il ne chante plus, il .... pleurer !

2. Mets ce récit dans l'ordre et ajoute des connecteurs et des indicateurs temporels.

a. Et .... , il s'est endormi dans un sarcophage !

b. .... , il a acheté son billet.

c. L'homme est allé au musée du Louvre.

d. .... , il est allé dans les salles égyptiennes.

e. .... , il a fait la queue .... trois heures.

3. Conjugue au passé composé les verbes entre parenthèses.

Napoléon Bonaparte (naître) .... en Corse en 1769. Il *(partir)* .... à Paris
pour la Révolution. Il *(devenir)* .... général, puis il *(être)* .... consul en 1799.
Il *(faire)* .... beaucoup de campagnes militaires : la Russie, l'Égypte, etc.
Il *(vouloir)* .... devenir empereur, en 1804. Il *(se marier)* .... avec Joséphine.
Il *(mourir)* .... à Sainte-Hélène en 1821.

4. Mets au passé composé.
Pendant l'excursion, voilà ce que les garçons ont fait.

Partir à l'aventure   Les garçons .... à l'aventure.

Boire de l'eau fraîche   Ils ....

Nager dans la rivière   Ils ....

Revenir à la bergerie   Ils ....

5. Utilise la négation avec les phrases précédentes.

Pendant ce temps-là, les filles sont restées à la bergerie, et donc :

Elles ne .... à l'aventure.

Elles ....

Elles ....

Elles ....

VOCABULAIRE

1. Qu'est-ce que tu emportes quand tu vas à la plage ? Pense à quatre choses.

....

2. Le jeu des définitions : retrouve le mot.

Un endroit où il y a des attractions ....

Un endroit où il y a des arbres et des animaux ....

Un endroit où il y a des poissons ....

TEST Unité 4

NOM : ....   PRÉNOM : ....

CLASSE : ....   DATE : ....

COMPRÉHENSION ÉCRITE

Le mont Blanc

Vous connaissez le mont Blanc ? C'est la plus haute montagne d'Europe, dans la chaîne des Alpes. C'est une montagne de 4 810 m, entre la Suisse et la France. On peut passer d'un pays à l'autre par un tunnel. En hiver, on fait beaucoup de ski, en particulier dans la vallée de Chamonix. En été, on fait de la randonnée ; il y a aussi beaucoup d'activités culturelles : des concerts de musique classique, du théâtre, du cirque… Si on n'aime pas marcher, on peut aussi voir le paysage en prenant le *tramway du Montblanc* : c'est le train le plus haut de France. En été, il va jusqu'au pic du Nid d'aigle, à 2 372 m d'altitude.

a. Où se trouve le mont Blanc ?

....

b. Qu'est-ce qu'on fait à Chamonix en hiver ?

....

c. En été, qu'est-ce qu'on fait ?

....

d. Il y a un train qui va à 2 372 m d'altitude : comment s'appelle ce train ?

....

EXPRESSION ÉCRITE

Décris l'endroit où tu vas passer tes vacances : comment c'est ? Qu'est-ce qu'on peut faire comme sports, comme activités, etc. ?

....

....

....

....

....

....

....

....

....

....

....

....

TEST Unité 4

NOM : .... PRÉNOM : ....

CLASSE : .... DATE : ....

COMPRÉHENSION ORALE : « En septembre »

Écoute et réponds aux questions.

1. Karim et Flore parlent :
   a. ❏ du week-end
   b. ❏ des vacances
   c. ❏ du collège

2. Flore est allée :
   a. ❏ à la montagne
   b. ❏ à la campagne
   c. ❏ au Maroc

3. Karim :
   a. ❏ est parti
   b. ❏ n'est pas parti

4. Leïla :
   a. ❏ est partie
   b. ❏ n'est pas partie

5. Elle est partie :
   a. ❏ au Maroc
   b. ❏ à la montagne
   c. ❏ près de Bordeaux

6. Les colonies de vacances, c'est :
   a. ❏ partir avec les parents
   b. ❏ partir avec d'autres ados

EXPRESSION ORALE

1. Tu veux prendre le tramway du Montblanc. Téléphone pour savoir les horaires et les prix.

2. Qu'est-ce que tu vas faire pendant ces vacances ? Qu'est-ce que tu as fait l'été dernier ?

Corrigés TEST Unité 4

NOM : .... PRÉNOM : ....

CLASSE : .... DATE : ....

GRAMMAIRE (6,5 points)

1. *Aller, venir de, être en train de.* (1 point, soit 0,25 par réponse)
Complète.
Dany est sur sa mobylette, il *est en train de* chanter… Attention, il *va* tomber ! Ça y est ! Il *vient de* tomber ! Maintenant, il ne chante plus, il *est en train de* pleurer !

2. Mets ce récit dans l'ordre et ajoute des connecteurs et des indicateurs temporels. (1,5 point, soit 0,25 par réponse)
c. L'homme est allé au musée du Louvre.
e. *D'abord*, il a fait la queue *pendant* trois heures.
b. *Ensuite*, il a acheté son billet.
d. *Alors/après*, il est allé dans les salles égyptiennes.
a. Et *finalement*, il s'est endormi dans un sarcophage !

3. Conjugue au passé composé les verbes entre parenthèses. (2 points)
Napoléon Bonaparte *est né* en Corse en 1769. Il *est parti* à Paris pour la Révolution. Il *est devenu* général, puis *a été* consul en1799.
Il *a fait* beaucoup de campagnes militaires : la Russie, l'Égypte, etc. Il *a voulu* devenir empereur, en 1804. Il *s'est marié* avec Joséphine. Il *est mort* à Sainte-Hélène en 1821.

4. Mets au passé composé. (1 point, soit 0,25 par réponse)
Pendant l'excursion, voilà ce que les garçons ont fait.

Partir à l'aventure	Les garçons *sont partis* à l'aventure.
Boire de l'eau fraîche	Ils *ont bu de l'eau fraîche.*
Nager dans la rivière	Ils *ont nagé dans la rivière.*
Revenir à la bergerie	Ils *sont revenus à la bergerie.*

5. Utilise la négation avec les phrases précédentes. (1 point, soit 0,25 par réponse)
Pendant ce temps-là, les filles sont restées à la bergerie, et donc :
Elles ne *sont pas parties* à l'aventure.
Elles n'*ont pas bu d'eau fraîche.*
Elles n'*ont pas nagé dans la rivière.*
Elles ne *sont pas revenues à la bergerie.*

VOCABULAIRE (1,5 point)

1. Qu'est-ce que tu emportes quand tu vas à la plage ? (1 point)
On acceptera quatre mots parmi : *maillot de bain, serviette, tongues, palmes, parasol, crème solaire.*

2. Le jeu des définitions : retrouve le mot. (0,5 point)

Un endroit où il y a des attractions	*parc de loisirs* ou *parc d'attractions*
Un endroit où il y a des arbres et des animaux	*forêt*
Un endroit où il y a des poissons	*mer*

COMPRÉHENSION ÉCRITE (2 points)

(soit 0,5 point par réponse)
Où se trouve le mont Blanc ? *Entre la Suisse et la France, en Europe.*
Qu'est-ce qu'on fait à Chamonix en hiver ? *En hiver, on fait du ski.*

En été, qu'est-ce qu'on fait ? *De la randonnée et des activités culturelles.*
Il y a un train qui va à 2 372 m d'altitude : comment s'appelle ce train ?
Le tramway du Montblanc.

EXPRESSION ÉCRITE (4 points)

Décris l'endroit où tu vas passer tes vacances : comment c'est ? Qu'est-ce qu'on peut faire comme sports, comme activités, etc. ?
Correction type :
C'est la plage, il y a des parasols, des touristes, des oiseaux, des poissons, du soleil.
On peut faire du bateau, du ski nautique, de la moto aquatique, de la natation, etc.
C'est la montagne, la forêt : il y a des arbres, des animaux sauvages, des oiseaux, on peut faire de la randonnée, de l'escalade, du ski...

COMPRÉHENSION ORALE : « En septembre » (3 points)

(soit 0,5 point par bonne réponse)
Transcription :
Karim : Salut, Flore, tu es bien rentrée ? Qu'est-ce que tu as fait pendant les vacances ?
Flore : J'ai fait de la randonnée avec mes parents : nous avons fait le tour du mont Blanc avec un guide !
Karim : Tu es allée à la montagne ? Quelle horreur ! Je n'aime pas la montagne...
Flore : Et toi, qu'est-ce que tu as fait ?
Karim : Rien, cette année, on n'est pas allés au Maroc.
Flore : Où est-ce que vous êtes allés ?
Karim : Je suis resté ici mais Leïla est partie 10 jours en colo avec 13e J.
Flore : En colo ?
Karim : En colonie de vacances ! On part à l'aventure entre ados avec 2-3 adultes.
Flore : Où ça ?
Karim : Cette année, avec les animateurs de 13e J, ils sont allés dans les Landes, près de Bordeaux.

1. b ; **2.** a ; **3.** b ; **4.** a ; **5.** c ; **6.** b.

EXPRESSION ORALE (3 points)

1. Tu veux prendre le tramway du Montblanc. Téléphone pour savoir les horaires et les prix.
Correction type :
– Bonjour, je voudrais savoir le prix pour le tramway.
– Bonjour, le tramway du Montblanc, c'est combien ?
– Bonjour, vous pouvez me donnez les horaires du tramway du Montblanc ? Et c'est combien ?

2. Qu'est-ce que tu vas faire pendant ces vacances ? Qu'est-ce que tu as fait l'été dernier ?
Correction type :
Je vais aller-partir à la plage, à la mer, à la campagne, à la montagne. Je vais rester ici.
Je suis allé(e) / j'ai été, je suis resté(e)...

Portfolio de compétences en français

OH LÀ LÀ ! 2

Qu'est-ce que le portfolio ?

Le portfolio de compétences en langues pour de jeunes adolescents ou préadolescents s'inscrit dans la continuité des travaux du Cadre européen commun de référence qui définit en détail les processus en jeu dans les actes de communication ainsi que les compétences (savoir, savoir-faire et savoir être) de différents types qui rendent possible cette utilisation communicative de la langue.

En début d'apprentissage, il a pour objectif d'éveiller les apprenants aux différentes facettes de la connaissance d'une langue et de sa culture, et à donner un sens au processus d'apprentissage.

Il est donc souhaitable que les apprenants soient sensibilisés à cette démarche qui valorise leurs efforts dans les différentes composantes du communicateur en français.

Le portfolio proposé ici est adapté à la progression de la méthode. Dans la même perspective que le portfolio européen, le portfolio *Oh là là* permet à l'élève de faire, après le bilan réalisé en classe, une autoévaluation de ses compétences, autoévaluation qui pourra aussi lui servir pour se préparer à l'évaluation sommative qui suivra.

Pour les apprenants ayant déjà travaillé avec *Oh là là ! 1*, nous conseillons un retour rapide sur le portfolio du niveau 1, juste après le travail de révision qui correspond à la leçon 0 de ce niveau. On reprendra ensuite « *La langue française et toi* » afin de sensibiliser les élèves à ce qu'ils peuvent aller chercher en dehors de la classe. Par la suite, on les renverra au portfolio à la fin de chaque unité.

La première partie du portfolio, « *La langue française et toi* », se réalise en début d'année pour inciter l'apprenant à réfléchir sur sa relation avec la langue française. Il est intéressant ensuite de confronter l'élève à cette même partie du portfolio en fin d'année, pour lui faire prendre conscience de son changement de comportement par rapport au français, et lui rappeler les possibilités qu'il a, hors contexte scolaire, de « rencontrer » le français.

Dans la deuxième partie, « *En français, qu'est-ce que tu sais* ? », on reprend, unité par unité, les différentes composantes de la communication :

– compréhension orale : « *Quand on parle le français, je comprends* » ;
– expression orale. « *À l'oral, je suis capable de...* » ;
– compréhension écrite : « *Je lis, je comprends...* » ;
– expression écrite : « *Je peux rédiger en français* » ;
– compétence culturelle : « *En France, je connais...* ».

À la fin de chaque unité, on incite ainsi l'élève à évaluer ses compétences de communication en fonction d'une échelle de 1 à 3 (les objectifs qu'il a atteints, ceux qui n'ont pas été atteints, les progrès à faire), complétant le *Bilan* qui a été réalisé en classe. Une discussion en classe peut avoir lieu sur cette autoévaluation, aidant ainsi l'apprenant à trouver des solutions pour améliorer son apprentissage. Les rubriques « *Pour apprendre* » du cahier d'exercices peuvent lui être utiles à ce niveau.

Portfolio de compétences en français

OH LÀ LÀ ! 2

I. La langue française et toi

1. Contacts avec des Français

Tu étudies le français avec *Oh là là ! 2*

Est-ce que tu as déjà :

• Dit des mots de français dans ton pays à une personne qui ne parle pas ta langue ?

• Dit des mots de français par téléphone ?

• Écrit des mots de français sur une lettre, carte postale, mél ?

• Est-ce que tu es déjà allé(e) en France ou dans un pays francophone ?

• Est-ce que tu as un(e) ami(e), quelqu'un de ta famille en France ou dans un pays francophone ?

2. Contacts avec la culture et la langue françaises

Est-ce que tu :

• Regardes des films en langue française sous-titrés ?

• Écoutes des chansons françaises ?

• Lis des BD françaises ?

• Cherches des informations sur la France sur Internet ?

3. Étude du français quand tu n'es pas au collège

• Est-ce que tu regardes à la télévision des émissions scolaires où on apprend le français ?

• Est-ce que tu vas dans une école de langues pour apprendre le français ?

• Est-ce que tu as un dictionnaire en langue française et dans ta langue ?

• Est-ce que tu as des livres en langue française ?

Portfolio de compétences en français

OH LÀ LÀ ! 2

II. En français, qu'est-ce que tu sais ?

Lis attentivement : qu'est-ce que tu sais faire, qu'est-ce que tu peux faire, qu'est-ce que tu ne sais pas faire ?
Tu t'évalues. Tu mets :
1. quand tu ne sais pas, tu ne peux pas.
2. quand tu peux.
3. quand tu sais.

1. Quand on parle français, je comprends :

Unité 1	1	2	3
La présentation d'un camarade			
Des explications sur un parcours, un endroit			
Des dialogues simples de la vie courante			
Des explications sur les fêtes			
L'expression des goûts			

Unité 2			
Des permissions, des conditions			
Des ordres, des instructions			
L'explication d'une recette, d'un mode d'emploi			
Les opinions de mes camarades			
Des conversations entre jeunes sur la famille, la nourriture, les jeux, les fêtes			

Unité 3			
Des événements et actions passés			
Des dialogues entre jeunes sur une histoire réelle			
Des conseils et des ordres			
Des avis, des hypothèses sur une histoire,			
Des commentaires entre jeunes sur une star, une personne			

Unité 4			
Une conversation entre jeunes sur une sortie, un week-end			
Une conversation formelle ou informelle au téléphone			
La description simple d'un lieu ou d'une activité			
Un programme d'activités			
La différence entre langage familier et langage standard			

Portfolio de compétences en français

OH LÀ LÀ ! 2

2. À l'oral, je suis capable de :

	1	2	3
Unité 1			
Me présenter/présenter un camarade			
Situer quelqu'un, me situer dans une ville			
Situer les pays dans le monde			
Parler de ma famille et des fêtes			
Exprimer mes goûts sur la nourriture			
Unité 2			
Donner et demander la permission			
Poser mes conditions			
Faire les courses et autres tâches ménagères			
Donner une recette, un mode d'emploi			
Comparer des objets et des personnes			
Donner des quantités précises et imprécises			
Unité 3			
Donner un conseil			
Comparer des quantités et des personnes			
Raconter des faits habituels			
Raconter, expliquer une suite d'actions			
Donner mon avis sur une personne ou une histoire			
Exprimer la cause, le but			
Unité 4			
Dire ce que je suis en train de faire, ce que je vais faire			
Dire ce que je sais faire			
Exprimer des sentiments			
Raconter ce que j'ai fait le week-end dernier, ou aujourd'hui			
Demander et rapporter un renseignement simple			
Décrire un lieu			

Portfolio de compétences en français

OH LÀ LÀ ! 2

3. Je lis, je comprends :

	1	2	3
Unité 1			
Des lettres simples à des copains, des copines			
Un plan avec des indications simples			
Des messages électroniques			
Les légendes des documents de civilisation			
Des menus de fêtes			
Une page de BD avec plusieurs situations			
Unité 2			
Des listes de courses ou de tâches ménagères			
Une recette			
Un mode d'emploi			
Des informations de collégiens sur la cantine			
Les opinions des collégiens sur la cantine ou la vie de famille			
Unité 3			
Le courrier du cœur			
Un fait divers			
Une enquête policière			
Des titres et des rubriques de revue			
Unité 4			
Une publicité, une affiche			
Un programme de sortie			
La description d'un lieu			
L'histoire d'un lieu, d'une personne			
La différence entre langage familier et langage standard			

Portfolio de compétences en français

OH LÀ LÀ ! 2

4. Je peux rédiger en français :

Unité 1	1	2	3
Ma description, la description d'un camarade			
Une carte de vœux			
Un menu de fête			
Une courte lettre, un message			

Unité 2

	1	2	3
Une liste de conditions			
Une liste de courses avec des quantités précises et imprécises			
Des obligations (à la maison, à l'école, pour jouer...)			
Une recette, un mode d'emploi			
Mon opinion sur les parents, les obligations, etc.			

Unité 3

	1	2	3
Une suite d'actions avec le passé composé			
Des lettres pour le courrier des lecteurs			
Une publicité pour la revue de la classe			
De petits articles pour la revue de la classe			

Unité 4

	1	2	3
Un petit récit au passé composé en utilisant *d'abord*, *ensuite*, *alors*, etc.			
La description d'un lieu			
Le récit d'une journée quotidienne			
L'histoire d'un lieu, d'une personne			

Portfolio de compétences en français

OH LÀ LÀ ! 2

5. En France, je connais :

	1	2	3
Unité 1			
Les fêtes de fin d'année			
Des villes et pays francophones			
Les traditions du Québec			
Les traditions antillaises			
Unité 2			
Les habitudes des Français au petit déjeuner			
Des recettes salées			
Des recettes sucrées			
Des spécialités antillaises, marocaines, etc.			
La cantine dans les collèges			
Unité 3			
Les revues pour adolescents			
Les stars des adolescents			
Le jardin du Luxembourg à Paris			
Les enquêtes policières			
Unité 4			
Des forêts près de Paris			
Des parcs d'attractions			
Des châteaux, des monuments			
Des personnages de l'histoire de France			
Un jeu de piste			

N° d'éditeur : 10096673 - LO - Mai 2003
Imprimé en France par EUROPE MEDIA DUPLICATION S.A.
53110 Lassay-les-Châteaux
N° dossier : 10640 - Dépôt légal : mai 2003